I0816893

LR

Türkisch
Lehrbuch Grammatik

Mit Übungen und Lösungsschlüssel

von

Hüseyin Ağuiçenoğlu

2., korrigierte und überarbeitete Auflage

REICHERT VERLAG WIESBADEN 2014

Bibliografische Information der Deutschen Nationalbibliothek

Die Deutsche Nationalbibliothek verzeichnet diese Publikation in der Deutschen Nationalbibliografie; detaillierte bibliografische Daten sind im Internet über http://dnb.dnb.de abrufbar.

ISBN: 978-3-95490-069-5
www.reichert-verlag.de

Gedruckt auf säurefreiem Papier
(alterungsbeständig – pH7, neutral)
Printed in Germany

Vorwort

Das vorliegende Grammatik- und Übungsbuch der türkischen Sprache ist aus meiner mittlerweile mehr als zehnjährigen kontinuierlichen Praxis des akademischen Sprachunterrichts entstanden. Während meiner Lehrtätigkeit an den Universitäten Heidelberg, Bamberg und Bern wurde ein Großteil des zu vermittelnden Lehrstoffes konzipiert, angewendet und optimiert.

Diese allgemeine Einführung in das moderne Türkeitürkisch versteht sich in erster Linie als ein unterrichtsbegleitendes Lehrbuch für Studierende der Orientalistik und der damit verwandten Fächer. Aufgrund einer kompakten und systematischen Darstellung des Grammatikstoffes, der vielfältigen Übungen mit Lösungen, der Übersetzung aller Beispielsätze und eines umfangreichen Grundwortschatzes eignet es sich aber auch für das Selbststudium. Durch zahlreiche Tabellen im Anhang wird ein rascher Überblick über die Deklinationen und Konjugationen ermöglicht, während im alphabetischen Sachregister sämtliche grammatikalischen Formen leicht nachgeschlagen werden können.

Die Lektionen sind nach einem einheitlichen Schema aufgebaut: Jede Lektion beginnt mit Beispielsätzen, in welchen die zu behandelnden grammatikalischen Erscheinungen hervorgehoben sind. Im Grammatikabschnitt werden die neuen Regeln anhand weiterer Beispiele erläutert. Die darauf folgenden Übungen und Texte dienen der systematischen Aneignung und Einprägung des neu vorgestellten Lehrstoffes der jeweiligen Lektion und der Wiederholung bereits behandelter Themen.

Für die kritische Durchsicht des Manuskripts und für zahlreiche Korrekturvorschläge bin ich meinen beiden Heidelberger Kollegen Janina Karolewski und Dr. Ekkehard Kraft zu großem Dank verpflichtet. Janina Karolewski hat neben akribischem Korrekturlesen auch die mühevolle Arbeit der Textedition auf sich genommen. Ihr schulde ich ganz besonderen Dank.

Der größte Dank gebührt jedoch meiner Familie, die meine Arbeit mit unendlich viel Geduld und Verständnis begleitete und mir stets den Rücken freihielt.

Zum Schluss möchte ich dem Reichert Verlag für die Aufnahme dieses Lehrbuches in sein Programm danken.

Bern, im Frühjahr 2008 — Hüseyin Ağuiçenoğlu

Vorwort zur Neuauflage

In der zweiten Auflage wurden zahlreiche Verbesserungen vorgenommen, Schreibfehler und Unstimmigkeiten korrigiert. Da es unterschiedliche Auffassungen zu Orthographie und Interpunktion des Türkischen gibt, entschieden wir uns, in dieser überarbeiteten Auflage die Regeln der offiziellen „Türkischen Sprachgesellschaft“ (*Türk Dil Kurumu*, TDK) zu befolgen.

Der in dem Buch behandelte Stoff deckt den Bedarf der Niveaustufe B1 des Gemeinsamen Europäischen Referenzrahmens ab und führt an die Niveaustufe B2 heran.

Weingarten, im Herbst 2014 Hüseyin Ağuiçenoğlu

Inhaltsverzeichnis

Das türkische Alphabet

	Name	Aussprache
a, A	a	meist kurz und dunkel wie in *alle*
b, B	be	wie im Deutschen
c, C	ce	*dsch* wie in *Dschungel*
ç, Ç	çe	*tsch* wie in *Kutsche*
d, D	de	wie im Deutschen
e, E	e	meist kurz und offen wie in *Bär*
f, F	fe	wie im Deutschen
g, G	ge	1. in Verbindung mit hellen Vokalen vorderes *g* 2. in Verbindung mit dunklen Vokalen hinteres *g*
ğ, Ğ	yumuşak ge	1. dehnt davorstehenden Vokal 2. zwischen hellen Vokalen leichter *j*-Laut 3. zwischen dunklen Vokalen nur angedeutet
h, H	ha/he	1. am Silbenanfang wie im Deutschen 2. am Silbenende wie ein schwaches *ch*
ı, I	ı	dumpfes, kurzes *i*; ähnlich wie *e* in *machen*
i, İ	i	meist kurz und offen
j, J	je	wie französisches *j* in *Journal*
k, K	ke/ka	1. in Verbindung mit hellen Vokalen wie im Deutschen 2. in Verbindung mit dunklen Vokalen etwas dunkler
l, L	le	1. in Verbindung mit hellen Vokalen wie im Deutschen 2. in Verbindung mit dunklen Vokalen wie das englische *l* in *hall*
m, M	me	wie im Deutschen
n, N	ne	wie im Deutschen
o, O	o	meist kurz und offen wie in *Gott*
ö, Ö	ö	meist kurz und offen wie in *möchten*
p, P	pe	wie im Deutschen
r, R	re	1. am Wortanfang und im Wortinneren: gerolltes Zungenspitzen-*r* 2. am Wortende: zischendes Zungenspitzen-*r*
s, S	se	stimmloses *s* wie in *außen*
ş, Ş	şe	*sch* wie in *Schule*
t, T	te	wie im Deutschen
u, U	u	meist kurz und offen wie in *Butter*
ü, Ü	ü	wie in *Tür*
v, V	ve	ähnlich dem deutschen *w*
y, y	ye	wie deutsches *j*
z, Z	ze	stimmhaftes *s* wie in *lesen*

Lektion 1

Die kleine Vokalharmonie, der Plural, die Konsonantenassimilation, der Lokativ und *var*/*yok*

A Beispiele

Tren**de** yolcu**lar** **var**.	Im Zug befinden sich Reisende.
Sınıf**ta** öğrenci**ler** ve öğretmen **var**.	Im Klassenzimmer sind Schüler und der Lehrer.
Ben**de** para **yok**.	Ich habe kein Geld (bei mir).
Frankfurt'**ta** havaalanı **var**.	In Frankfurt gibt es einen Flughafen.
Ağaç**ta** kuş**lar** **yok**.	Auf dem Baum sind keine Vögel.
Yol**larda** araba**lar** **var**.	Auf den Straßen sind Autos.

B Die kleine Vokalharmonie

Das Türkische hat acht Vokale, die in zwei Gruppen eingeteilt werden:

1) helle Vokale: **e, i, ö, ü** und
2) dunkle Vokale: **a, ı, o, u**.

Diese Einteilung bildet die Basis für eine der wichtigsten grammatikalischen Regeln im Türkischen: Die Vokalharmonie. Diese besagt, dass in einem türkischen Wort nur Vokale jeweils einer der beiden Gruppen vorkommen können und die Vokale des sich an das Wort anschließenden Suffixes entsprechend angepasst werden. Bei dieser Vokalanpassung unterscheidet man zwischen kleiner und großer Vokalharmonie.

Bei der kleinen Vokalharmonie ist der Vokal des nachfolgenden Suffixes entweder **e** oder **a** (abstrahiert durch **+E**). Dabei ist der letzte Vokal des Wortes, an welches das Suffix anschließt, entscheidend. Es ergibt sich folgendes Schema:

nach e, i, ö, ü: **e**	nach a, ı, o, u: **a**

C Die Pluralbildung

Der Plural wird mit dem Suffix **-lEr** gebildet.

-ler:	anne**ler** (*Mütter*), kedi**ler** (*Katzen*), köy**ler** (*Dörfer*), köprü**ler** (*Brücken*)
-lar:	baba**lar** (*Väter*), kapı**lar** (*Türen*), kol**lar** (*Arme*), okul**lar** (*Schulen*)

D Die Konsonantenassimilation

Das Türkische unterscheidet auch zwischen stimmlosen und stimmhaften Konsonanten. Stimmlos sind: **ç, f, h, k, p, s, ş, t**. Bei Wörtern, die auf stimmlose Konsonanten auslauten, werden die anlautenden stimmhaften Konsonanten des sich anschließenden Suffixes assimiliert. Handelt es sich beispielsweise um den stimmhaften Konsonanten **d** des Suffixes **-DE**, so wandelt sich dieser zu **t** (abstrahiert durch die Großschreibung des Konsonanten: **+D**).

E Der Lokativ

Der Lokativ wird mittels des Suffixes **-DE** gebildet und antwortet auf die Fragen **nerede** (*wo*) und **kimde** (*bei wem*). Im Deutschen wird er durch die Präpositionen *in*, *bei*, *auf*, *an* wiedergegeben.

-de	gemi**de** (*auf dem Schiff*)	-te	iş**te** (*bei der Arbeit*)
-da	fırın**da** (*in der Bäckerei*)	-ta	soğuk**ta** (*in der Kälte*)

F *var* und *yok*

var bedeutet: "es gibt, es befindet sich"
yok bedeutet: "es gibt nicht, es befindet sich nicht"

Tabakta yemek **yok**.	Auf dem Teller ist kein Essen.
Ali'de anahtar **var**.	Ali hat einen Schlüssel (dabei).
Bugün okullarda ders **yok**.	Heute ist in den Schulen kein Unterricht.

Übungen zu Lektion 1

1.1 Fügen Sie die Pluralendung an.

1. tren*ler* 2. adam....... 3. gazete.......
4. köprü....... 5. kamyon....... 6. köy.......

1.2 Fügen Sie die Lokativendung an.

1. gemi*de* 2. baba....... 3. ders.......
4. çocuk....... 5. savaş....... 6. Düsseldorf'.......

1.3 Bilden Sie Sätze nach dem folgenden Muster.

1. (ev / var / ekmek)	1. *Evde ekmek var.*
2. (var / okullar / bugün / tören)	2. ....
3. (orman / hayvanlar / var)	3. ....
4. (resim / kitap / yok)	4. ....
5. (su / masalar / var)	5. ....
6. (var / nikotin / sigara)	6. ....
7. (baba / var / para)	7. ....
8. (kalem / öğretmen / yok)	8. ....
9. (defter / çanta / var)	9. ....
10. (tuz / yemek / yok)	10. ....

1.4 Beantworten Sie die Frage.

Ali nerede?

1. (Sinop) *Ali Sinop'ta* 2. (Zürih) ....
3. (Kars) .... 4. (Darmstadt) ....

1.5 Korrigieren Sie die Sätze.

1. Ankarada deniz yok.	1. *Ankara'da deniz yok.*
2. Tabakda yemek var.	2. ....
3. Kâğıtde yazı yok.	3. ....
4. Sivas'te istasyon var.	4. ....
5. Ahmet'de anahtar yok.	5. ....
6. Okullerde öğretmenler var.	6. ....
7. Havuzda çocukler var.	7. ....
8. Bardakda su var.	8. ....
9. Denizda gemilar yok.	9. ....
10. Dağlerde kar var.	10. ....

1.6 Übersetzen Sie ins Deutsche.

Bugün fırınlarda ekmek yok. Irak'ta savaş var. Boğaz'da sis var. Yolda buz var. Bardakta su yok. Denizde dalga yok. Televizyonda maç var. Evde misafir var. Almanya'da grev var. Otelde havlu yok. Dolapta su yok. Sütte yağ var. Bende sigara yok. Bankada kuyruk var. Cüzdanda para var. Tarlalarda çiçekler var. Meyvede vitamin var. Kapıda anahtar var. Otobüste yolcular var. Çayda şeker yok. Arabada arıza var. Bugün gökte bulut yok. Girişte bekçi var.

1.7 Übersetzen Sie ins Türkische.

In der Küche gibt es keinen Tisch. Auf dem Balkon gibt es Blumen. Im Fluss gibt es keine Fische. In Hamburg gibt es Wahlen. Hier gibt es keine Sonne. Auf dem Weg gibt es keine Bäume. Im Laden gibt es kein Obst. Morgen gibt es keine Prüfung. Im Garten gibt es einen Hund. Heute gibt es beim Essen keinen Nachtisch.

Lektion 2

Der unbestimmte Artikel, die große Vokalharmonie und die Fragepartikel

A Beispiele

Bahçe büyük **mü**?	Ist der Garten groß?
Bahçe büyük.	Der Garten ist groß.
Bahçe güzel **mi**?	Ist der Garten schön?
Bahçe güzel.	Der Garten ist schön.
Bahçe büyük **ve** güzel **mi**?	Ist der Garten groß und schön?
Bahçe büyük **ve** güzel.	Der Garten ist groß und schön.
Bahçede büyük **ve** güzel ağaçlar var **mı**?	Gibt es im Garten große und schöne Bäume?
Bahçede büyük **ve** güzel ağaçlar **mı** var?	Gibt es im Garten große und schöne Bäume?
Bahçede **mi** büyük **ve** güzel ağaçlar var?	Gibt es im Garten große und schöne Bäume?
Bahçede **mi** parkta **mı** büyük ve güzel ağaçlar var?	Gibt es im Garten oder im Park große und schöne Bäume?

B Der unbestimmte Artikel

Das Türkische kennt kein grammatikalisches Geschlecht und keinen bestimmten Artikel. Die Substantive sind in ihrer Grundform numerusindifferent. Der unbestimmte Artikel ist **bir**.

Adjektive können im Türkischen als Substantive gebraucht werden. Unabhängig davon, ob sie attributiv, prädikativ oder adverbial verwendet werden, bleiben sie stets in der Grundform. Mehrere Adjektive werden durch **ve** (*und*) verbunden.

Bugün **güzel** bir hava var.	Heute gibt es schönes Wetter.
Bugün hava **güzel**.	Das Wetter ist heute schön.

C Die große Vokalharmonie

Die große Vokalharmonie unterscheidet zwischen vier Vokalen: **i**, **ı**, **ü**, **u** (abstrahiert durch **+İ**). Abhängig vom letzten Vokal des Wortes ergibt sich folgendes Schema:

nach e, i: **i**	nach a, ı: **ı**	nach ö, ü: **ü**	nach o, u: **u**

D Die Fragepartikel

Die Fragepartikel lautet **mİ** und wird stets vom zu erfragenden Satzglied getrennt geschrieben, richtet sich aber der großen Vokalharmonie folgend nach dem letzten Vokal dieses Satzgliedes.

Resimler güzel **mi**?	Sind die Bilder schön?
Hava sıcak **mı**?	Ist das Wetter warm?
Ev büyük **mü**?	Ist das Haus groß?
Çay soğuk **mu**?	Ist der Tee kalt?

E Die Stellung der Fragepartikel im Satz

Die Fragepartikel hat keinen festen Platz im Satz, sondern steht stets direkt hinter demjenigen Satzglied, das erfragt wird.

Büroda telefon yok **mu**?	Gibt es im Büro kein Telefon?
Büroda telefon **mu** yok?	Gibt es im Büro kein T e l e f o n?
Büroda **mı** telefon yok?	Gibt es im B ü r o kein Telefon?

F Alternativfragen mit Fragepartikel

Durch mehrfache Verwendung der Fragepartikel in einem Satz werden Alternativfragen gebildet.

Büroda **mı** evde **mi** telefon yok?	Gibt es im Büro oder zu Hause kein Telefon?
Ahmet'te **mi** Ayşe'de **mi** para var?	Hat Ahmet oder hat Ayşe Geld dabei?

Übungen zu Lektion 2

2.1 Setzen Sie die Fragepartikel ein.

1. gazete *mi*? 2. adam .... 3. okul .... 4. köprü .... 5. kedi .... 6. kâğıt ....

2.2 Bilden Sie Fragesätze.

1. (metro / İstanbul / yok)	1. *İstanbul'da metro yok mu?*
2. (fabrika / kantin / var)	2. ....
3. (İngilizce dersi / ilkokul / yok)	3. ....
4. (tahta / sınıf / var)	4. ....
5. (çiçek / var / dallar)	5. ....
6. (çöl / Türkiye / var)	6. ....
7. (liman / Frankfurt / yok)	7. ....
8. (benzin / araba / var)	8. ....
9. (banyo / sabun / var)	9. ....
10. (çocuk / grup / yok)	10. ....

2.3 Korrigieren Sie die Sätze.

1. Süt mu çay mı tatlı?	1. *Süt mü çay mı tatlı?*
2. Okulda ders mu var?	2. ....
3. Dolmuş mi otobüs mu ucuz?	3. ....
4. Evde ekmek mi yok mu?	4. ....
5. Masada kitap mi gazete mi var?	5. ....
6. Sınıfta mi öğretmen yok?	6. ....
7. Ali mi Ayşe mu evde?	7. ....

2.4 Wie lautet das Gegenteil?

1. soğuk	a. kolay	1. *f*
2. iyi	b. uzak	2. ......
3. güzel	c. pahalı	3. ......
4. zor	d. çirkin	4. ......
5. alçak	e. yeni	5. ......
6. büyük	f. sıcak	6. ......
7. ucuz	g. ince	7. ......
8. yakın	h. küçük	8. ......
9. eski	i. kötü	9. ......
10. kalın	j. yüksek	10. ......

2.5 Übersetzen Sie ins Deutsche.

Sokakta çocuklar var mı? Yemekte balık mı tavuk mu var? Hayvanlarda hastalık yok mu? Eczanede asprin var mı? Masada boş yer yok mu? İsviçre'de deniz var mı? Köyde elektrik yok mu? Arabada yer yok mu? Yarın Fransızcada mı Latincede mi sınav var? Otoyolda radar var mı? Ay'da hayat var mı? Fiyatta indirim yok mu? Sınırda kontrol var mı? Ali'de anahtar yok mu? Bern'de güzel müzeler var mı? Enstitüde kafeterya yok mu?

2.6 Übersetzen Sie ins Türkische.

Hast du Geld dabei? Gibt es im Flugzeug kein Essen? Gibt es im Bus Tee oder Kaffee? Gibt es an den Wänden keine Bilder? Gibt es im Gebäude einen Aufzug oder eine Rolltreppe? Gibt es Suppe zum Essen? Gibt es Wasser in der Flasche? Gibt es eine Bibliothek in der Stadt? Gibt es Milch zu Hause? Gibt es keine Musik im Programm? Gibt es Zigaretten am Kiosk?

Lektion 3

Die Personalpronomina und das Hilfsverb *sein*

A Beispiele

Ben hasta**yım**. — Ich bin krank.
Sen yorgun mu**sun**? — Bist du müde?
O Türk(**tür**). — Er ist Türke.
Biz çocuğ**uz**. — Wir sind Kinder.
Siz güzel**siniz**. — Ihr seid/Sie sind schön.
Onlar küçük değil**ler** mi? — Sind sie nicht klein?

B Die Personalpronomina

Die türkischen Personalpronomina lauten:

ben, sen, o	ich, du, er/sie/es
biz, siz, onlar	wir, ihr/Sie, sie

C Das Hilfsverb *sein* und die Personalsuffixe

Das Präsens des Hilfsverbs *sein* wird durch enklitische Kopulas ausgedrückt, die an das vorhergehende Wort angehängt werden:

-(y)İm	güzel**im**	hasta**yım**	Türk**üm**	yorgun**um**
-sİn	güzel**sin**	hasta**sın**	Türk**sün**	yorgun**sun**
-(Dİr)	güzel(**dir**)	hasta(**dır**)	Türk(**tür**)	yorgun(**dur**)
-(y)İz	güzel**iz**	hasta**yız**	Türk**üz**	yorgun**uz**
-sİnİz	güzel**siniz**	hasta**sınız**	Türk**sünüz**	yorgun**sunuz**
-lEr *seltener:* **-DİrlEr**	güzel**ler** güzel**dirler**	hasta**lar** hasta**dırlar**	Türk**ler** Türk**türler**	yorgun**lar** yorgun**durlar**

Bei der 3. Person Plural kann die Personalendung auch weggelassen werden, wenn durch das Subjekt der Numerus ersichtlich wird:

Çocuklar hasta. Die Kinder sind krank. *oder:* Onlar Türk mü? Sind sie Türken?

D Negation

Zur Verneinung treten die Personalsuffixe an das selbständige Wort **değil** heran.

Ben hasta **değil**im. — Ich bin nicht krank.
Sen hasta **değil**sin. — Du bist nicht krank.
O hasta **değil**(dir). — Er ist nicht krank.
Biz hasta **değil**iz. — Wir sind nicht krank.
Siz hasta **değil**siniz. — Ihr seid/Sie sind nicht krank.
Onlar hasta **değil**(ler) bzw. **değil**dirler. — Sie sind nicht krank.

E Fragebildung

Im Fragesatz schließen sich die Personalendungen der Fragepartikel **mİ** an, die dem Erfragten nachgestellt wird.

Ben yorgun **mu**yum?	Bin ich müde?
Sen hasta değil **mi**sin?	Bist du nicht krank?
O Türk **mü**?	Ist er Türke?
Biz güzel **mi**yiz?	Sind wir schön?
Siz öğrenci **mi**siniz?	Seid ihr Studenten? / Sind Sie Student?

Die Fragepartikel wird bei der 3. Person Plural nachgestellt:

Onlar öğrenci(ler) **mi**?	Sind sie Studenten?
Onlar doktor değil(ler) **mi**?	Sind sie keine Ärzte?

F Mutationen

Tritt an mehrsilbige Nomina mit den Konsonanten **ç, k, p** und **t** im Auslaut eine Endung mit Vokalanlaut (z. B. die Personalendung der 1. Person Singular und Plural **-(y)İm** und **-(y)İz**), so werden diese Konsonanten zu **c, ğ, b** und **d** erweicht.

çocuk (*Kind*):	Çocu**ğ**um.	Ich bin ein Kind.
	Çocu**ğ**uz.	Wir sind Kinder.
muhtaç (*bedürftig*):	Muhta**c**ım.	Ich bin bedürftig.
	Muhta**c**ız.	Wir sind bedürftig.
galip (*Sieger*):	Gali**b**im.	Ich bin Sieger.
	Gali**b**iz.	Wir sind Sieger.

Übungen zu Lektion 3

3.1 Setzen Sie die Personalsuffixe bzw. Fragepartikel ein.

1. Sen yorgun *musun?*
2. Okul kapalı .... ?
3. Ben küçük .... ?
4. Biz aç değil.................................. .
5. Siz hasta değil .... ?
6. Onlar üzgün değil............. .... ?
7. Öğrenciler derste .... ?
8. Çay soğuk .... ?
9. Sen öğretmen ....

3.2 Bilden Sie Sätze.

1. (ben / uzak) *Ben uzağım.*
2. (biz / uzak) ....
3. (ben / romantik) ....
4. (biz / romantik) ....
5. (ben / mağlup) ....
6. (biz / mağlup) ....
7. (ben / kıskanç) ....
8. (biz / kıskanç) ....
9. (ben / Kürt) ....
10. (biz / Kürt) ....

3.3 Kombinieren Sie zu sinnvollen Sätzen.

1. (siz / avukat)	a. -ler mi?	1. *h Siz avukat değil misiniz?*
2. (o / çalışkan)	b. -sunuz?	2. ....
3. (sen / öğrenci / değil)	c. -sun.	3. ....
4. (biz / kör)	d. misin?	4. ....
5. (yolcular / hazır)	e. -yım.	5. ....
6. (çocuklar / uslu / değil)	f. miyim?	6. ....
7. (ben / hasta)	g. -lar mı?	7. ....
8. (siz / mİ / yolcu)	h. değil misiniz?	8. ....
9. (sen / doktor)	i. mı?	9. ....
10. (ben / yorgun / değil)	j. müyüz?	10. ....
11. (siz / baba)	k. -yiz	11. ....
12. (biz / gazeteci)	l. mısınız?	12. ....

3.4 Korrigieren Sie die Sätze.

1. Sen hemşiresiniz.	1. *Sen hemşiresin.*
2. Biz doktorum.	2. ....
3. O Almanlar.	3. ....
4. Ben neşelisin.	4. ....
5. Onlar avukat mılar?	5. ....
6. Siz Alman?	6. ....

3.5 Übersetzen Sie ins Deutsche.

İtalya'da tatildeyiz. Şimdi küçük bir köyde, güzel ve temiz bir lokantada yemekteyiz. Hava çok sıcak. Masada dört kişiyiz. Sen, ben ve iki arkadaş daha. Sen öğrencisin, ben ise artık öğrenci değilim. Öğretmenim. Bir arkadaş avukat, diğer arkadaş hemşire. Onlar evliler, biz ise nişanlıyız. Yan masada yaşlı bir bey ve bayan var. Onlar da turist. Fransızlar. Lokantada başka Fransızlar da var. Ben Almanım. Sen Türksün. Lokantada başka Türkler ve Almanlar yok. Masada tabaklar, kaşıklar, bıçaklar ve cam bir vazo var. Vazoda kırmızı bir gül var. Gül çok güzel. Sen neşelisin, ben ise biraz yorgunum.

3.6 Übersetzen Sie ins Türkische.

Sind Sie Lehrerin? Nein, ich bin keine Lehrerin, ich bin Direktorin. Bist du nicht müde? Ich bin glücklich. Ist er fleißig? Ja, er ist sehr fleißig. Wir sind Ärzte. Ihr seid Studenten. Sind Sie Engländer? Sind Bücher in der Türkei nicht teuer? Seid ihr verheiratet? Nein, wir sind ledig.

Lektion 4

Die Zahlwörter

A Beispiele

Bir yılda **365** gün var. — In einem Jahr gibt es 365 Tage.
Siz **kaçıncı** sıradasınız? — In der wievielten Reihe sind Sie/seid ihr?
İki kahve, lütfen. — Zwei Kaffee, bitte.
Sende **iki yüz** lira var mı? — Hast du zweihundert Lira dabei?
Siz mi matematikte **birinci**siniz? — Sind Sie der Beste in Mathematik?
Biz yemekte **üç** kişiyiz. — Wir sind beim Essen zu dritt.
Ev **birinci** (**ilk**) katta mı? — Ist die Wohnung in der ersten Etage?
Hayır, **sonuncu** (**son**) katta. — Nein, in der letzten Etage.

B Die Kardinalzahlen

0	sıfır	20	yirmi	100	yüz
1	bir	21	yirmi bir	101	yüz bir
2	iki	22	yirmi iki	112	yüz on iki
3	üç	23	yirmi üç	200	iki yüz
4	dört	24	yirmi dört	334	üç yüz otuz dört
5	beş	25	yirmi beş	421	dört yüz yirmi bir
6	altı	30	otuz	500	beş yüz
7	yedi	36	otuz altı	1.000	bin
8	sekiz	37	otuz yedi	1.111	bin yüz on bir
9	dokuz	38	otuz sekiz	2.000	iki bin
10	on	39	otuz dokuz	2.002	iki bin iki
11	on bir	40	kırk	2.022	iki bin yirmi iki
12	on iki	41	kırk bir	2.222	iki bin iki yüz yirmi iki
13	on üç	50	elli	10.000	on bin
14	on dört	51	elli bir	1.000.000	bir milyon
15	on beş	60	altmış	1.000.000.000	bir milyar
16	on altı	70	yetmiş		
17	on yedi	80	seksen		
18	on sekiz	90	doksan	Fragewort ist **kaç** (*wie viel*)	
19	on dokuz	99	doksan dokuz		

C Die Ordinalzahlen

Die Ordinalzahlen werden mittels des Suffixes **-(İ)ncİ** gebildet. Das **t** in **dört** wird zu **d** erweicht.

1. bir**inci**	6. alt**ıncı**	19. on dokuz**uncu**
2. iki**nci**	7. yedi**nci**	20. yirmi**nci**
3. üç**üncü**	8. sekiz**inci**	21. yirmi bir**inci**
4. dör*d***üncü**	9. dokuz**uncu**	
5. beş**inci**	10. on**uncu**	

Fragewort ist **kaçıncı** (*der/die/das wievielte*)

D Die Distributivzahlen

Das Suffix für die Distributivzahlen ist **-(ş)Er**. Auch hier wird das auslautende **t** von **dört** durch das Suffix zu **d** erweicht.

bir**er** (*je ein/e*)	altı**şar** (*je sechs*)	on bir**er** (*je elf*)
iki**şer** (*je zwei*)	yedi**şer** (*je sieben*)	yirmi**şer** (*je zwanzig*)
üç**er** (*je drei*)	sekiz**er** (*je acht*)	otuz**ar** (*je dreißig*)
dör*d***er** (*je vier*)	dokuz**ar** (*je neun*)	
beş**er** (*je fünf*)	on**ar** (*je zehn*)	

E Die Bruch-, Prozent- und Dezimalzahlen

Bei Bruchzahlen steht der Nenner im Lokativ, der Zähler im Nominativ.

¼ dört**te** bir	⅔ üç**te** iki

Prozentzahlen werden unter Verwendung des Zählers „Hundertstel" ausgedrückt.

% 5 yüz**de** beş	% 78 yüz**de** yetmiş sekiz

Bei Dezimalzahlen wird analog zum Deutschen das Wort **virgül** (*Komma*) verwendet.

0,5 sıfır virgül beş	3,3 üç virgül üç

F Der Numerus des Substantivs nach einem Zahlwort

Nach dem Zahlwort bleibt das Substantiv im Singular.

üç **çocuk**, beş **kilo**, bin **kişi**, bir milyon **Türk**, ikişer bardak **çay**, on adet **defter**

G *yarım* und *buçuk*

Yarım bedeutet *halb*. Soweit aber ein Zahlwort vorkommt, tritt das Wort **buçuk** an die Stelle von **yarım**.

yarım kilo et (*ein halbes Kilo Fleisch*)
aber:
bir buçuk kilo et (*anderthalb Kilo Fleisch*)

Übungen zu Lektion 4

4.1 Schreiben Sie die entsprechende Kardinalzahl in Worten.

1. 28 *yirmi sekiz* 2. 59 .... 3. 66 ....
4. 74 .... 5. 33 .... 6. 47 ....
7. 88 .... 8. 95 .... 9. 177 ....
10. 205 .... 11. 517 .... 12. 1632 ....

4.2 Schreiben Sie die entsprechende Ordinalzahl in Worten.

1. 125. *yüz yirmi beşinci* 2. 444. .... 3. 1000. ....
4. 86. .... 5. 12. .... 6. 2001. ....

4.3 Schreiben Sie die entsprechende Distributivzahl in Worten.

1. 9 *dokuzar* 2. 4 .... 3. 100 ....
4. 500 .... 5. 6 .... 6. 2 ....

4.4 Schreiben Sie die entsprechende Prozent- und Bruchzahlen in Worten.

1. % 10 *yüzde on* 2. % 45 .... 3. ¾ ....
4. ⅞ .... 5. ¼ .... 6. ⅓ . ...

4.5 Schreiben Sie in Ziffern.

1. Altı bin yedi yüz doksan dokuz.	1. *6799.*
2. Bir milyon yüz yirmi üç bin dört yüz kırk beş.	2. ....
3. Yüz bin bir.	3. ....
4. Elli bin elli.	4. ....
5. Doksan dokuz bin dört yüz kırk dört.	5. ....
6. Yüzde üç.	6. *% 3 .*
7. Dörtte bir.	7. ....
8. Yedide beş.	8. ....
9. Onda altı.	9. ....
10. İkide bir.	10. ....

4.6 Übersetzen Sie ins Türkische.

Wie viel Lira ist (kostet) das Buch? Auf welchem Stockwerk ist das Büro? Der wievielte bist du in der Liste? Ich bin an zweiter Stelle. Wie viele Zigaretten sind in einer Schachtel? In einer Schachtel sind 19 bzw. 20 Zigaretten. Wir sind acht Lehrer an der Schule. Wie viele Studenten sind verheiratet? Nur eine Studentin ist verheiratet. Fünfzehn Studenten sind ledig. Wie viele Gläser sind auf dem Tisch? Auf dem Tisch sind fünf Gläser.

4.7 Übersetzen Sie ins Deutsche.

Bir hafta yedi gündür. Şubat bazen yirmi sekiz bazen yirmi dokuz gündür. Boğaz'da kaç köprü var? Boğaz'da iki köprü var. Elmalar kaç lira? Elmalar beş lira. Bu apartman kaç katlı? Bu apartman dört katlı. Her katta iki daire var. Bir dairede kaç oda var? Her dairede dört oda var. Birinci katta çok gürültü var. Hangi dairede duş bozuk? Bu odada kaç kalorifer var? Sen kaçıncı sınıftasın? Ben altıncı sınıftayım. Altıncı sınıfta kaç öğrenci var? Altıncı sınıfta yirmi dört öğrenci var. Bu pantolon kaç lira? Bu pantolon yüz lira. Toplam kaç kişisiniz? Birinci otobüste yirmi iki, ikinci otobüste on dokuz kişi var. Bu kolonyada yüzde kırk beş alkol var. Bu yıl tatil beş buçuk haftadır. Bu saat Fransa'da yüzde yirmi daha pahalı. Doğu Almanya'da maaşlar yüzde iki daha düşük. Bugün Antalya'da sıcaklık otuz iki derece. Çayda sadece bir kaşık şeker var. Bu halı yüzde yüz ipektir. Erzurum'da hava ortalama beş derece daha soğuktur. Yarım kilo beyaz peynir lütfen. Bir buçuk kilo da zeytin. Her kutuda beşer kalem var.

Lektion 5

Das Präsens

A Beispiele

Ben Almanya'da **yaşıyorum**.	Ich lebe in Deutschland.
Sen kitap **okuyorsun**.	Du liest ein Buch.
O durakta **bekliyor**.	Er wartet an der Haltestelle.
Biz kütüphanede **çalışıyoruz**.	Wir lernen in der Bibliothek.
Siz Türkçe **öğreniyorsunuz**.	Ihr lernt/Sie lernen Türkisch.
Onlar İspanya'da tatil **yapıyorlar**.	Sie machen Urlaub in Spanien.
Çocuklar **soruyor**.	Die Kinder fragen.

B Der Infinitiv

Der Infinitiv besteht aus dem Verbstamm und der Infinitivendung. Die Infinitivendung ist **-mEk**.

Verbstamm	Infinitivendung
bekle- yap-	mek (*warten*) mak (*machen*)

C Konjugation

Das Präsens des Vollverbs wird mit dem Tempussuffix **-yor** gebildet, das bei der positiven Form direkt an den Verbstamm anschließt. Dem Tempussuffix folgen die Personalsuffixe. Endet der Verbstamm mit einem Konsonanten, wird zwischen Verbstamm und Präsensendung ein **i**, **ı**, **ü** oder **u** eingeschoben. Dabei gelten die Regeln der großen Vokalharmonie. Der letzte Vokal im Verbstamm ist hier entscheidend:

nach e, i: **i**   nach a, ı: **ı**   nach ö, ü: **ü**   nach o, u: **u**

öğrenmek (*lernen*)	yapmak (*machen*)	görmek (*sehen*)	sormak (*fragen*)
öğren**iyorum** öğren**iyorsun** öğren**iyor** öğren**iyoruz** öğren**iyorsunuz** öğren**iyor**(**lar**)	yap**ıyorum** yap**ıyorsun** yap**ıyor** yap**ıyoruz** yap**ıyorsunuz** yap**ıyor**(**lar**)	gör**üyorum** gör**üyorsun** gör**üyor** gör**üyoruz** gör**üyorsunuz** gör**üyor**(**lar**)	sor**uyorum** sor**uyorsun** sor**uyor** sor**uyoruz** sor**uyorsunuz** sor**uyor**(**lar**)

D Der Verbstamm auf *e* und *a*

Endet der Verbstamm auf die Vokale **e** oder **a**, so wird das **e** zu **i** bzw. **ü** und das **a** zu **ı** bzw. **u**. Darüber entscheidet der jeweils vorletzte Vokal des Verbstamms.

bekl**e**mek (*warten*)	Bekl**i**yorum. (Ich warte.)
yükl**e**mek (*aufladen*)	Yükl**ü**yoruz. (Wir laden auf.)
anl**a**mak (*verstehen*)	Anl**ı**yorsun. (Du verstehst.)
topl**a**mak (*aufräumen*)	Topl**u**yor. (Er räumt auf.)

E *ye-* und *de-*

Bei den beiden einsilbigen Verbstämmen **ye-** und **de-** ist der Bindevokal ein **i**.

y**e**mek (*essen*)	d**e**mek (*meinen*)
Y**i**yor. (Er isst.)	D**i**yoruz. (Wir meinen.)

F Der Verbstamm auf *i, ı, ü* und *u*

Beim Auslaut des Verbstamms auf **i**, **ı**, **ü** und **u** wird das Präsenssuffix **-yor** direkt an diese Vokale angehängt, ohne sie zu verändern.

yür**ü**mek (*laufen*)	ok**u**mak (*lesen*)
Yürü**yor**lar. (Sie laufen.)	Oku**yor**sunuz. (Sie lesen.)

G *gitmek, etmek, tatmak* und *gütmek*

Bei Vokalanschluss wird das **t** in den Verbstämmen von **gitmek**, **etmek**, **tatmak** und **gütmek** zu **d**. So auch beim Anschluß des Präsenssuffixes, welches durch den eingeschobenen Vokal zu **-İyor** wird.

gi**t**mek (*gehen*)	e**t**mek (*tun*)	ta**t**mak (*schmecken*)	gü**t**mek (*weiden*)
gi**d**iyorum	e**d**iyorsun	ta**d**ıyor	gü**d**üyoruz

Übungen zu Lektion 5

5.1 Bilden Sie Sätze.

1. (çocuk / koşmak) — 1. *Çocuk koşuyor.*
2. (ben / oynamak) — 2. ....
3. (siz / okumak) — 3. ....
4. (sen / telefon etmek) — 4. ....
5. (biz / yemek) — 5. ....
6. (onlar / gitmek) — 6. ....
7. (yolcular / binmek) — 7. ....
8. (şoför / sürmek) — 8. ....
9. (anne / tuzlamak) — 9. ....
10. (baba / anlamak) — 10. ....
11. (biz / söylemek) — 11. ....

5.2 Setzen Sie die Personalpronomina ein.

1. *Sen* çalışıyorsun. 2. .... uyuyoruz. 3. .... yiyorlar.
4. .... oturuyorsunuz. 5. .... dinleniyorum. 6. .... görüyor.

5.3 Korrigieren Sie die Sätze.

1. Havada kuşlar uçuyoruz.	1. *Havada kuşlar uçuyor.*
2. Sen yatakta dinleniyorum.	2. ....
3. Siz parkta yürüyorsun.	3. ....
4. Balık suda yüzüyorlar.	4. ....
5. Biz çalışıyorsunuz.	5. ....
6. Ben masada oturuyor.	6. ....
7. Öğrenciler top oynuyorsunuz.	7. ....
8. Sen konuşuyorum.	8. ....
9. O, ormanda yürüyorsun.	9. ....

5.4 Übersetzen Sie ins Deutsche.

Sabahları saat beşte uyanıyoruz ve hemen kahvaltıya oturuyoruz. Kahvaltıda genellikle ekmek, reçel ve peynir yiyor, çay içiyoruz. Sonra hemen işe gidiyoruz. Ben haftada altı gün ve günde on saat çalışıyorum. Ayşe ise yarım gün çalışıyor. O ayda bin Avro kazanıyor. Öğlen dışarda yemek yiyoruz. Akşam evde müzik dinliyoruz, gazete okuyoruz veya televizyon seyrediyoruz. Bazen sen de bizde kalıyorsun. Ayşe'yle birlikte yürüyorsunuz veya spor yapıyorsunuz. Sonra yemek pişiriyorsunuz. Ayşe her sabah yarım saat yüzüyor ve akşam bir buçuk saat koşuyor. Sen çok güzel dans ediyorsun. Ayşe klasik müzik seviyor. Ben futbol oynuyorum. Günde iki saat yürüyorum ve bir saat bisiklet sürüyorum. Tatilde çocuklar da geliyorlar. O zaman daha da güzel oluyor. Dört hafta birlikte çok şeyler yapıyor, güzel günler geçiriyoruz. Çocuklar iyi dinleniyorlar. Bol bol müzik dinliyorlar, yüzüyorlar ve güneşleniyorlar. Gece geç saatte uyuyoruz.

5.5 Übersetzen Sie ins Türkische.

Du und Elif, ihr seid befreundet. Du bereitest dich in der Bibliothek auf die Prüfung vor, Elif hingegen arbeitet in einem Büro. Am Abend verabredet ihr euch in einem Restaurant. Das Wetter ist regnerisch und kalt. Ihr bestellt Fisch, Salat und Saft. Der Kellner ist Italiener. Er versteht ein wenig Deutsch. Ihr könnt etwas Italienisch. Ihr redet Italienisch. Der Kellner freut sich. Am Nebentisch sitzen vier Personen. Sie sprechen Türkisch. Elif kann gut Türkisch. Du verstehst nur ein wenig. Ihr bleibt eine Stunde im Restaurant und dann geht ihr ins Kino.

Lektion 6

Das Präsens (Negation und Frage)

A Beispiele

Ayşe artık burada otur**m**uyor.	Ayşe wohnt nicht mehr hier.
Aynur bugün gel**m**iyor **mu**?	Kommt Aynur heute nicht?
Alışverişe gidiyor **mu**yuz?	Gehen wir einkaufen?
Siz bil**m**iyorsunuz.	Ihr wisst/Sie wissen nicht.
Çocuklar uyu**m**uyorlar **mı**?	Schlafen die Kinder nicht?
Siz **niçin** gülüyorsunuz?	Warum lacht ihr/lachen Sie?
Şimdi **ne** yapıyoruz?	Was machen wir jetzt?
Hangi yolda yürüyor?	Auf welchem Weg läuft er?
Burada **kaç** kişi çalışıyor?	Wie viele Personen arbeiten hier?
Kim çağırıyor?	Wer ruft?
Ne zaman dönüyorsun?	Wann kehrst du zurück?
Nerede buluşuyoruz?	Wo treffen wir uns?

B Negation

Die Verneinung wird mittels der Verneinungspartikel **-mE** gebildet, die sich direkt an den Verbstamm anschließt.

öğren**me**mek (*nicht lernen*)	gül**me**mek (*nicht lachen*)
yap**ma**mak (*nicht machen*)	oku**ma**mak (*nicht lesen*)

Die Vokale **e** und **a** der Verneinungspartikel verhalten sich bei der Konjugation genauso wie **e** und **a** bei den bejahten Formen der auf **e** und **a** auslautenden Verbstämme (s. Lektion 5 D). Sie werden nach der großen Vokalharmonie zu **i**, **ı**, **ü**, oder **u**, je nachdem, welches der letzte Vokal des Verbstamms ist.

öğr**e**nm**e**mek	y**a**pm**a**mak	g**ü**lm**e**mek	ok**u**m**a**mak
öğr**e**nm**i**yorum	y**a**pm**ı**yorum	g**ü**lm**ü**yorum	ok**u**m**u**yorum

C Fragebildung

Die Fragepartikel **mİ** steht getrennt von der Grundform, an sie werden die Personalsuffixe angehängt. Die 3. Person Plural stellt hier jedoch eine Ausnahme dar.

Gülüyor **mu**yum?	Lache ich?
Gülüyor **mu**sun?	Lachst du?
Gülüyor **mu**?	Lacht er?
Gülüyor **mu**yuz?	Lachen wir?
Gülüyor **mu**sunuz?	Lacht ihr/Lachen Sie?
aber:	
Gülüyorlar **mı**?	Lachen sie?

Negierte Frage:

Gül**mü**yor **mu**yum?	Lache ich nicht?
Gül**mü**yor **mu**sun?	Lachst du nicht?
Gül**mü**yor **mu**?	Lacht er nicht?
Gül**mü**yor **mu**yuz?	Lachen wir nicht?
Gül**mü**yor **mu**sunuz	Lacht ihr/Lachen Sie nicht?
aber:	
Gül**mü**yorlar **mı**?	Lachen sie nicht?

D Fragewörter

Die wichtigsten Fragewörter im Türkischen lauten:

neden (*warum*)	**niçin** (*warum*)	**ne** (*was*)	**nasıl** (*wie*)
hangi (*welche*)	**ne zaman** (*wann*)	**nerede** (*wo*)	**kim** (*wer*)
ne kadar (*wie viel, wie lange*)	**kaç** (*wie viel*)		

Übungen zu Lektion 6

6.1 Bilden Sie die Verneinung.

1. (sen / çalışmak) *Çalışmıyorsun* 2. (o / yorulmak) ....
3. (biz / sevmek) .... 4. (onlar / pişirmek) ....
5. (ben / yapmak) .... 6. (siz / gitmek) ....

6.2 Bilden Sie Fragesätze.

1. (o / almak) *Alıyor mu?* 2. (ben / bilmek) ....
3. (onlar / satmak) .... 4. (sen / kazanmak) ....
5. (biz / özlemek) .... 6. (siz / uyumak) ....

6.3 Welche Antwort passt zu welcher Frage?

1. Nasılsınız?	a. Kırmızı.	1. *d*
2. Nerede oturuyorlar?	b. Çalışıyorum.	2. ......
3. Hangi renk kalem istiyorsun?	c. Hastalar.	3. ......
4. Kaç kişi geliyorsunuz?	d. İyi değilim.	4. ......
5. Kim yarın gidiyor?	f. 1000 Avro.	5. ......
6. Işık neden yanmıyor?	g. Hayır	6. ......
7. Ne zaman uğruyoruz?	h. Ahmet.	7. .....
8. Bugün ne yapıyorsun?	i. Bozuk.	8. .....
9. Çocuklar niçin uyuyorlar?	j. Yarın.	9. .....
10. Yarın çalışmıyor muyuz?	k. Berlin'de.	10. .....
11. Ne kadar kazanıyor?	l. Beş kişi.	11. .....

6.4 Bilden Sie verneinte Fragen.

1. (biz / yemek) *Yemiyor muyuz?*
2. (siz / demek) ....
3. (sen / sürmek) ....
4. (ben / yıkamak) ....
5. (o / görmek) ....
6. (onlar / sormak) ....

6.5 Übersetzen Sie ins Deutsche.

Siz kantinde yemek yemiyor musunuz? Okullar ne zaman açılıyor? Sigara kullanmıyorlar mı? Tatilde çalışıyor musun? Kim Fransa'da yaşıyor? Kadınlar niçin gülüyor? Çocuklar hangi dilde konuşuyor? Yemek pişirmiyor muyuz? Türkçe güzel konuşuyor muyum? Ne zaman evleniyorlar? Nerede şarkı söylüyorsun? Neden ders çalışmıyorsun? Kaç öğrenci tenis oynuyor? Ne iş yapıyorsunuz? Öğretmen ne anlatıyor? Nasıl okula gidiyorsun? Latince mi öğreniyorsun? Neler satıyorsunuz? Kim Türkçe anlıyor? Nerede oturuyorlar? Çok para kazanıyorlar mı? Yemekte su mu ayran mı istiyorsun? Tren gelmiyor mu? Bu hafta futbol oynamıyor musun? Otobüs ne zaman hareket ediyor? Yol ne kadar sürüyor? Niçin Türkçe konuşmuyoruz?

6.6 Übersetzen Sie ins Türkische.

Wie geht es dir? Wo arbeiten Sie? Arbeiten Sie nicht im Krankenhaus? Ich arbeite nicht mehr im Krankenhaus. Ich arbeite in einem Labor. Schläfst du? Ich schlafe nicht. Wann stehen wir auf? Was sagst du? Warum weinen die Kinder? Welcher Mann ist hier Arzt? Wie viele Stühle gibt es in der Küche? Wer kommt? Was machen Sie? Warum kommt der Bus nicht? Lernt ihr nicht in der Bibliothek? Kaufen wir heute kein Brot? Wo ist hier das Theater? Weißt du es nicht? Wo lernst du Türkisch? Ich lerne momentan kein Türkisch. Wie lange dauern die Ferien? Was kaufst du heute? Wie viele Kinder kommen mit? Wie viele Sprachen können Sie? Ich kann fünf Sprachen.

Lektion 7

Der Ablativ und der Dativ

A Beispiele

Cemil sınıf**tan** çıkıyor.	Cemil kommt aus dem Klassenzimmer.
Kim**e** gidiyorsun?	Zu wem gehst du?
Lale'**ye** gidiyorum.	Ich gehe zu Lale.
Selma'**ya** yardım ediyorum.	Ich helfe Selma.
Çocuklar sinema**dan** mı geliyorlar?	Kommen die Kinder aus dem Kino?
Onlar tiyatro**dan** geliyorlar.	Sie kommen aus dem Theater.
Ayşe'**ye** bir bilet arıyoruz.	Wir suchen eine Karte für Ayşe.
Tren tünel**den** geçiyor.	Der Zug fährt durch den Tunnel.
Ev**den** okul**a** yürüyor musunuz?	Geht ihr von zu Hause zu Fuß in die Schule?
Kim**e** bakıyorlar?	Wen schauen sie an?
Kim**den** telefon bekliyorsunuz?	Von wem erwartet ihr/ erwarten Sie einen Anruf?
Hastane**den** ne zaman dönüyorsun?	Wann kommst du vom Krankenhaus zurück?

B Der Ablativ

Der Ablativ wird mittels des Suffixes **-DEn** gebildet und antwortet auf die Fragen **nereden** (*woher*) und **kimden** (*von wem*).

gemi**den** (*vom Schiff*)	ders**ten** (*vom Unterricht*)
pazar**dan** (*vom Markt*)	Maraş'**tan** (*aus Maraş*)

C Der Dativ

Das Dativsuffix lautet **-(y)E**. Der Dativ antwortet auf die Fragen **nereye** (*wohin*) und **kime** (*wem* bzw. *zu wem*). Bestimmte Verben wie **gitmek**, **bakmak** und **yardım etmek** verlangen den Dativ.

Doktor**a** mı gidiyorsun?	Gehst du zum Arzt?
Hayır, iş**e** gidiyorum.	Nein, ich gehe zur Arbeit.
Anne**ye** yardım ediyor musun?	Hilfst du Mutter?
Fransa'**ya** gitmiyor muyuz?	Fahren wir nicht nach Frankreich?

D Synkope

Einige Substantive verlieren nach dem Anschluss eines Suffixes, das mit einem Vokal beginnt, ihren letzten unbetonten Vokal. Dies gilt z. B. für den Dativ.

ağ**ı**z (*Mund*)	is**i**m (*Name*)	şeh**i**r (*Stadt*)	vak**i**t (*Zeit*)	bur**u**n (*Nase*)
ağza	isme	şehre	vakte	burna

E Mutationen

Die stimmlosen Konsonanten **k**, **ç**, **p** und **t** werden zu stimmhaften **ğ, c, b** und **d**, wenn ihnen ein mit einem Vokal beginnendes Suffix folgt. Dies gilt für die Dativ-, Akkusativ-, Genitiv- und Possessivendungen gleichermaßen.

k → ğ	**ç → c**	**p → b**	**t → d**
kayı**k** → kayı**ğa** (*Boot*)	ağa**ç** → ağa**ca** (*Baum*)	mektu**p** → mektu**ba** (*Brief*)	kur**t** → kur**da** (*Wolf*)

F Mutation bei Personalpronomen

Das Dativsuffix wandelt den Stammvokal **e** der Personalpronomina der 1. und 2. Person Singular in ein **a** um.

ben	→	b**a**na
sen	→	s**a**na

Übungen zu Lektion 7

7.1 Übersetzen Sie ins Türkische.

1. aus Paris Paris'*ten*
2. vom Arzt ....
3. aus der Schweiz ....
4. vom Kurs ....
5. von der Arbeit ....
6. von dir ....

7.2 Ergänzen Sie die Ablativendung.

1. Frankfurt'*tan*
2. çarşı.........
3. müze........
4. tren..........
5. ağaç.........
6. kütüphane.........
7. büro.........
8. yol............
9. mutfak.........
10. durak.........
11. yurt.........
12. dolap........

7.3 Bilden Sie Fragesätze.

1. *Kimden geliyorsun*?	1. Tülay'dan geliyorum.
2. ....?	2. Geline hediye arıyorlar.
3. ....?	3. Senden bahsediyorum.
4. ....?	4. Cemil'e telefon ediyor.
5. ....?	5. İspanya'ya gidiyoruz.
6. ....?	6. Kağıda yazıyorum.
7. ....?	7. Sana söylüyorum.
8. ....?	8. Evden arıyorum.
9. ....?	9. Saat üçte uçağa biniyorlar.

7.4 Übersetzen Sie ins Türkische.

1. nach Paris Paris'*e*
2. zum Schiff ....
3. in die Schweiz ....
4. in den Kurs ....
5. zum Bahnhof ....
6. zu dir ....

7.5 Ergänzen Sie die Dativendung.

1. abla*ya*	2. fuar......	3. kale......	4. eczane......	5. baba.......
6. Türkiye.......	7. Belçika.......	8. şato........	9. pazar.......	10. fırın........
11. şehi**r**........	12. akıl..........	13. dura**k**......	14. kili**t**..........	15. dola**p**......

7.6 Ergänzen Sie die Ablativ- und Dativendungen und übersetzen Sie ins Deutsche.

Her sabah saat altıda yatak*tan* kalkıyorum. Önce banyo..... giriyorum. Duş ve tıraş yarım saat sürüyor. Sonra mutfa***k***.... gidiyorum ve kahvaltı yapıyorum. Saat yedide ev..... çıkıyorum. Beş dakika yürüyorum ve durakta otobüs..... biniyorum. Kadıköy'de otobüs..... iniyor vapur.... biniyorum. Saat sekizde üniversite..... varıyorum. Önce sekreterli***k***...... uğruyor posta.... bakıyorum. Sonra büro...... gidiyorum. Dört saat çalışıyorum ve öğlen tam saat on ikide yeme***k***.... gidiyorum. Saat birde tekrar iş..... dönüyorum ve beş saat daha çalışıyorum. Akşam saat altıda büro..... ev.... dönüyorum. Şimdi bir proje hazırlıyorum. Proje hafta...... bitiyor. Sonra izi*n*..... çıkıyoruz. İtalya'.... uçuyoruz. Bu akşam sekreter.... bildiriyorum. Şef..... yarın haber bekliyorum. İtalya'.... biletler kaç...? Tek kişi beş yüz lira.

7.7 Übersetzen Sie ins Türkische.

Ich komme von der Bank. Ich sage es dir. Ich laufe zum Bahnhof. Von Ali bis zu dir dauert es zwanzig Minuten. Woher kommst du? Ich schenke es dir. Zu wem gehst du? Kommst du aus Kars? Woher weißt du das? Ich gehe heute in die Stadt. Wir kommen aus dem Büro und laufen zur Haltestelle. Wann kommst du zu mir? Ich komme heute zu dir. Um 11 Uhr gehe ich zu Bett. Ich nehme ein Hemd aus dem Schrank. Ein Apfel fällt vom Baum. Ich helfe dir. Nuray geht auf die Straße. Richte Ayşe meine Grüße aus. Kommst du heute Abend ins Hotel? Nein, ich gehe heute Abend ins Kino. Ich schaue mir die Bilder an.

Lektion 8

Der Imperativ und der Optativ

A Beispiele

Acele **et**!	Beeil dich!
Böyle şeyler söyle**me**!	Sag so etwas nicht!
Ahmet gecik**mesin**.	Ahmet soll sich nicht verspäten.
Yarın bize gel**in**!	Kommt/Kommen Sie morgen zu uns!
Sigara iç**meyiniz**!	Raucht nicht!/Rauchen Sie nicht!
Yavaş konuş**sunlar**.	Sie sollen leise sprechen.
Önce yemek yiy**elim,** sonra konuş**alım**.	Lasst uns zunächst essen und dann reden.
Gazeteye bir göz at**ayım**.	Ich möchte mal einen Blick in die Zeitung werfen.
Akşam saat kaçta buluş**alım**?	Um wie viel Uhr wollen wir uns am Abend treffen?
Yarın müzeye gid**elim** mi?	Wollen wir morgen ins Museum gehen?

B Der Imperativ der 2. Person Singular

Der Verbstamm ist gleichzeitig der Imperativ der 2. Person Singular. Die Negation erfolgt ebenso wie beim Präsens durch Anfügen des Suffixes **-mE** an den Verbstamm.

positiv		verneint	
git!	(*geh!*)	gitme!	(*geh nicht!*)
yap!	(*mache!*)	yapma!	(*mache nicht!*)
gör!	(*sieh!*)	görme!	(*sieh nicht!*)
oku!	(*lies!*)	okuma!	(*lies nicht!*)

C Der Imperativ der 2. Person Plural und die Höflichkeitsform

Der Imperativ der 2. Person Plural und die Höflichkeitsform werden mit dem Suffix **-(y)İn** gebildet. Es gibt auch eine erweiterte Form auf **-(y)İnİz**, die vor allem in der Amtssprache vorkommt. Zur Verneinung wird das Negationssuffix **-mE** vor diese beiden Endungen gestellt.

positiv	verneint
gid**in**, yap**ın**, gör**ün**, okuy**un**! (*geht, macht, seht, lest!*/ *gehen, machen, sehen, lesen Sie!*)	git**meyin**, yap**mayın**, gör**meyin**, okuy**mayın** (*geht, macht, seht, lest nicht!*/ *gehen, machen, sehen, lesen Sie nicht!*)
gid**iniz**, yap**ınız**, gör**ünüz**, okuy**unuz**! (*geht, macht, seht, lest!*/ *gehen, machen, sehen, lesen Sie!*)	git**meyiniz**, yap**mayınız**, gör**meyiniz**, oku**mayınız**! (*geht, macht, seht, lest nicht!*/ *gehen, machen, sehen, lesen Sie nicht!*)

D Der Imperativ der 3. Person Singular und Plural

Das Türkische kennt auch eine Befehlsform für die 3. Person Singular und Plural, die ins Deutsche mit dem Modalverb *sollen* übersetzt wird.

Singular: **-sİn**

Positiv :

Git**sin**.	Er soll gehen.
Yap**sın**.	Er soll machen.
Gör**sün**.	Er soll sehen.
Oku**sun**.	Er soll lesen.

Verneint:

Git**mesin**.	Er soll nicht gehen.
Yap**masın**.	Er soll nicht machen.
Gör**mesin**.	Er soll nicht sehen.
Oku**masın**.	Er soll nicht lesen.

Plural: **-sİnlEr**

Positiv:

Git**sinler**.	Sie sollen gehen.
Yap**sınlar**.	Sie sollen machen.
Gör**sünler**.	Sie sollen sehen.
Oku**sunlar**.	Sie sollen lesen.

Verneint:

Git**mesinler**.	Sie sollen nicht gehen.
Yap**masınlar**.	Sie sollen nicht machen.
Gör**mesinler**.	Sie sollen nicht sehen.
Oku**masınlar**.	Sie sollen nicht lesen.

E Der Optativ

Der Optativ ist eine Wunschform, die ins Deutsche mit *wollen/möchten*, *sollen* oder *lassen* übersetzt werden kann. Im heutigen Sprachgebrauch werden vor allem die 1. Person Singular und Plural verwendet. Die Optativform lautet für die 1. Person Singular **-(y)Eyİm** und für die 1. Person Plural **-(y)Elİm**.

Positiv:

Ben sana gel**eyim**.	Ich will mal zu dir kommen. / Lass mich zu dir kommen.
Ben biraz oku**yayım**.	Ich will etwas lesen. / Lass mich etwas lesen.
Biz sana gel**elim**.	Wir wollen zu dir kommen. / Lass uns zu dir kommen.
Biraz oku**yalım**.	Wir wollen etwas lesen. / Lass uns etwas lesen.

Verneint:

Sor**ma**yayım.	Ich will nicht fragen.

Negierte Frage:

Oku**ma**yayım mı?	Soll ich nicht lesen?

Übungen zu Lektion 8

8.1 Bilden Sie den verneinten Imperativ für die 2. Person Singular.

1. (yapmak) *yapma*! 2. (görmek) .... 3. (yummak) ....
4. (çalışmak) .... 5. (kalmak) .... 6. (yemek) ....

8.2 Bilden Sie den Imperativ für die 2. Person Plural bzw. die Höflichkeitsform (Kurzform).

1. (koşmak) *koşun*! 2. (okumak) .... 3. (görmek) ....
4. (başlamak) .... 5. (kaçmak) .... 6. (bitirmek) ....

8.3 Bilden Sie den verneinten Imperativ für die 2. Person Plural bzw. die Höflichkeitsform (Langform).

1. (öğrenmek) *öğrenmeyiniz*! 2. (başlamak) ....
3. (vermek) .... 4. (almak) ....
5. (yazmak) .... 6. (söylemek) ....

8.4 Bilden Sie den Imperativ für die 3. Person Singular.

1. (gelmek) *gelsin* 2. (pişirmek) .... 3. (yıkamak) ....
4. (dinlemek) .... 5. (dokunmak) .... 6. (gülmek) ....

8.5 Bilden Sie den verneinten Imperativ für die 3. Person Plural.

1. (yürümek) *yürümesinler* 2. (konuşmak) ....
3. (bakmak) .... 4. (kalkmak) ....
5. (boyamak) .... 6. (uyumak) ....

8.6 Bilden Sie den Optativ für die 1. Person Singular.

1. (satmak) *satayım* 2. (tatmak) .... 3. (yürümek) ....
4. (gitmek) .... 5. (başlamak) .... 6. (yemek) ....

8.7 Bilden Sie den verneinten Optativ für die 1. Person Singular.

1. (beklemek) *beklemeyeyim* 2. (kaçırmak) ....
3. (bilmek) .... 4. (gelmek) ....
5. (oturmak) .... 6. (içmek) ....

8.8 Bilden Sie den Optativ für die 1. Person Plural.

1. (satmak) *satalım* 2. (tatmak) .... 3. (yürümek) ....
4. (gitmek) .... 5. (başlamak) .... 6. (yemek) ....

8.9 Bilden Sie den verneinten Optativ für die 1. Person Plural.

1. (beklemek) *beklemeyelim* 2. (kaçırmak) ....
3. (bilmek) .... 4. (gelmek) ....
5. (oturmak) .... 6. (içmek) ....

8.10 Übersetzen Sie ins Deutsche.

Bu akşam ne yapalım? Tiyatroya gidelim mi? Evde duralım ve Oktay'a sürpriz yapalım. Ben bugün biraz Türkçe öğreneyim. Sana güzel bir Türkçe kitabı vereyim. Aysel yarın bize gelsin. Sen de gel, beraber alışveriş yapalım. Çocuklar da gelsinler mi? Çocuklar gelmesinler, onlar evde ders çalışsınlar. Siz istasyona yürüyün, orada bekleyin! Öğrenciler okula geç kalmasın. Şimdi Lale'ye telefon etme! Ben biraz uyuyayım. Ayşe'ye selam söyle! Yayalara dikkat ediniz! Ben konuşmayayım. Çimenlere basmayınız! Yerlere çöp atmayınız! Büroda buluşalım. Sevgi'ye haber verelim. Sıraya giriniz! Ali'ye de bildirelim mi? Yemeğe tuz atayım mı? Çarşıya çıkın, biraz dolaşın! Ormanda yürüsünler. Buradan açınız! Hayvanlara yem vermeyiniz! Bugün iki saat fazla çalışsınlar. Bu yıl tatile gitmesin. Bu akşam bana telefon etsin.

Lektion 9

Der Akkusativ und die Demonstrativpronomina

A Beispiele

Karşıda ne görüyorsun?	Was siehst du da drüben?
Orman ve dağ görüyorum.	Ich sehe Wälder und Berge.
Orman**ı** ve dağ**ı** görüyorum.	Ich sehe den Wald und den Berg.
Kim**i** özlüyorsun?	Wen vermisst du?
Annem**i** özlüyorum.	Ich vermisse meine Mutter.
Hangi film**i** izliyorsunuz?	Welchen Film seht ihr/sehen Sie?
Bu yol**u** biliyor musun?	Kennst du diesen Weg?
Yemeğe kim**i** davet ediyoruz?	Wen laden wir zum Essen ein?
Ali'**yi** ve Songül'**ü** davet ediyoruz.	Wir laden Ali und Songül ein.
Ev**i** satıyorlar mı?	Verkaufen sie das Haus?
İstanbul'**u** beğenmiyor mu?	Gefällt ihm Istanbul nicht?

B Der Akkusativ

Der Akkusativ wird mit dem Suffix **-(y)İ** gebildet und antwortet auf die Fragen **kimi** (*wen*) und **neyi** (*was*).

el**i** (*die Hand*)	köprü**yü** (*die Brücke*)	baba**yı** (*den Vater*)	yol**u** (*den Weg*)

C Bestimmung des Akkusativs

Die Akkusativendung wird an das bestimmte Objekt angehängt. Ein Objekt kann u. a. durch Demonstrativpronomina und Possessivendungen bestimmt werden. Das unbestimmte Akkusativobjekt bleibt in der Grundform:

Ne okuyorsun?	Was liest du?
Gazete okuyorum.	Ich lese Zeitung.
Bir kitap okuyorum.	Ich lese ein Buch.
Bu kitab**ı** okuyorum.	Ich lese dieses Buch.
Kitabı***m*ı** okuyorum.	Ich lese mein Buch.

D Bestimmung der Pronomina

Auch Eigennamen, Pronomina wie **hepsi, herkes, kim** und **hangi** sowie Personalpronomina gelten als bestimmt.

Ankara'**yı** iyi biliyor musunuz?	Kennen Sie Ankara gut?
Hepsini içme!	Trink nicht alles!
Herkesi haberdar et!	Benachrichtige alle!
Burada **kimi** bekliyorsun?	Auf wen wartest du hier?
Ahmet'i bekliyorum.	Ich warte auf Ahmet.
Onu hâlâ seviyor musun?	Liebst du ihn/sie noch?
Sana **hangi** çiçeği alayım?	Welche Blumen soll ich dir kaufen?

E Die Demonstrativpronomina

Das Türkische unterscheidet drei Demonstrativpronomina, die sowohl adjektivisch als auch substantivisch gebraucht werden: **bu, şu, o**. Die zeitliche und räumliche Nähe bzw. Entfernung zum Sprecher entscheidet über die Auswahl.

bu kitap	⟶	das Buch hier
şu kitap	⟶	das Buch dort (drüben)
o kitap	⟶	das Buch drüben/jenes Buch

Übungen zu Lektion 9

9.1 Fügen Sie die Akkusativendung an.

1. (kapı) *kapıyı*　2. (yatak) ....　3. (anne) ....
4. (yol) ....　5. (düğüm) ....　6. (okul) ....
7. (uçak) ....　8. (tabip) ....　9. (burç) ....
10. (kilit) ....　11. (ağaç) ....　12. (bıçak) ....

9.2 Übersetzen Sie ins Deutsche.

1. Bu ne? Bu ne demek? ....
2. Şunu görüyor musun? ....
3. Onu almıyorum. ....
4. Şu kitap Arapça mı Farsça mı? ....
5. O Osmanlıca. ....

9.3 Bilden Sie Sätze.

1. (Elif / ütülemek / gömlek)	1. *Elif gömleği ütülüyor.*
2. (ben / pantolon / bu / istemek)	2. ....
3. (sen / Frankfurt / sevmemek / mİ)	3. ....
4. (biz / Ayşe / ziyaret etmek)	4. ....
5. (siz / hangi / renk / seçmek)	5. ....
6. (sen / düşünmek / kim)	6. ....
7. (ben / özlemek / sen)	7. ....
8. (onlar / bizim / mahalle / bilmek)	8. ....
9. (sen / beklemek / ne)	9. ....
10. (siz / kahve / nasıl / içmek)	10. ....
11. (ben / bu / araba / almak)	11. ....
12. (sen / hepsi / yemek / mİ)	12. ....
13. (Ayşe / balon / şişirmek)	13. ....
14. (o / kahvaltı / hazırlamak)	14. ....
15. (öğrenciler / niçin / sigara içmek)	15. ....

9.4 Fügen Sie die Dativ- und Akkusativendungen an und übersetzen Sie ins Deutsche.

Mektu***bu*** Oktay'*a* ve hediyeler.... Sultan'... gönderiyorum. Kim.... bakıyorsun? Hasan'..... bakıyorum. Kim.... görüyorsunuz? Hanna'... görüyoruz. Paket... açalım mı? O... akşama açalım. Kim... arıyorsun? Songül'.... arıyorum. O...... tanımıyorum. Ne yapıyorsun? Camlar.... siliyorum. Kapı.... da siliyor musun? Çocuklar..... istasyon.... götür! B**e**n..... lütfen kapı.... aç! Ben..... arama! Deniz... ve güneş... özlüyorum. Ayşe'.... mi bekliyorsun? Hayır, o.... beklemiyorum. Hangi araba..... beğeniyorsunuz? Kırmızı..... alalım mı? Hayır, yeşil..... alalım. Bu ta***ç***.... takıyor musun? Şu kâğı***t***..... atayım mı? Kili***t***..... değiştirelim. Şeh***i***r.... görüyoruz. Adam..... yol.... soruyoruz. Buz..... içece***k***..... koyuyor. Almanca..... nerede öğreniyorlar? Kadınlar kim..... soruyor? Annem..... soruyorlar. Bu armutlar.... mı şu elmalar.... mı vereyim? Hepsi..... verin. Öğretmen..... anlıyor musunuz? Hangi gazete..... okuyorsunuz? Bu kaza***k***..... alıyor musun?

9.5 Übersetzen Sie ins Türkische.

Lass uns heute einen Film anschauen. Welchen Film sollen wir uns anschauen? Kennst du diesen Roman? Ja, ich lese ihn gerade. Ich sehe manchmal Ayşe. Ich kaufe einen neuen Ordner. Ich trinke keinen Tee. Ich trinke diesen Tee nicht. Sollen wir für die Kinder ein Geschenk kaufen? Du legst das Buch auf den Tisch. Den Apfel esse ich nicht. Gib mir die Tasse! Ich öffne die Tür. Kennen Sie den Autor? Welchen Autor meinen Sie? Sollen wir nicht diesen Tisch kaufen? Nein, lass ihn uns nicht kaufen. Bringe bitte den Brief zum Direktor! Wollen wir den Nachtisch auf dem Balkon essen? Ich bringe die Mutter ins Krankenhaus.

Lektion 10

-lİ, *-sİz*, *-Cİ* und *-lİk*

A Beispiele

Bugün Türkiye'de hava güneş**li**.	Heute ist das Wetter in der Türkei sonnig.
Yemek tuz**lu** mu?	Ist das Essen salzig/versalzen?
Bu dağlar ağaç**sız**.	Diese Berge sind kahl.
Kahve sütlü mü süt**süz** mü?	Ist der Kaffee mit oder ohne Milch?
Ahmet İstanbul**lu**.	Ahmet ist Istanbuler/stammt aus Istanbul.
Ali gazete**ci**, Tülin ise ecza**cı**.	Ali ist Journalist, Tülin hingegen Apothekerin.
Nilgün Hanım fotoğraf**çı**.	Frau Nilgün ist Fotografin.
Cumhuriyet**çi** partiler bayağı güç**lü**.	Die republikanischen Parteien sind sehr stark.
Sol**cu** öğrenciler tartışıyor.	Die linken Studenten diskutieren.
Din**ci** gazeteler bugün çıkmıyor.	Die religiösen Zeitungen erscheinen heute nicht.
Cunta**cı**lar iktidarda.	Die Putschisten sind an der Macht.
Bu kitap**lık** bize yeter.	Dieses Bücherregal genügt uns.
Tuz**luk** masada mı?	Ist der Salzstreuer auf dem Tisch?
Sana bir iyi**lik** yapayım mı?	Soll ich dir einen Gefallen tun?
Gazete**cilik** nasıl bir meslek?	Was für ein Beruf ist der Journalismus?

B *-lİ* und *-sİz*

Mit dem Suffix **-lİ** werden aus Substantiven Adjektive mit der Bedeutung *habend* gebildet. Das Gegenstück dazu wird mit **-sİz** (*nicht habend*, *ohne* oder *-los*) gebildet.

şeker**li**	(*gezuckert*)	şeker**siz**	(*ungezuckert*)
bıyık**lı**	(*mit Bart*)	bıyık**sız**	(*ohne Bart*)
gözlük**lü**	(*mit Brille*)	gözlük**süz**	(*ohne Brille*)
bulut**lu**	(*wolkig*)	bulut**suz**	(*wolkenlos*)

Nicht alle Adjektive mit **-lİ** haben das Gegenstück mit **-sİz** oder umgekehrt.

kir**li** (*schmutzig*)	alım**lı** (*attraktiv*)	iş**siz** (*arbeitslos*)
~~kirsiz~~	~~alımsız~~	~~işli~~

C *-lİ* zur Bezeichnung der Herkunft

Durch Anhängung von **-lİ** an geographische Bezeichnungen wie z. B. Orts- und Ländernamen werden Substantive und Adjektive zur Bestimmung von Abstammung, Nationalität und Herkunft gebildet. Das Fragewort heißt **nereli**.

Rita **nereli**? Rita Afrika**lı**.	Woher kommt Rita? Rita kommt aus Afrika.
Thomas Berlin**li** mi?	Ist Thomas aus Berlin?
Tunus**lu** turistler nerede?	Wo sind die tunesischen Touristen?

D *-Ci*

Die Endung **-Ci** gibt eine Berufsbezeichnung, eine Tätigkeit oder Beschäftigung an, die mit dem Grundwort verbunden ist.

kapı**cı** (*Hausmeister*)	dilbilim**ci** (*Sprachwissenschaftler*)	kitap**çı** (*Buchhändler*)

Das Suffix **-Ci** kann aber auch den Anhänger einer bestimmten Ideologie oder Lebenseinstellung bezeichnen.

devrim**ci** (*Revolutionär*)	çevre**ci** (*Umweltschützer*)
reform**cu** (*Reformist*)	Türk**çü** (*Türkist*)

E *-lİk*

Das Suffix **-lİk** bildet aus Substantiven neue, meist *konkrete* Substantive.

şeker**lik** (*Zuckerdose*)	kitap**lık** (*Bücherregal*)	gün**lük** (*Tagebuch*)
tuz**luk** (*Salzstreuer*)	ay**lık** (*Gehalt*)	gece**lik** (*Nachthemd*)

Das Suffix **-lİk** bildet aber auch aus Adjektiven und Substantiven *abstrakte* Substantive.

bir**lik** (*Einheit*)	işsiz**lik** (*Arbeitslosigkeit*)
dikkatsiz**lik** (*Unachtsamkeit*)	çocuk**luk** (*Kindheit*)
düşman**lık** (*Feindschaft*)	güzel**lik** (*Schönheit*)
arkadaş**lık** (*Freundschaft*)	

Übungen zu Lektion 10

10.1 Bilden Sie mit *-lİ* aus Substantiven Adjektive.

1. (su) *sulu* 2. (kir) .... 3. (güç) ....
4. (yara) .... 5. (borç) .... 6. (problem) ....
7. (önem) .... 8. (düzen) .... 9. (söz) ....

10.2 Übersetzen Sie ins Türkische.

1. Ich bin Amerikaner. *Amerikalıyım.* 2. Wir sind Iraner. ....
3. Er ist aus dem Kongo. .... 4. Du bist Belgier. ....
5. Ihr seid Schweizer. .... 6. Sie sind aus Köln. ....

10.3 Bilden sie mit *-sİz* aus Substantiven Adjektive.

1. (becerik) *beceriksiz* 2. (neşe) .... 3. (yüz) ....
4. (denge) .... 5. (bilgi) .... 6. (sorun) ....
7. (başarı) .... 8. (resim) .... 9. (boya) ....

10.4 Übersetzen Sie ins Türkische.

1. Ich bin Jurist. *Hukukçuyum.* 2. Wir sind keine Fußballer ....
3. Du bist Müllmann. .... 4. Sind Sie Buchhändler? ....
5. Ist er Uhrmacher? .... 6. Ihr seid Arbeiter. ....

10.5 Übersetzen Sie ins Türkische.

1. (fortschrittlich) *ilerici* 2. (Nationalist) ....
3. (Rassist) .... 4. (reaktionär) ....
5. (Islamist) .... 6. (Individualist) ....

10.6 Bilden Sie mit *-lİk* abstrakte Nomen.

1. (milliyetçi) *milliyetçilik* 2. (devrimci) .... 3. (yoksul) ....
4. (evli) .... 5. (hasta) .... 6. (asker) ....
7. (aptal) .... 8. (iyi) .... 9. (cimri) ....

10.7 Bilden Sie Substantive nach dem folgenden Muster.

1. Zuckerdose *şekerlik* 2. Aschenbecher ....
3. Schlüsselbund .... 4. Brautkleid ....
5. Morgenmantel .... 6. Eisfach ....

10.8 Übersetzen Sie ins Deutsche.

Yeni müdür nereli? Yeni müdür Bolulu. Nasıl görünüyor? Kısa boylu, gözlüklü ve bıyıklı bir adam. Pastanede kaymaklı baklava yiyelim mi? Ağaçsız bir bölgeden geçiyoruz. Gözlüksüz kitap okuyamıyorum. Yarın Koreli bir heyet firmayı ziyarete geliyor. Susuz musun? Hayır, uykusuzum. Ayşe evli mi? Bazı ülkelerde işsizlik ve yoksulluk çok yaygın. Güneşli bir yer arıyorum. Tabaklar daha kirli mi? Bu gömlek lekeli. Fatma Hanım emekli öğretmen. Kapıcı nerede? Kitapçıyı tanıyorum. Ali asker(liğ)e gidiyor. Güzellik görecelidir. Arabayı dikkatli sür! Arkadaşlık çok önemlidir. Çevrecilik günümüzde önemli bir akım. Sorunsuz bir hayat özlüyorum. Ali çok kaygısız.

10.9 Übersetzen Sie ins Türkische.

Ich bin Berliner. Ich trinke Kaffee mit Milch. Linke Gruppierungen demonstrieren. Der Optiker ist heute krank. Den Monatslohn erhalte ich morgen. In diesem Restaurant gibt es keine alkoholischen Getränke. Sei nicht geizig! Magst du Wodka mit Eis? Es ist nicht wichtig. Nationalismus ist ein neues Phänomen. Cemil ist in dieser Stadt ein wichtiger Mann.

Lektion 11

Der Genitiv und die Possessivsuffixe

A Beispiele

Bu kitap Ali'**nin** mi?	Gehört dieses Buch Ali?
Kız**ım** bugün çok yorgun.	Meine Tochter ist heute sehr müde.
Yarın ders**in** yok mu?	Hast du morgen keinen Unterricht?
Anne**si** İstanbul'da yaşıyor.	Seine Mutter lebt in Istanbul.
Ev**imiz** büyük değil.	Unsere Wohnung ist nicht groß.
Çocuklar**ınız** çok uslu.	Ihre/Eure Kinder sind sehr brav.

B Der Genitiv

Der Genitiv wird mit dem Suffix **-(n)İn** gebildet und antwortet auf die Frage **kimin** (*wessen*).

ked**inin**	(*der Katze*)
baba**nın**	(*des Vaters*)
köy**ün**	(*des Dorfes*)
kuş**un**	(*des Vogels*)

C Ausnahmen

Es gibt zwei Ausnahmen, bei denen als Verbindungslaut **y** benutzt wird:

su (*Wasser*)	ne (*was*)
su**y**un	ne**y**in

D Das Verb *gehören*

Der Genitiv kommt nur in der Bedeutung *gehören* vor, wenn er für sich alleine stehend verwendet wird. (Zur weitaus häufigeren Verwendung in der sogenannten Genitiv-Possessiv-Verbindung siehe Lektion 12).

Bu bilgisayar kim**in**?	Wem gehört dieser Computer?
Bu bilgisayar enstitü**nün**(dür).	Dieser Computer gehört dem Institut.

E Die Possessivsuffixe

Die Possessivsuffixe lauten:

-(İ)m	baba**m**	evler**im**	kız**ım**	köy**üm**	yol**um**
-(İ)n	baba**n**	evler**in**	kız**ın**	köy**ün**	yol**un**
-(s)İ	baba**sı**	evler**i**	kız**ı**	köy**ü**	yol**u**
-(İ)mİz	baba**mız**	evler**imiz**	kız**ımız**	köy**ümüz**	yol**umuz**
-(İ)nİz	baba**nız**	evler**iniz**	kız**ınız**	köy**ünüz**	yol**unuz**
-lErİ	baba**ları**	evler**i**	kız**ları**	köy**leri**	yol**ları**

F Ausnahmen

su und **ne** bilden bezüglich des Verbindungslautes auch hier eine Ausnahme:

su**y**um	ne**y**im
su**y**un	ne**y**in
su**y**u	ne**y**i
su**y**umuz	ne**y**imiz
su**y**unuz	ne**y**iniz
suları	neleri

G *Haben* und *nicht haben*

Die Wiedergabe des deutschen Verbs *haben* bzw. *nicht haben* erfolgt durch die Verbindung der Possessivsuffixe mit **var** bzw. **yok**.

Araba**n** **var** mı?	Hast du ein Auto?
Yarın zaman**ınız** **yok** mu?	Haben Sie/Habt ihr morgen keine Zeit?
Yarın zaman**ımız** **var**.	Wir haben morgen Zeit.

H Possessivpronomina

Durch das Anhängen des Genitivsuffixes an die Personalpronomina entstehen Possessivpronomina, die in erster Linie bei Betonungen verwendet werden.

aber:	ben**im**	mein
	sen**in**	dein
	o**nun**	sein/ihr
aber:	biz**im**	unser
	siz**in**	euer/Ihr
	onlar**ın**	ihr

Übungen zu Lektion 11

11.1 Fügen Sie die Genitivendung an.

1. (kapı) *kapının* 2. (yatak) .... 3. (anne) ....
4. (köprü) .... 5. (manto) .... 6. (kol) ....

11.2 Beantworten Sie die Fragen.

1. Bu araba sizin mi? *Evet, bu araba bizim. / Hayır, bu araba bizim değil.*
2. Bu çocuk Sevgi'nin mi? ....
3. Bu kalem kimin? ....
4. Bu vida nerenin? ....
5. Bu kitaplar Yaşar'ın değil mi?..

11.3 Übersetzen Sie ins Türkische.

1. (mein Vater) *babam*
2. (meine Tochter) ....
3. (mein Kind) ....
4. (mein Dorf) ....
5. (mein Buch) ....
6. (meine Mutter) ....

11.4 Fügen Sie die Possessivendung der 2. Person Singular an.

1. (yemek) *yemeğin*
2. (dilek) ....
3. (güç) ....
4. (kapı) ....
5. (yurt) ....
6. (araba) ....

11.5 Übersetzen Sie ins Türkische.

1. (seine Antwort) *cevabı*
2. (sein Fuß) ....
3. (sein Messer) ....
4. (sein Großvater) ....
5. (seine Arznei) ....
6. (seine Nase) ....

11.6 Fügen Sie die Possessivendung der 1. Person Plural an.

1. (iş) *işimiz*
2. (su) ....
3. (oğul) ....
4. (göz) ....
5. (burun) ....
6. (ad) ....

11.7 Übersetzen Sie ins Türkische.

1. (eure Katze) *kediniz*
2. (euer Brief) ....
3. (euer Hund) ....
4. (euer Zug) ....
5. (euer Mund) ....
6. (euer Dorf) ....

11.8 Bilden Sie Sätze mit *haben/nicht haben*.

1. (iş / bugün / var / ben) *Bugün işim var.*
2. (para / yok / sen / mİ) ....
3. (video / var / o / mİ) ....
4. (tatil / var / bu / hafta / biz) ....
5. (vakit / yok / siz / mİ) ....
6. (çocuk / yok / onlar) ....

11.9 Übersetzen Sie ins Deutsche.

Bu silgi kimin? Sizin değil mi? Bu silgi kız kardeşimin. Babam ve annem bu akşam Zürih'ten Berlin'e geliyorlar. Kardeşim ise evde kalıyor. Okulumuzda bu hafta büyük bir tören var. Matematikte notları iyi değil. Sınavın ne zaman? Evden iş yerime on dakika sürüyor. Yeni bir arabası var. Köpeğinizi nereye götürüyorsunuz? Çocukları henüz okula gitmiyorlar. Çantanda neler var? Oğlunuz nerede okuyor? Bu yıl tatiliniz var mı? Kursum yarın başlıyor. Dedesi yaşlı mı? Gözlüğün çok güzel. İşimizi bu hafta bitiriyoruz. Sınavına hazırlanıyor. Anneleri yarın geliyor. Yemeğini bitirsin öyle gitsin. Şemsiyemi arıyorum. Arabaları bozuk. Satranç turnuvan ne zaman başlıyor?

Lektion 12

Die Genitiv-Possessiv-Verbindung

A Beispiele

Ahmet'**in** yeni araba**sı** mavi.	Ahmets neues Auto ist blau.
Çocuğ**un** para**sı** var.	Das Kind hat Geld.
Almanya'da **çocuk parası** var.	In Deutschland gibt es Kindergeld.
Kad**ının** doktor**u** şu bey mi?	Ist dieser Herr da der Arzt der Frau?
Kadın doktoru şu bey mi?	Ist dieser Herr da der Frauenarzt?
Çarşamba günleri çalışmıyoruz.	Mittwochs arbeiten wir nicht.
Oda tiyatrosu oldukça başarılı.	Das Zimmertheater ist ziemlich erfolgreich.
İzmir **otobüs garı** çok kalabalık.	Der Busbahnhof in Izmir ist sehr belebt.
Sultan'**ın** firma**sının** şef**i** çok genç.	Der Chef von Sultans Firma ist sehr jung.
Naci'**nin** öğretmen**inin** üç kız**ı** var.	Die Lehrerin von Naci hat drei Töchter.
Ali **Bonn Üniversitesi**'nde okuyor.	Ali studiert an der Universität Bonn.
İş yerimi biliyor musun?	Kennst du meinen Arbeitsplatz?

B Die bestimmte Genitivverbindung

Es wird zwischen der bestimmten und der unbestimmten Genitivverbindung zweier Substantive unterschieden. Wenn eine Genitivverbindung bestimmt ist, trägt das erste Substantiv die Genitivendung und das zweite die Possessivendung der 3. Person Singular. In diesem Fall können beide Substantive durch Adjektive bzw. andere Attribute näher bestimmt werden.

Kölnlü **Ali'nin** yeni **evi** beş odalı.	Die neue Wohnung von Ali aus Köln hat fünf Zimmer.
Bu küçük **köyün** büyük bir **kilisesi** var.	Dieses kleine Dorf hat eine große Kirche.

C Die unbestimmte Genitivverbindung

Bei der unbestimmten Genitivverbindung trägt das zweite Nomen die Possessivendung der 3. Person Singular, während das erste Nomen unverändert bleibt. Es handelt sich hierbei um eine Einheit, deren Teile nicht isoliert, sondern nur als ganzes durch Attribute erweitert werden können. Diese zusammengehörenden Ausdrücke aus (meist) zwei Substantiven entsprechen den im Deutschen verwendeten zusammengesetzten Substantiven.

Bu semtte **saat tamircisi** var mı?	Gibt es in diesem Stadtviertel einen Uhrmacher?
Bazı ülkelerde **işsizlik parası** yok.	In manchen Ländern gibt es kein Arbeitslosengeld.

D Bestimmendes Possessivsuffix an der unbestimmten Genitivverbindung

In einer unbestimmten Genitivverbindung, die durch ein Possessivsuffix näher bestimmt werden soll, fällt die Possessivendung der 3. Person Singular weg. Eine Doppelung von Possessivsuffixen ist nicht möglich.

Bu **fotoğraf makinası** eski.	Dieser Fotoapparat ist alt.
Yeni **fotoğraf makinan** yok mu?	Hast du keinen neuen Fotoapparat?
Hayır, yeni **fotoğraf makinam** yok.	Nein, ich habe keinen neuen Fotoapparat.

E Das pronominale *n*

Zwischen dem Possessivsuffix der 3. Person Singular und einem Kasussuffix wird das pronominale **n** eingeschoben.

Ankara treni**n**e biniyorum.	Ich steige in den Zug nach Ankara ein.
Çalışma müsadesi**n**i bugün alıyoruz.	Heute erhalten wir die Arbeitserlaubnis.

F Die Zusammenschreibung der unbestimmten Genitivverbindung

Beide Substantive einer unbestimmten Genitivverbindung werden zusammengeschrieben, falls die Bedeutung der Genitivverbindung von den jeweiligen Grundbedeutungen der beiden zugehörigen Substantive abweicht.

Yılbaşında nereye gidiyorsunuz?	Wohin geht ihr/gehen Sie an Silvester?
Önce **havaalanı**na uğruyoruz.	Zunächst fahren wir am Flughafen vorbei.
Bu **ayakkabı** kaça?	Was kosten diese Schuhe?

Übungen zu Lektion 12

12.1 Bilden Sie die unbestimmte Genitivverbindung.

1. (taksi / durak) *taksi durağı*	2. (köy / yumurta) ....
3. (Türkçe / kitap)	4. (baş / örtü) ....
5. (tren / bilet)	6. (çocuk / koro) ....
7. (yılbaşı / eğlence)	8. (meyve / su) ....
9. (salı / gün)	10. (hafta / son) ....
11. (ev / erkek)	12. (ev / kadın) ....

12.2 Bilden Sie Fragesätze.

1. (ben / yeni / araba / beğenmek / mİ / siz)	1. *Yeni arabamı beğeniyor musunuz?*
2. (sen / Latince / kitap / nerede)	2. ....
3. (o / fizik / sınav / hangi / bina)	3. ....
4. (biz / eski / ev / sokak / bilmek / sen)	4. ....
5. (siz / Çince / kurs / ne zaman / başlamak)	5. ....
6. (onlar / spor / öğretmen / ad / ne)	6. ....
7. (Ayşe / baş / mİ / ağrımak)	7. ....

12.3 Bilden Sie die bestimmte Genitivverbindung.

1. (çocuk / baba) *çocuğun babası*
2. (baba / köy) ....
3. (köy / çeşme) ....
4. (çeşme / su) ....
5. (su / tat) ....
6. (ev / erkek) ....

12.4 Fügen Sie die notwendigen Endungen an und übersetzen Sie ins Deutsche.

Bora İstanbul Üniversite*si'nde* ne okuyor? Bora'...... anne....., baba...... ve iki kız kardeş........ Edirne'de yaşıyorlar. Bora'...... kız kardeş......... ad........ Ayşe ve Tülin. Bora'nın anne....... doktor, baba....... ise öğretmen. Bora'...... dede...... Ankara'da oturuyor. Bora yaz tatiller...... o........ ziyaret ediyor ve o....... ev........ iki hafta kalıyor. Bora'...... kız kardeş...... ise kış tatiller...... dede...... gidiyor ve orada bir hafta kalıyorlar. Tülin ve Ayşe'...... çok güzel bir köpek....... var. Onlar köpek...... her gün parkta gezdiriyor. Ayşe İstanbul'da Boğaziçi Üniversite....... psikoloji bölüm....... okumak istiyor. İstanbul Türkiye'........ en büyük kent.....dir. İstanbul'...... tarih.... çok eskidir. İstanbul'.... surlar...., camiler....., Topkapı Saray.... ve Kapalıçarşı'...... ünlüdür. Tren, Haydarpaşa Garı'...... kalkıyor. Otobüs dura***k***....... seni bekliyoruz. Onur'....... teyze....... küçük oğ***u***l....... evleniyor. Baba....... eski bir iş arkadaş....... yarın bizi ziyarete geliyor. Domatesler...... bazı....... bozuk. Öğrenci...... ço***k***......... isim........ biliyorum. Orhan Pamuk'........ son roman....... birkaç cümle okuyalım. Ada....... üçte iki........ tanıyoruz. Bizim bale kurs....... salı gün....... başlıyor. İsviçre'........... kaç kanton.......... var?

12.5 Übersetzen Sie ins Türkische.

Wie heißen Sie? Gehört dieses Buch dir? Wir haben heute noch etwas Zeit. Sie haben vier Kinder. Die Kinder spielen in ihren Zimmern. Gibt es hier einen Briefkasten? Was machst du am Wochenende? Wollen wir zu deiner Mutter gehen? Kennst du das Haus der Mutter seines Arztes? Die Hälfte der Gäste versteht kein Deutsch. Was ist seine Muttersprache? Die Lehrerin meiner Tochter hat einen schönen Garten. Am Frankfurter Flughafen warte ich auf dich. Zwanzig Prozent unserer Studenten bekommen ein Stipendium. Sein Arbeitstisch ist da. Seine Schuhe sind schön. Der Augenarzt unseres Stadtviertels hat drei Kinder. Hat er eine Aufenthaltserlaubnis? Montags arbeiten wir nicht. Die Tür des Wohnzimmers ist neu. Der Lehrer schenkt jedem Schüler einen Kugelschreiber. Wie viele Bundesländer hat Deutschland?

Lektion 13

Postpositionen

A Beispiele

Ders**ten önce** konuşalım.	Lass uns vor dem Unterricht sprechen.
İstasyon**a kadar** kaç dakika sürüyor?	Wie viele Minuten dauert es bis zum Bahnhof?
Sinema**dan sonra** ne yapıyorsun?	Was machst du nach dem Kino?
İki gün**den beri** sigara içmiyorum.	Seit zwei Tagen rauche ich nicht.
Akşam**a doğru** koşalım.	Lass uns gegen Abend joggen.
Ban**a göre** bu fiyat çok yüksek.	Meiner Meinung nach ist der Preis zu hoch.
Sınıfta Jale'**den başka** öğrenci yok.	Außer Jale ist kein Student im Klassenzimmer.
Sıcağ**a rağmen** yola devam ediyoruz.	Trotz der Hitze setzen wir unseren Weg fort.
Almanya'**ya ilişkin** hiç bir şey bilmiyor.	Über Deutschland weiß er/sie nichts.
Ban**a oranla** Okan daha uzun.	Okan ist im Gegensatz zu mir größer.
Sis**ten ötürü/dolayı** uçaklar kalkmıyor.	Wegen des Nebels starten keine Flugzeuge.
Yarın**dan itibaren** çalışmıyorum.	Ab morgen arbeite ich nicht.
Galatasaray'**a karşı** kim oynuyor?	Wer spielt gegen Galatasaray?

B Postpositionen

Postpositionen werden ihrem Bezugswort nachgestellt und regieren verschiedene Kasus.

C Postpositionen mit dem Nominativ (bzw. Genitiv)

Folgende vier Postpositionen regieren bei Substantiven den Nominativ. Bei **kim** (*wer*), bei Personalpronomina und bei Demonstrativpronomina (mit Ausnahme der Pluralformen) regieren sie jedoch den Genitiv:

ile	*mit*
için	*für, wegen*
gibi	*wie (in der* Form *wie)*
kadar	*wie (in dem* Maße *wie)*

Bu kitapları Ayşe **için** alıyorum.	Diese Bücher kaufe ich für Ayşe.
Bu defteri de **onun için** alıyorum.	Auch dieses Heft kaufe ich für sie.
Ayşe **kadar** Fransızca bilmiyor.	Sie kann nicht so viel Französisch wie Ayşe.
Ama **onun kadar** Almanca biliyor.	Aber sie kann ebenso gut Deutsch wie sie.
Ayşe **gibi** gülme!	Lach nicht wie Ayşe!
Onun gibi mi gülüyorum?	Lache ich wie sie?

D Die Postposition *ile*

İle kommt sowohl selbständig als auch als Suffix vor. Als Suffix passt es sich nach der kleinen Vokalharmonie an sein Bezugswort an. Bei konsonantischem Auslaut geht dabei sein **i** verloren, bei vokalischem Auslaut verwandelt er sich in **y**.

Araba **ile** gidiyorum.	Ich fahre mit dem Auto.
Araba**yla** gidiyorum.	Ich fahre mit dem Auto.
Tren**le** gidiyorum.	Ich fahre mit dem Zug.

Zwischen zwei Substantiven wird **ile** als Konjunktion verwendet und bedeutet *und*. Des Weiteren wird **ile** bei Personen mit **birlikte** (*zusammen*) verwendet.

Oktay **ile** Ayşe okula gidiyorlar.	Oktay und Ayşe gehen in die Schule.
Oktay'**la** Ayşe okula gidiyorlar.	Oktay und Ayşe gehen in die Schule.
Oktay'**la** Ayşe **birlikte** okula gidiyorlar.	Oktay und Ayşe gehen zusammen in die Schule.

E Postpositionen mit dem Ablativ

önce/evvel	*vor*
sonra	*nach*
beri	*seit*
başka	*außer*
dolayı/ötürü	*wegen, infolge*
itibaren	*ab, von … .an*

F Postpositionen mit dem Dativ

kadar	*bis*
doğru	*gegen, in Richtung*
göre	*gemäß, zufolge*
karşı	*gegen*
rağmen	*trotz*
ilişkin/ait/dair	*bezüglich, betreffs*
oranla/nispetle	*im Verhältnis, im Vergleich zu*

Übungen zu Lektion 13

13.1 Bilden Sie Sätze nach dem vorgegebenen Muster.

1. (ben / yazmak / sen / gibi) *Ben senin gibi yazıyorum.*
2. (sen / bilet / almak / kim / için) ....
3. (siz / yorulmamak / biz / kadar) ....
4. (biz / sinema / gitmek / bugün / sen / ile) ....
5. (çocuklar / şarkı söylemek / o / gibi) ....
6. (o / dans etmek / ben / ile) ....

13.2 Bilden Sie Sätze nach dem vorgegebenen Muster.

1. (ben / tiyatro / yürümek / kadar)	1. *Ben tiyatroya kadar yürüyorum.*
2. (sen / okul / ne / yapmak / sonra)	2. ....
3. (o / yüzmek / Ali / gibi)	3. ....
4. (biz / gemi / İtalya / gitmek / ile)	4. ....
5. (siz / almak / hediye / Tülay / için)	5. ....
6. (onlar / öğle / yemek pişirmek / önce)	6. ....
7. (biz / iki / dönem / Türkçe / öğrenmek / beri)	7. ....
8. (o / haksızlık / mücadele etmek / karşı)	8. ....
9. (onlar / hastalık / gelmemek / dolayı)	9. ....
10. (misafirler / akşam / gitmek / doğru)	10. ....
11. (sınav / ben / zor / değil / göre)	11. ....
12. (sen / o / neler / bilmek / dair)	12. ....
13. (ben / uykusuzluk / çalışmak / iyi / rağmen)	13. ....
14. (onlar / Afrika / çok / şey / bilmek / ilişkin)	14. ....

13.3 Fügen Sie die richtigen Endungen an und übersetzen Sie den Text ins Deutsche.

Üç yıl*dan* beri burada çalışıyorum. Bu ülkenin soğu***k***.... rağmen hayatımdan memnunum. Her sabah iş...... önce ormanda bir saat koşuyorum. Ben...... başka o saatte orada kimse koşmuyor. Koşu..... sonra soğuk bir duş alıyorum ve hemen kahvaltıya oturuyorum. Kahvaltıda peynir..... başka bir şey yemiyorum. Sonra otobüs....... işe gidiyorum. Otobüs, sabah trafi***k***....... ötürü hep gecikiyor. Bu... rağmen iş yerime zamanında varıyorum. Çünkü evden biraz erken çıkıyorum. Ben....... gibi çok kişi otobüs....... işe gidiyor. Saat sekiz...... doğru büroya varıyorum. Sekreter ben...... önce işe başlıyor. O, araba..... geliyor. Önce o....... ile biraz sohbet ediyorum. Sekreter iki ay....... beri bizim firmada çalışıyor. O...... dair henüz fazla bir şey bilmiyorum. B**e**n...... göre iyi bir kadın. Her sabah biz....... için kahve yapıyor. Herkes..... karşı çok nazik. Saat dokuz..... doğru posta geliyor. Postacı bazen yağmur..... dolayı gecikiyor. Yarım saat sekreter.... birlikte yeni dosyaları inceliyoruz. O saatte biz....... başka büroda üç kişi daha oluyor. Saat onda şef geliyor ve o gün... ait çalışma raporunu istiyor. Saat on bir..... kadar günün akışını gözden geçiriyoruz. Büroda yaz.... oranla kışın fazla iş olmuyor. Saat on ikiden bir........ kadar yemek molası veriyoruz.

13.4 Übersetzen Sie ins Türkische.

Sie fahren mit der Straßenbahn in die Schule. Diese Blumen sind für dich. Wir sind seit fünf Jahren verheiratet. Ist die Karriere oder die Familie wichtiger für dich? Bis zum Sommer schließen wir das Buch ab. Nach dem Kurs gehen wir mit Selma essen. Im Gegensatz zu Ayşe ist ihre Zwillingsschwester Ayşin ruhiger. Ich will genauso erfolgreich wie Sevim sein. Wegen der Bauarbeiten sind die Straßen gesperrt. Außer meinem Bruder Ahmet lebt niemand von unserer Familie in der Türkei. Ich laufe in Richtung Bahn. Es gibt unterschiedliche Meinungen bezüglich der Evolution.

Lektion 14

Die Ortspronomina und *-ki*

A Beispiele

Belediyenin **arka**sında bir park var.	Hinter dem Rathaus befindet sich ein Park.
Annenin **yan**ında kim kalıyor?	Wer bleibt bei deiner Mutter?
Tabaklar masanın **üst**ünde duruyor.	Die Teller liegen auf dem Tisch.
Nehrin **sağ**ında ve **sol**unda ağaçlar var.	Rechts und links des Flusses gibt es Bäume.
Köyün **etraf**ı dağlık.	Die Umgebung des Dorfes ist gebirgig.
Akşam**ki** toplantıyı unutma!	Vergiss die Versammlung heute Abend nicht.
Sevim'in arabası sarı, benim**ki** mavi.	Sevims Auto ist gelb, meines ist blau.

B Ortspronomina als Postpositionen

Neben „echten" Postpositionen gibt es eine Reihe von Ortspronomina, die auch postpositional gebraucht werden. Die wichtigsten sind:

alt, arka, art, ara, dış, çevre, etraf, iç, karşı, orta, ön, yan, yer, üst, sağ, sol

Sie stehen mit ihrem Bezugswort in einer Genitivverbindung und können auch Kasussuffixe erhalten.

Lokanta**nın** iç**i** çok karanlık.	Im Restaurant ist es sehr dunkel.
Köy**ün** orta***sında*** tarihî bir kilise var.	Mitten im Dorf befindet sich eine historische Kirche.
Arabayı yol**un** sağ**ına** park edin!	Parken Sie das Auto auf der rechten Straßenseite.

Anstelle eines Substantivs kann der Bezug auch durch ein Possessivpronomen hergestellt werden.

Sizin aranızda ne var?	Was gibt es zwischen Euch?
Bizim üstümüzde annem oturuyor.	Über uns wohnt meine Mutter.

Da in diesem Fall auch das Ortspronomen mit der Possessivendung versehen wird, kann das Possessivpronomen wegfallen.

Ara**nız**da ne var?	Was gibt es zwischen Euch?
Üst**ümüz**de annem oturuyor.	Über uns wohnt meine Mutter.

C Das Zugehörigkeitssuffix *-ki*

Tritt das unveränderliche Suffix **-ki** an Substantive im Genitiv und an Possessivpronomina, drückt es die Zugehörigkeit aus. Wenn nach **-ki** ein Kasussuffix folgt, wird vor diesem das pronominale **n** eingeschoben.

Cemil'in üniversitesi Ankara'da Ali'nin**ki** İstanbul'da.
(Die Universität von Cemil befindet sich in Ankara, die von Ali in Istanbul.)

Elif'in iş yeri uzak benim**ki** yakın.
(Die Arbeitsstelle von Elif ist fern von hier, die meinige ist in der Nähe.)

Senin bardağın kirli. Benimk**i**n**i** al!
(Dein Glas ist schmutzig. Nimm meins!)

Wird **-ki** an den Lokativ von Substantiven und Personalpronomina angehängt, entstehen Substantive, die auch als Adjektive gebraucht werden können.

Almanya'da**ki** Türkler geri dönüyor.	Die Deutschland-Türken kehren zurück.
Bizde**ki** resimler çok eski.	Die Bilder, die wir haben, sind sehr alt.

Mit **-ki** werden aus Zeitbegriffen Adjektive gebildet. Einzig bei **dün** (*gestern*) und **bugün** (*heute*) unterliegt **-ki** der großen Vokalharmonie.

Dün**kü** maçın sonucunu biliyor musun?	Weißt du das Ergebnis des gestrigen Spiels?
Bugün**kü** gazeteyi okuyorum.	Ich lese die heutige Zeitung.
Yarın**ki** kursu hazırlıyorum.	Ich bereite den Kurs für morgen vor.
Şimdi**ki** gençler çok serbest.	Die heutigen Jugendlichen sind sehr frei.

Übungen zu Lektion 14

14.1 Bilden Sie Sätze nach dem vorgegebenen Muster.

1. (Ayşe / anne / yan / oturmamak)	1. *Ayşe annesinin yanında oturmuyor.*
2. (ben / kitap / dolap / üst / bırakmak)	2. ....
3. (yer / alt / sular / fışkırmak)	3. ....
4. (ev / arka / tramvay / yol / geçmek)	4. ....
5. (sen / salata / iç / başka / koymak / ne)	5. ....
6. (bira / art / şarap / içmemek) (*Imperativ*)	6. ....
7. (turistler / ara / Alman / var / mİ)	7. ....
8. (biz / şimdi / park / dış / çıkmak)	8. ....
9. (anaokulu / etraf / oyun yerleri / var)	9. ....
10. (biz / karşı / bir / Fransız / oturmak)	10. ....
11. (göl / orta / ada / bir / büyük / var)	11. ....
12. (biz / masa / yer / koltuk / koymak)	12. ....
13. (siz / firma / ön / park yerleri / var / mİ)	13. ....
14. (biz / sağ / nehir / akmak)	14. ....
15. (sen / sol / kim / durmak)	15. ....

14.2 Ergänzen Sie die Endungen und übersetzen Sie ins Deutsche.

Firmam istasyon*un* yan*ında*. Çalışma masası... sol...... bir kitaplık duruyor. Kitaplı***k***...... üst...... bir yerküre var. Masa... alt... bir yazıcı ve dosyalar bulunuyor. Yemekhane...... ön...... buluşalım mı? Üniversite...... çevre...... birkaç seyahat acentesi var. Avukatın büro...... karşı... otobüs durağı yok mu? Ayşe ile Ali'...... ara...... iyi değil. Siz...... ara...... nasıl? Rehber...... ar***t***...... gidelim. Heyecan film...... orta...... itibaren başlıyor. Şeh***i***r... dış... sanayi sitesi var. Dola***p***...... iç...... bak. Otel...... etraf...... inşaatlar çok. Kütüphane... sağ... park yerleri var. Şu araba...... arka...... park et. Panjur yer... perde alalım. Üzüm bağları...... ara...... geçiyoruz.

14.3 Bilden Sie Sätze mit -ki.

1. (Ali / Ankara / teyze / yarın / gelmek)
   Ali'nin Ankara'daki teyzesi yarın geliyor.
2. (biz / karşı / adam / sen / tanımak / mİ)
   ....
3. (sen / sağ / koltuk / kim / oturmak)
   ....
4. (sen / bugün / toplantı / ne zaman / bitmek)
   ....
5. (dün / film / siz / hatırlamak)
   ....
6. (bu / sokak / dükkânlar / çok / pahalı)
   ....
7. (kütüphane / sözlük / eski)
   ....
8. (park / ağaçlar / işçiler / kesmek)
   ....
9. (sen / şemsiye / bozuk / mİ)
   ....
10. (ön / trafik lambası / dikkat etmek) (*Imperativ*)
    ....

14.4 Übersetzen Sie ins Türkische.

Mein Drucker im Büro ist defekt. Siehst du den Wagen vor uns? Unter uns wohnt eine türkische Familie. Gegenüber von meiner Firma befindet sich ein Fußballplatz. Ich setze mich neben dich. Die Post ist hinter dem Rathaus. Warum läufst du mir hinterher? Zwischen dem Garten und dem Haus führt ein Weg entlang. Sie streichen die Außenseite des Gebäudes. Bleibt deine Schwester bei deinem älteren Bruder? Ayşe arbeitet in der Apotheke neben uns. Erinnerst du dich an das Mädchen auf dem Bild? Die Prüfung von Ahmet findet heute statt, die meinige morgen. Hinter dir sitzt die Schwester von Ali. Kennst du die Frau neben ihr? In diesem Spiel spiele ich anstelle von Kadir. Das Innere des Autos ist schmutzig. Gegenüber unserem Haus gibt es eine Grundschule.

Lektion 15

istemek und *-mElİ*

A Beispiele

Türkiye'de Türkçe öğrenmek **istiyorum.**	Ich möchte in der Türkei Türkisch lernen.
Bugün dinlenmek **istemiyor musun**?	Möchtest du dich heute nicht ausruhen?
Akşama doğru evde olmak **istiyoruz**.	Wir möchten gegen Abend zu Hause sein.
Tatilde nereye gitmek **istiyorsunuz**?	Wohin möchten Sie/möchtet ihr in den Ferien fahren?
Yarınki sınavım için çalış**malı**yım.	Ich muss für meine morgige Prüfung lernen.
Saat sekizde doktorda ol**malı**sın.	Du musst/sollst um acht Uhr beim Arzt sein.
Bu olayı ona anlatma**malı**yız.	Diesen Vorfall dürfen wir ihm nicht erzählen.
O bunları öğrenme**meli** mi?	Darf/soll er das nicht erfahren?

B Das Modalverb *istemek*

İstemek (*wollen*) ist das einzige selbständige Modalverb im Türkischen. Es wird dem Infinitiv des Vollverbs nachgestellt. Die Negation und Fragebildung sind regelmäßig.

Bu akşam okumak **istemiyorum**.	Ich möchte heute Abend nicht lesen.
Çalışmak **istiyor musun**?	Möchtest du arbeiten?
Ayşe telefon etmek **istemiyor**.	Ayşe möchte nicht anrufen.
Alışveriş yapmak **istiyoruz**.	Wir möchten einkaufen.
Şehri görmek **istemiyor musunuz**?	Möchten Sie nicht die Stadt besichtigen?
Çocuklar yanımızda kalmak **istiyorlar**.	Die Kinder möchten bei uns bleiben.

C Die Notwendigkeitsform *-mElİ*

Die Notwendigkeit wird mittels des Suffixes **-mElİ** gebildet, das an den Verbstamm angehängt wird. Daran schließen sich die Personalsuffixe an. Bei den ersten Personen schiebt sich der Füllkonsonant **y** zwischen die zwei aufeinandertreffenden Vokale von **-mElİ** und **-İm** bzw. **-İz**. Die Notwendigkeitsform wird im Deutschen in bejahten Sätzen mit *sollen* bzw. *müssen* wiedergegeben und drückt eher eine Zweckmäßigkeit oder eine moralische Verpflichtung als einen Zwang aus.

görmek (*sehen*)		yapmak (*machen*)	
gör**meli**yim	gör**meli**yiz	yap**malı**yım	yap**malı**yız
gör**meli**sin	gör**meli**siniz	yap**malı**sın	yap**malı**sınız
gör**meli**	gör**meli**ler	yap**malı**	yap**malı**lar

D Die Negation von *-mElİ*

Bei der Verneinung schließt **-mElİ** direkt an den negierten Verbstamm an. Die verneinte Notwendigkeitsform wird mit *nicht dürfen* bzw. *nicht sollen* ins Deutsche übersetzt.

Toplantıyı unut**mamalı**yım.	Ich soll die Versammlung nicht vergessen.
Gecik**memeli**sin.	Du darfst dich nicht verspäten.
Hasta fazla yorul**mamalı**.	Der Kranke darf sich nicht anstrengen.
Treni kaçır**mamalı**yız.	Wir dürfen den Zug nicht verpassen.
Bu sıcakta yola çık**mamalı**sınız.	Sie dürfen/Ihr dürft nicht bei dieser Hitze aufbrechen.

E Die Frageform von *-mElİ*

Die Fragepartikel **-mİ** wird der Grundform nachgestellt und die Personalsuffixe schließen sich ihr an.

Bütün bunları oku**malı mı**yım?	Soll ich das alles lesen?
O, bu ilaçları artık kullanma**malı mı**?	Darf er diese Medikamente nicht mehr verwenden?

Übungen zu Lektion 15

15.1 Bilden Sie Sätze mit *istemek* bzw. *istememek*.

1. (Aylin / bu / dönem / Türkçe / sınav / girmek)
   Aylin bu dönem Türkçe sınavına girmek istemiyor.
2. (siz / hangi / film / görmek)
   ....
3. (biz / Türkiye / uçak / ile / gitmek)
   ....
4. (sen / öğrenim / sonra / ne / yapmak)
   ....
5. (ben / bir / bilgisayar / firma / çalışmak)
   ....
6. (onlar / niçin / biz / ile / gelmek)
   ....

15.2 Bilden Sie mit dem passenden Verb die Notwendigkeitsform.

görüşmek – bulmak – öğrenmek – ~~gelmek~~ – olmak – okumak

1. (o / iş / zamanında) *O, işe zamanında gelmeli.*
2. (ben / muhakkak / ikinci / bir / yabancı / dil) ....
3. (biz / proje / için / yeni / bir / eleman) ....
4. (sen / ders / sonra / müdür / ile) ....
5. (siz / bu / roman / mutlaka) ....

15.3 Verwenden Sie das passende Verb mit *istemek* bzw. *istememek*

ziyaret etmek – içmek – ~~gitmek~~ – büyütmek – göndermek – bitirmek – kapatmak – ameliyat etmek – oturmak – düşürmek

1. Siz yaz tatilinde nereye *gitmek istiyorsunuz?*
2. Ben evde sigara ....
3. Sen niçin ailenle ....
4. Ali kitapları postayla mı ....
5. Merkez Bankası faizleri ....
6. Postane buradaki şubesini ....
7. Biz yarın hastanede amcamı ....
8. Semih'in kız kardeşi bu sene okulu ....
9. Nokia, Köln'deki fabrikasını ....
10. Doktorlar hastayı bugün ....

15.4 Übersetzen Sie ins Deutsche.

Anneme göre iyi bir öğrenci sabahları erken kalkmalı ve okuluna zamanında gitmeli. Okulda kurallara uymalı ve yaramazlık etmemeli. Evde de büyüklerin sözünü dinlemeli ve ev ödevlerini düzenli yapmalı. Babama göre iyi bir öğrenci her şeyden önce başarılı olmalı. Notu daima ortalamanın üstünde olmalı. Okulun spor takımlarına girmeli ve iyi bir arkadaş çevresine sahip olmalı. Ona göre iyi bir öğrenci ayrıca sigara içmemeli ve başka kötü alışkanlıkları olmamalı. Ablama göre ise iyi bir öğrenci nazik olmalı, herkesle iyi geçinmeli, kimseyi kırmamalı ve çevresine karşı duyarlı olmalı. Abime göre de iyi bir öğrenci sözünde durmalı, güvenilir olmalı ve tabii ki biraz da havalı olmalı. Bana göre iyi bir öğrenci nasıl olmalı? Onu önce size sormalı, sizin fikrinizi almalı. Sahi sizce iyi bir öğrenci nasıl olmalı?

15.5 Übersetzen Sie ins Türkische.

Heute müssen wir deiner Mutter ein Geburtstagsgeschenk kaufen. Was willst du? Ich will mit dir reden. Wen will er besuchen? Wir dürfen den Flug nach Antalya nicht verpassen. Du musst dir vor dem Essen die Hände waschen und nach dem Essen die Zähne putzen. Im Zug musst du auf deinen Koffer aufpassen. Das darfst du nicht vergessen. Ich will heute nicht zu Hause essen. Willst du in ein Restaurant gehen? Wann wollen Sie umziehen?

Lektion 16

Das Futur

A Beispiele

Yarın Türkiye'ye uç**acağ**ım.	Ich werde morgen in die Türkei fliegen.
Seni havaalanında bekle**yeceğ**iz.	Wir werden am Flughafen auf dich warten.
Ali sınavı kazan**acak** mı?	Wird Ali die Prüfung bestehen?
Sinemaya gitme**yecek** misin?	Wirst du nicht ins Kino gehen?
İşten sonra ne yap**acak**sınız?	Was werdet ihr/werden Sie nach der Arbeit machen?

B Tempussuffix

Das Tempussuffix für das Futur ist **-(y)EcEk**. Es wird an den Verbstamm angehängt und durch das entsprechende Personalsuffix ergänzt. Dabei wird das **k** beim Anschluss der Personalsuffixe der 1. Person Singular und Plural zu **ğ** erweicht.

beklemek (*warten*)	yapmak (*machen*)
bekle**yeceğ**im	yap**acağ**ım
bekle**yecek**sin	yap**acak**sın
bekle**yecek**	yap**acak**
bekle**yeceğ**iz	yap**acağ**ız
bekle**yecek**siniz	yap**acak**sınız
bekle**yecek**ler	yap**acak**lar

C Die Verbstämme *ye-* und *de-*

Bei den beiden Verbstämmen **ye-** und **de-** wandelt sich der Stammvokal **e** vor dem Futursuffix **-(y)EcEk** zu **i**.

demek (*meinen*)	yemek (*essen*)
d**i**yecek	y**i**yecek

D Negation

Bei der Verneinung wird zuerst das Negationssuffix **-mE** an den Verbstamm angefügt und daran anschließend das Tempussuffix **-(y)EcEk**.

beklemek (*warten*)	yapmak (*machen*)
bekle**meyeceğ**im	yap**mayacağ**ım
bekle**meyecek**sin	yap**mayacak**sın
bekle**meyecek**	yap**mayacak**
bekle**meyeceğ**iz	yap**mayacağ**ız
bekle**meyecek**siniz	yap**mayacak**sınız
bekle**meyecek**ler	yap**mayacak**lar

E Fragebildung

Die Fragebildung erfolgt analog zur bereits erwähnten Fragebildung beim Präsens (s. Lektion 6 C): Die Fragepartikel wird nachgestellt und durch die jeweilige Personalendung ergänzt. Lediglich bei der 3. Person Plural bleiben Tempus- und Personalsuffix miteinander verbunden und die Partikel **-mi** steht nachgestellt.

Gelecek **mi**yim?	Werde ich kommen?
Gelecek **mi**sin?	Wirst du kommen?
Gelecek **mi** ?	Wird er kommen?
Gelecek **mi**yiz?	Werden wir kommen?
Gelecek **mi**siniz?	Werdet ihr/Werden Sie kommen?
aber:	
Gelecekler **mi**?	Werden sie kommen?

F Das Futur als Befehlsform

Neben einem in der Zukunft liegenden oder geplanten Ereignis kann das Futur auch einen Befehl ausdrücken.

Sigara içmeyeceksin!	Du sollst nicht rauchen.
Annenizin sözünü dinleyeceksiniz!	Ihr sollt auf die Ratschläge eurer Mutter hören.

G Das Futur des Hilfsverbs *sein*

Das Futur des Hilfsverbs *sein* sowie von *var/yok* wird durch **olmak** ausgedrückt.

Üç gün sonra Ankara'da **olacağım**.	Nach drei Tagen werde ich in Ankara sein.
Bugün param yok ama yarın **olacak**.	Heute habe ich kein Geld, aber morgen werde ich welches haben.

Übungen zu Lektion 16

16.1 Wandeln Sie die Sätze ins Futur um.

1. Üniversitede okuyorum.	1. *Üniversitede okuyacağım.*
2. Ali'yle görüşmüyor musun?	2. ....
3. Bizimle alışverişe geliyor.	3. ....
4. Annen bu duruma ne diyor?	4. ....
5. İstasyonda kimi bekliyorsunuz?	5. ....
6. Piyano kursuna gitmiyorlar mı?	6. ....
7. Bu sene okulda İngilizce dersi yok.	7. ....
8. Yarın bu saatte neredesin?	8. ....
9. Saat kaçta yemek yiyorsunuz?	9. ....
10. Müzik dinliyoruz.	10. ....

16.2 Bilden Sie verneinte Fragen im Futur.

1. (sen / konser / akşam / gitmek) 1. *Sen akşam konsere gitmeyecek misin?*
2. (biz / ders / önce / Nil / uğramak) 2. ....
3. (onlar / sen / ile / bugün / buluşmak) 3. ....
4. (siz / bu / ev / kiralamak) 4. ....
5. (o / yarın / bu / zaman / iş / olmak) 5. ....
6. (ben / bir daha / sen / görmek) 6. ....
7. (biz / Ayşe / evden / almak) 7. ....
8. (çocuklar / arkadaşlar / gitmek) 8. ....

16.3 Bilden Sie mit dem passenden Verb Sätze im Futur.

gelmek – sevinmek – durmak – yemek – ~~dönmek~~ – gitmek

1. (siz / cuma / gün / mİ) 1. *Siz cuma günü mü döneceksiniz?*
2. (ben / yarın / araba / ile / İzmir) 2. ....
3. (o / hafta sonu / ben) 3. ....
4. (biz / birlikte / yemek) 4. ....
5. (sen / okul / uslu) 5. ....
6. (öğrenciler / hediyeler / çok) 6. ....

16.4 Übersetzen Sie ins Deutsche.

Bern'deki teyzemler bu yaz bize gelecekler ve bir hafta kadar bizde kalacaklar. Sonra hep birlikte arabayla Türkiye'ye gideceğiz. Türkiye'de yazın ablam evlenecek. Onun için annemle teyzem önce İstanbul'a uğrayıp düğün hediyeleri alacaklar. Onlar İstanbul'da beş gün kalacaklar. Biz ise arabayla yola devam edeceğiz. Temmuz'un on beşinde Mersin'e varacağız. Annemler ise uçakla İstanbul'dan Adana'ya gelecekler ve biz onları havaalanından alacağız. Ablamın düğünü Mersin'de olacak. Düğünden sonra ablamla eşi İspanya'ya balayına gidecekler. Biz Mersin'de biraz daha kalıp akrabaları ziyaret edeceğiz. Daha sonra kardeşimle beraber Antalya'ya gidip tatilimizi orada geçireceğiz ve oradan da Zürih'e döneceğiz.

16.5 Übersetzen Sie ins Türkische.

Ich werde im Herbst in İstanbul einen Türkischkurs besuchen. Mein Freund wird mitkommen. Er wird dort beim deutschen Konsulat ein dreimonatiges Praktikum absolvieren. Wir werden sechs Monate in Istanbul bleiben und in einem Studentenwohnheim wohnen. Wir werden dich darüber informieren. Wo wirst du im Frühjahr sein? Ich werde ab April bei SAP arbeiten. Dort werde ich zusammen mit einem Kollegen ein Projekt leiten. Was für ein Projekt wird das sein? Es wird ein Projekt über den türkischen Computermarkt sein.

Lektion 17

Das Adjektiv

A Beispiele

Komşumuz çok **yaşlı**.	Unser Nachbar ist sehr alt.
Yaşlı komşumuz **hasta**.	Unser alter Nachbar ist krank.
Komşumuzun eşi **daha** yaşlıdır.	Die Frau unseres Nachbarn ist älter.
O kocası**ndan** **yaşlı**dır.	Sie ist älter als ihr Mann.
O **en yaşlı** komşumuzdur.	Sie ist unsere älteste Nachbarin.
Ayşin **çok güzel** bir çocuk.	Ayşin ist ein sehr hübsches Kind.
Yeşil yeşil gözleri var.	Sie hat ganz grüne Augen.
Ali ile Nil'in **tatlı mı tatlı** bir oğulları var.	Ali und Nil haben einen ganz süßen Sohn.
Evin **koskoca** bir mutfağı var.	Die Wohnung hat eine ganz große Küche.

B Der Komparativ

Der Komparativ wird mit **daha** (*mehr*, *noch*) gebildet. Soll ein Bezug hergestellt werden, so tritt das Vergleichswort im Ablativ hinzu und auf **daha** kann verzichtet werden. Wird **daha** dennoch verwendet, dann dient es der Betonung. Durch Gradangabe wie z. B. mit **çok** (*viel*) oder **biraz** (*etwas*) wird der Komparativ bestimmt.

Amcam zengin.	Mein Onkel ist reich.
Teyzem **daha** zengin.	Meine Tante ist reicher.
Teyzem amcam**dan** zengin.	Meine Tante ist reicher als mein Onkel.
Teyzem amcam**dan daha** zengin.	Meine Tante ist noch reicher als mein Onkel.
Teyzem amcam**dan biraz** zengin.	Meine Tante ist etwas reicher als mein Onkel.
Teyzem amcam**dan çok daha** zengin.	Meine Tante ist viel reicher als mein Onkel.

C Der Superlativ

Der Superlativ wird gebildet, indem die Partikel **en** unverändert vor das Adjektiv tritt.

Hasan **en** çalışkan öğrencidir.	Hasan ist der fleißigste Schüler.
En hızlı hayvan hangisidir?	Welches Tier ist das schnellste?

D Der Superlativ in der bestimmten Genitiv-Possessiv-Verbindung

In der bestimmten Genitiv-Possessiv-Verbindung kann mit dem Superlativ das zweite Glied näher bestimmt werden.

Kızların **en** güzeli Hanna'dır.	Hanna ist das schönste der Mädchen.
Paris Fransa'nın **en** büyük şehridir.	Paris ist die größte Stadt Frankreichs.

E Intensivierungen

Die Intensivierung bei Adjektiven kann durch **çok/pek** (*sehr, viel*), **gayet** (*äußerst*), **olağanüstü/fevkalade** (*außerordentlich*), **son derece** (*im höchsten Grade*) sowie durch die Doppelsetzung des Adjektivs oder die Verwendung der Fragepartikel erfolgen. Das doppelt gesetzte Adjektiv wird dabei meist adverbial gebraucht. Beim adjektivischen Gebrauch der Doppelsetzung wird das näher zu bestimmende Substantiv in den Plural gesetzt.

Çok ilginç bir roman okuyorum. — Ich lese einen sehr interessanten Roman.
Hızlı hızlı adımlarla uzaklaştı. — Mit ganz schnellen Schritten ging er weg.
Önümüzde **zor mu zor** bir süreç var. — Vor uns befindet sich eine äußerst schwere Phase.

F Reduplikation

Die *Reduplikation* dient ebenfalls der Intensivierung von Adjektiven. Hierbei bilden meist die ersten beiden Laute des jeweiligen Adjektivs mit einem angeschlossenen **m, p, r** oder **s** eine Silbe, die dann dem Adjektiv vorn angefügt wird.

beyaz	(*weiß*)	**bem**beyaz	(*schneeweiß*)
kırmızı	(*rot*)	**kıp**kırmızı	(*feuerrot*)
temiz	(*sauber*)	**ter**temiz	(*blitzsauber*)
koca	(*groß*)	**kos**koca	(*riesengroß*)

Übungen zu Lektion 17

17.1 Bilden Sie den Superlativ.

1. (Roma / İtalya / büyük / şehir) — 1. *Roma İtalya'nın en büyük şehridir.*
2. (Çin / dünya / kalabalık / ülke) — 2. ....
3. (İsviçre / yüksek / dağ / hangisi) — 3. ....
4. (aslan / güçlü / hayvan / mİ) — 4. ....
5. (Münih / Almanya / büyük / kent / değil) — 5. ....
6. (Afrika / uzun / nehir / hangisi) — 6. ....
7. (Van Gölü / Türkiye / büyük / göl) — 7. ....

17.2 Bilden Sie die Reduplikation.

1. Hanna'nın gözleri ......yeşil. — 1. *Hanna'nın gözleri yemyeşil.*
2. Gökyüzü ......mavi. — 2. ....
3. Mara'nın saçları ....sarı. — 3. ....
4. Bebeğin burnu babasınınki gibi ......uzun. — 4. ....
5. Dışarısı .....soğuk, odanın içi ise ....sıcaktır. — 5. ....
6. Onur'un babasının arabası ....yeni. — 6. ....

17.3 Bilden Sie den Komperativ mit *daha* (mehrere Alternativen sind möglich!).

eski – ~~iyi~~ – yağışlı – ucuz – başarılı – sadık – kötü – kuvvetli – büyük

1. Yürümek arabayla gitmek.........	1. *Yürümek arabayla gitmekten daha iyi.*
2. Güneşin ışıkları ayınkinden çok	2. ....
3. Köpek kedi..........................	3. ....
4. Tren uçak.........................	4. ....
5. Ali, Ahmet'........................	5. ....
6. Barış'ın İngilizcesi Deniz'inki.........	6. ....
7. İstanbul'un tarihi Ankara'nınki.......	7. ....
8. Babam annem..... iki yaş	8. ....
9. Almanya Türkiye'...... çok	9. ....

17.4 Bilden Sie sinnvolle Sätze (mehrere Alternativen sind möglich!).

1. Küçük ama .... bir evleri var.	a. yeşil mi yeşil	1. *c*
2. Titiz ama .... bir şefimiz var.	b. şımarık mı şımarık	2. ....
3. Pahalı ama .... bir otelde kalıyoruz.	c. şirin mi şirin	3. ....
4. Soğuk ama .... bir ülkeye göçüyoruz.	d. şakacı mı şakacı	4. ....
5. Zeki ama .... bir çocukları var.	e. temiz mi temiz	5. ....

17.5 Übersetzen Sie ins Deutsche.

Evimiz tren istasyonuna oldukça yakın. Çocuğunuzun bu yılki notları geçen seneye nazaran daha iyi. Ayşe işinde fevkalede başarılı. Bu olay son derece ilginç. Ali'nin maddi durumu gayet iyi. Nalan'ın en büyük isteği okuyup doktor olmaktır. Yatak odamız oturma odamızdan daha güneşli. Konuklarımızı nihayet tertemiz bir lokantada ağırlayacağız. Kapkaranlık bir gecede yola çıktık. En büyük arzumuz sizin sağlıklı olmanızdır. Masmavi bir denizde yüzüyoruz. Endişelenmeyin, çocuğunuz sapasağlam. En güzel çiçekleri sana hediye ediyorum. Susmak konuşmaktan daha mı iyi? Teyzemlerin upuzun bir yemek masaları var. Bugün yılın en kısa günü. Garson masaya önce eski mi eski bir örtü seriyor. Sonra bir demet çirkin mi çirkin yapma çiçek koyuyor. Ve nihayet sopsoğuk bir yemek getiriyor. Onlar çabuk çabuk yemeği bitirip oradan ayrılıyorlar.

Lektion 18

Das Perfekt

A Beispiele

Dün öğleden sonra nereye git**ti**n?	Wohin bist du gestern Nachmittag gegangen?
Bugün tiyatroda doktorunu gör**dü**m.	Ich habe heute im Theater deinen Arzt gesehen.
Ayşe daha uyuma**dı** mı?	Hat Ayşe noch nicht geschlafen?
Öğrenimimi nihayet bitir**di**m.	Ich habe endlich mein Studium abgeschlossen.
Çiçekleri dün sula**dı**k.	Wir haben die Blumen gestern gegossen.
Bu romanı henüz okuma**dı**lar.	Sie haben diesen Roman noch nicht gelesen.
1970'te Almanya'da doğ**du**m.	Ich bin 1970 in Deutschland geboren worden.
Daha kahvahltı yapma**dı**nız mı?	Haben Sie/Habt ihr noch nicht gefrühstückt?
Hayır, henüz yapma**dı**k.	Nein, haben wir noch nicht.
Şimdiye kadar yapmalıy**dı**nız.	Sie hätten/Ihr hättet es bis jetzt machen müssen.
Bize haber vermeliy**di**niz.	Sie hätten/Ihr hättet uns benachrichtigen müssen.

B Gebrauch und Bildung

Das Perfekt wird gebraucht, um ein abgeschlossenes Ereignis, das zu einem bestimmten Zeitpunkt bzw. in einem bestimmten Zeitraum stattgefunden hat, zu schildern. Es wird mit dem Vergangenheitssuffix **-Dİ** gebildet. Daran schließen sich die Personalsuffixe der zweiten Gruppe an, die sich geringfügig von den Personalsuffixen der ersten Gruppe unterscheiden.

etmek (*tun*)	yazmak (*schreiben*)	gütmek (*hüten*)	sormak (*fragen*)
et**ti**m	yaz**dı**m	güt**tü**m	sor**du**m
et**ti**n	yaz**dı**n	güt**tü**n	sor**du**n
et**ti**	yaz**dı**	güt**tü**	sor**du**
et**ti**k	yaz**dı**k	güt**tü**k	sor**du**k
et**ti**niz	yaz**dı**nız	güt**tü**nüz	sor**du**nuz
et**ti**ler	yaz**dı**lar	güt**tü**ler	sor**du**lar

C Fragebildung

Die Fragepartikel wird im Perfekt bei allen Personen nachgestellt.

Ben sana bu kitabı gösterdim **mi**?	Habe ich dir dieses Buch gezeigt?
Dün anneni gördün **mü**?	Hast du gestern deine Mutter gesehen?
Yağmur durdu **mu**?	Hat es aufgehört zu regnen?
Biz bugün kahve içtik **mi**?	Haben wir heute Kaffee getrunken?
Bugünkü ev ödevinizi yaptınız **mı**?	Habt ihr eure/haben Sie Ihre heutige Hausaufgabe gemacht?
Çocuklar eve geldiler **mi**?	Sind die Kinder nach Hause gekommen?

D Negation

Zur Negation des Perfekts wird die Verneinungspartikel **-mE** vor dem Vergangenheitssuffix **-Dİ** eingefügt.

Dün postacı gel**me**di.	Der Postbote kam gestern nicht.
Sen daireyi henüz gör**me**din.	Du hast die Wohnung noch nicht gesehen.
Ali'ye henüz telefon et**me**dik.	Wir haben Ali noch nicht angerufen.
Bu sefer sınavda heyecanlan**ma**dım.	Dieses Mal war ich bei der Prüfung nicht aufgeregt.
Öğrenciler yeni öğretmeni sev**me**diler.	Die Schüler haben den neuen Lehrer nicht gemocht.
Bunu benimle kararlaştır**ma**dınız.	Das habt ihr/haben Sie nicht mit mir vereinbart.

E Verneinte Frage

Die negierte Frage wird wie folgt gebildet:

Sekretere mektupları ver**me**din **mi**?	Hast du der Sekretärin die Briefe nicht gegeben?
Siz bugün haberleri dinle**me**diniz **mi**?	Haben Sie/habt ihr heute nicht die Nachrichten gehört?
Niçin yemek ye**me**din?	Warum hast du nicht gegessen?

Übungen zu Lektion 18

18.1 Bilden Sie das Perfekt.

1. (ben / söylemek) *Söyledim.*
2. (sen / koşmak) ....
3. (o / atmak) ....
4. (biz / görmek) ....
5. (siz / bitmek) ....
6. (onlar / bilmek) ....

18.2 Bilden Sie verneinte Fragesätze im Perfekt.

1. (ben / demek) *Demedim mi?*
2. (sen / yazmak) ....
3. (o / telefon etmek) ....
4. (biz / kızmak) ....
5. (siz / sevmek) ....
6. (onlar / gülmek) ....

18.3 Bilden Sie Sätze im Perfekt.

1. (biz / alışveriş / dün / gitmek)
   Biz dün alışverişe gittik.
2. (o / iki / ay / beri / hiç / sigara / içmemek)
   ....
3. (biz / rüzgâr / rağmen / ada / zamanında / ulaşmak)
   ....
4. (sen / tatil / için / uçak / bilet / ayırtmak / mİ)
   ....
5. (siz / bu / film / henüz / izlememek / mİ)
   ....
6. (yolcular / öğle / doğru / kahvaltı / yapmak)
   ....
7. (Ayşe / ne zaman / ve / nerede / doğmak)
   ....
8. (sen / baba / hangi / tarih / vefat etmek)
   ....

18.4 Wandeln Sie ins Perfekt um.

1. Çocuklar yemeğe gidiyorlar.	1. *Çocuklar yemeğe gittiler.*
2. Köşede bir araba görüyorsun.	2. ....
3. Annenle nerede buluşuyoruz?	3. ....
4. Günde en fazla dört saat çalışıyorum.	4. ....
5. Ali eve dönmek istemiyor mu?	5. ....
6. Hangi kitapları okuyorsunuz?	6. ....
7. Burada sigara içmemelisin.	7. ....

18.5 Übersetzen Sie ins Deutsche.

Dün akşam şehirde eski felsefe öğretmenimiz Mahmut Hoca'yla buluştup yemeğe gittik. Toplam altı eski arkadaştık. On iki yıldan sonra ilk kez Mahmut Hoca'yla bir araya geldik. Saat sekize doğru Mahmut Hoca'nın eşi de geldi. Mahmut Hoca bizi eşi Tülay Hanım'la tanıştırdı. Yemekte sohbet koyulaştı. Eski okul günlerini andık, anıları tazeledik. Mahmut Hoca ile eşi çocuklarından anlattılar. Saat ona kadar Tülay Hanım bizimle kaldı. Sonra çocuklarını annesinden almak için ayrıldı. Tekrar buluşalım diye karar verdik. Bizi evlerine davet ettiler. Dört hafta sonra onlarda buluşacağız. Biz saat on ikiye doğru bir bara gittik. Orada başka arkadaşlarla da karşılaştık. Muhabbet derinleştikçe derinleşti ve ancak sabaha karşı bardan çıkabildik. Yarım saat İstiklal Caddesi'nde dolaştık. Sonra karnımız acıktı. Kahvaltımızı bir kafeteryada yaptık. Kahvaltıdan sonra taksilerle evlerimize döndük. Çok güzel nostaljik bir gece geçirdik.

18.6 Übersetzen Sie ins Türkische.

Ich bin 1960 in der Türkei geboren worden. Zwischen 1966 und 1971 besuchte ich in Eskişehir die Grundschule. Danach ging ich drei Jahre in die Mittelschule. Im Jahre 1975 sind wir nach Ankara umgezogen. Dort habe ich mein Abitur gemacht. 1980 holte mich mein Vater nach Deutschland nach. In Dortmund habe ich zunächst einen Deutschkurs besucht. Ein Jahr später schrieb ich mich an der Universität ein. Ich habe fünf Jahre Erziehungswissenschaften studiert. Nach dem Studium habe ich geheiratet. Nach zwei Jahren kam unser erstes Kind auf die Welt.

Lektion 19

Das Perfekt des Hilfsverbs *sein*

A Beispiele

Sen dün okulda değil miy**di**n?	Warst du gestern nicht in der Schule?
Hayır, ben dün çok hastay**dı**m.	Nein, ich war gestern sehr krank.
Festivalin son filmi nasıl**dı**?	Wie war der letzte Film des Festivals?
Biz geçen sene bu zaman neredey**di**k?	Wo waren wir letztes Jahr zu dieser Zeit?
Siz dün akşam sinemaday**dı**nız, değil mi?	Ihr wart/Sie waren gestern Abend im Kino, nicht wahr?
Çocuklar on yıl önce çok **küçüktüler**.	Die Kinder waren vor zehn Jahren noch klein.
Doğru, onlar on yıl önce çok **küçüklerdi**.	Stimmt, sie waren vor zehn Jahren noch klein.
Dükkânınız dün kapalı mıy**dı**?	War Ihr Laden gestern geschlossen?

B Bildung

Das Perfekt des Hilfsverbs *sein* wird durch Hinzufügen der Personalsuffixe an das Funktionswort **idi** gebildet, dessen Verbindung zum Bezugswort auf zwei verschiedene Weisen möglich ist.

Die seltener verwendete Möglichkeit ist es, **idi** um das jeweilige Personalsuffix zu ergänzen und dem Bezugswort nachzustellen.

Yorgun **idi**m.	Ich war müde.
Yorgun **idi**n.	Du warst müde.
Yorgun **idi.**	Er war müde.
Yorgun **idi**k.	Wir waren müde.
Yorgun **idi**niz.	Ihr wart/Sie waren müde.
Yorgun **idi**ler.	Sie waren müde.

Meist wird **idi** jedoch als enklitische Endung gebraucht. In diesem Fall:

1. unterliegt **idi** der grossen Vokalharmonie:
   evli**ydi**m, hasta**ydı**m, küçük**tü**m, yorgun**du**m
2. wandelt sich das **i** bei vokalischem Auslaut des vorangehenden Wortes in **y**:
   öğrenci**ydi**m, öğrenci**ydi**n, öğrenci**ydi**,
   öğrenci**ydi**k, öğrenci**ydi**niz, öğrenci**ydi**ler
3. geht bei konsonantischem Auslaut das **i** verloren:
   öğretmen**di**m, öğretmen**di**n, öğretmen**di**,
   öğretmen**di**k, öğretmen**di**niz, öğretmen**di**ler

C Die 3. Person Plural des Perfekts von *sein*

Bei der 3. Person Plural kann das Perfektsuffix der Personalendung **-lEr** nachgestellt werden.

Çocuklar çok yorgundular.	Die Kinder waren sehr müde.
Çocuklar çok yorgun**lardı.**	Die Kinder waren sehr müde.

D Negation

Die Verneinung erfolgt durch das Negationswort **değil**, dem das Wort **idi** bzw. die Enklitika **-Dİ** und die Personalsuffixe angeschlossen werden.

Aç **değil**dim.	*seltener:*	Aç **değil** idim.
Aç **değil**din.		Aç **değil** idin.
Aç **değil**di.		Aç **değil** idi.
Aç **değil**dik.		Aç **değil** idik.
Aç **değil**diniz.		Aç **değil** idiniz.
Aç **değil**diler/**değil**lerdi.		Aç **değil** idiler.

E Fragebildung

Die Fragepartikel **-mİ** geht dem um die Personalsuffixe erweiterten Funktionswort **idi** voraus, welches enklitisch gebraucht wird.

Aç **mı**ydım?	War ich hungrig?
Üzgün **mü**ydün?	Warst du traurig?
Neşeli **mi**ydi?	War er lustig?
Yorgun **mu**yduk?	Waren wir müde?
Kızgın **mı**ydınız?	Wart ihr/Waren Sie wütend?
Yalnız **mı**ydılar?	Waren sie allein?
bzw.	
Yalnızlar **mı**ydı?	Waren sie allein?

F Negierte Frage

Bei der negierten Frage tritt die Fragepartikel **-mİ** zwischen das Negationswort **değil** und das um die Personalsuffixe erweiterte Funktionswort **idi**, welches analog zur positiven Fragebildung enklitisch verwendet wird.

Aç **değil mi**ydim?	War ich nicht hungrig?
Üzgün **değil mi**ydin?	Warst du nicht traurig?
Neşeli **değil mi**ydi?	War er nicht lustig?
Yorgun **değil mi**ydik?	Waren wir nicht müde?
Kızgın **değil mi**ydiniz?	Wart ihr/Waren Sie nicht wütend?
Yalnız **değil mi**ydiler?	Waren sie nicht allein?
bzw.	
Yalnız **değil**ler **mi**ydi?	Waren sie nicht allein?

Übungen zu Lektion 19

19.1 Wandeln Sie ins Perfekt um.

1. Öğretmenim. *Öğretmendim.* 2. Hastasın. ....
3. Ali evde. .... 4. Neşeliyiz. ....
5. Küçüksünüz. .... 6. Çocukturlar. ....

19.2 Wandeln Sie die verneinten Sätze ins Perfekt um.

1. Öğretmen değilim. *Öğretmen değildim.* 2. Hasta değilsin. ....
3. Ali evde değil. .... 4. Neşeli değiliz.. ....
5. Küçük değilsiniz. .... 6. Çocuk değiller. ....

19.3 Bilden Sie verneinte Fragesätze im Perfekt.

1. (sen / evli) *Sen evli değil miydin?* 2.(siz / tatilde) ....
3. (biz / teneffüs) .... 4.(o / susuz) ....
5. (ben / çekingen) .... 6.(çocuklar / uslu) ....

19.4 Wandeln Sie die Sätze ins Perfekt um.

1. Zamanın yok mu?	1. *Zamanın yok muydu?*
2. Saat beşte büroda olmayacağım.	2. ....
3. Hava pek güzel değil.	3. ....
4. Tatilde Türkiye'de olacağım.	4. ....
5. Mutlu değil misiniz?	5. ....
6. Akşam teyzemlerdeyiz.	6. ....
7. Yılbaşı programı güzel olacak.	7. ....
8. Biletlerin fiyatı ne kadar?	8. ....
9. Bu işten firmamızın kârı ne olacak?	9. ....
10. Saat ikide nerede olacaklar?	10. ....

19.5 Übersetzen Sie ins Deutsche.

Dokuz yaşıma kadar Türkiye'de ninemle dedemin yanındaydım. Annemle babam o yıllar Almanya'daydılar. Türkiye'deki evimiz küçük bir köydeydi. Tüm akrabalarımız bir aradaydılar. Biz çocuklar sabahtan akşama kadar dışardaydık. Sokaklarda hiç araba yoktu. Çok mutluyduk. Bir ablamla bir abim de annemlerin yanındaydı. Dokuz yaşımda babam beni Almanya'ya götürdü. Berlin'de üç odalı bir evimiz vardı. Sokaklar bizim köydeki gibi değildi. Her taraf araba doluydu. Sokağımızda küçük bir fırın vardı. Fırının pastaları çok güzeldi. Gündüzleri annemle babam fabrikadaydılar biz ise okuldaydık. Ben eskiden çok ürkektim. Onun için önceleri hep yalnızdım. Ama zamanla ürkekliğim ve korkum azaldı. Artık okulda arkadaşlarım da vardı. Bir arkadaşımın adı Thomas'tı. Uzun sarı saçlı, kalın gözlüklü sessiz bir çocuktu. Thomas'ın ailesinin tatlı mı tatlı küçük bir köpekleri vardı. Adı Rico'ydu. Bizim sokakta Rico dışında başka köpek yoktu. Çocukluğumun o yılları da çok güzel geçti.

19.6 Übersetzen Sie ins Türkische.

Wo waren Sie im letzten Urlaub? Wir waren in Portugal. Warst du gestern im Krankenhaus? Ja, ich habe dort einen Freund besucht. Hattet ihr gestern Abend keine Zeit? Wir hatten gestern viel Zeit. Gäste aus der Türkei waren bei uns zu Besuch. In der Grundschule waren meine Noten sehr gut. Heute Morgen war Nilgün bei meiner Tante. Sie war sehr traurig. Warum war sie traurig? Ich glaube, sie hatte ein Problem mit ihrer Vermieterin. Sie war vorher bei ihr. Aber sie hat davon nichts erzählt.

Lektion 20

Die unbestimmte Vergangenheit auf *-mİş*

A Beispiele

Ahmet'le ne zaman konuş**muş**um?	Wann soll ich mit Ahmet gesprochen haben?
Gül'ün ablası yeni bir firma kur**muş**.	Güls Schwester soll ein neue Firma gegründet haben.
İran'da deprem ol**muş**.	In Iran soll es ein Erdbeben gegeben haben.
Biletler pahalılaş**mış**.	Die Fahrkarten sind scheinbar teurer geworden.
Dün gece kar yağ**mış**.	Gestern Nacht hat es wohl geschneit.
Anahtarı yanlışlıkla al**mış**ım.	Ich habe den Schlüssel aus Versehen mitgenommen.
O şimdiye kadar nerede yaşa**mış**?	Wo hat er bis jetzt gelebt?
Tren bugün geç kal**mış**.	Der Zug soll sich heute verspätet haben.

B Bildung

Die unbestimmte Vergangenheit wird mit dem Suffix **-mİş** gebildet. Bei der Konjugation schließen sich die Personalendungen der ersten Gruppe an.

yemek (*essen*)	yazmak (*schreiben*)	görmek (*sehen*)	sormak (*fragen*)
ye**miş**im	yaz**mış**ım	gör**müş**üm	sor**muş**um
ye**miş**sin	yaz**mış**sın	gör**müş**sün	sor**muş**sun
ye**miş**	yaz**mış**	gör**müş**	sor**muş**
ye**miş**iz	yaz**mış**ız	gör**müş**üz	sor**muş**uz
ye**miş**siniz	yaz**mış**sınız	gör**müş**sünüz	sor**muş**sunuz
ye**miş**ler	yaz**mış**lar	gör**müş**ler	sor**muş**lar

C Gebrauch

Die unbestimmte Vergangenheit drückt aus, dass der Sprecher das Geschehen nicht oder nicht bewusst miterlebt hat und es ihm entweder vom Hörensagen oder durch eigenen Rückschluss bekannt ist. Die unbestimmte Vergangenheit ist die Zeitform für Märchen und Erzähltes. Je nach Kontext bieten sich verschiedene Übersetzungsmöglichkeiten ins Deutsche an.

Ufuk dün okula gitmemiş.	Ufuk sei gestern nicht in die Schule gegangen.
Aaa, yemek yanmış.	Oje, das Essen ist angebrannt. (*Wie ich jetzt feststelle.*)
Kimliğimi evde unutmuşum.	Ich habe wohl meinen Ausweis zu Hause vergessen.

D Fragebildung

Die Fragepartikel **-mİ** wird der Grundform nachgestellt. Die Personalsuffixe schließen sich ihr an. Bei der 3. Person Plural tritt das Personalsuffix jedoch vor die Fragepartikel.

yazmış **mı**yım?	yazmış **mı**yız?
yazmış **mı**sın?	yazmış **mı**sınız?
yazmış **mı**? *aber:*	yazmışlar **mı**?

E Negation

Die Verneinung erfolgt nach dem Muster der verneinten Formenbildung des Präsens.

yaz**ma**mışım	yaz**ma**mışız
yaz**ma**mışsın	yaz**ma**mışsınız
yaz**ma**mış	yaz**ma**mışlar

F Negierte Frage

Auch die negierte Frage wird wie im Präsens gebildet.

yaz**ma**mış **mı**yım?	yaz**ma**mış **mı**yız?
yaz**ma**mış **mı**sın?	yaz**ma**mış **mı**sınız?
yaz**ma**mış **mı**?	yaz**ma**mışlar **mı**?

Übungen zu Lektion 20

20.1 Bilden Sie die unbestimmte Vergangenheit.

1. (ben / söylemek) *Söylemişim.* 2. (sen / koşmak) ....
3. (o / atmak) .... 4. (biz / görmek) ....
5. (siz / bitmek) .... 6. (onlar / öğrenmek) ....

20.2 Bilden Sie die Verneinung in der unbestimmten Vergangenheit.

1. (ben / yürümek) *Yürümemişim.* 2. (sen / çalışmak) ....
3. (o / okumak) .... 4. (biz / uyanmak) ....
5. (siz / yemek) .... 6. (onlar / içmek) ....

20.3 Bilden Sie verneinte Fragesätze in der unbestimmten Vergangenheit.

1. (ben / demek) *Dememiş miyim?* 2. (sen / yazmak) ....
3. (o / uğramak) .... 4. (biz / kızmak) ....
5. (siz / sevmek) .... 6. (onlar / gülmek) ....

20.4 Bilden Sie Sätze in der unbestimmten Vergangenheit.

1. (biz / selam / Ayşe / vermemek)
   Biz Ayşe'ye selam vermemişiz.
2. (o / iki / ay / beri / Ali / görmemek)
   ....
3. (Cemil / sıcak / rağmen / iki / saat / koşmak)
   ....
4. (sen / bugün / iş / gitmemek)
   ....
5. (siz / ben / ile / görüşmek / istemek)
   ....
6. (yolcular / henüz / otel / varmak)
   ....
7. (ben / patron / saygı / göstermemek)
   ....
8. (bu / yıl / Türkiye / fazla / yağmur / yağmamak)
   ....
9. (Çiğdem / havaalanı / tam / üç / saat / beklemek)
   ....
10. (Nesrin / tatil / çanta / kaybetmek)
   ....
11. (Sema / dün / doğum yapmak)
   ....

20.5 Wandeln Sie in die unbestimmte Vergangenheit um.

1. Çocuklar yemeğe gidiyorlar.	1. *Çocuklar yemeğe gitmişler.*
2. Yolda onlarla karşılaştın.	2. ....
3. Onlar bizi gördü, biz onları görmedik.	3. ....
4. Günde en fazla dört saat çalışacağım.	4. ....
5. Özgür eve dönmek istemiyor mu?	5. ....
6. Ona iyi davranmıyorsunuz.	6. ....
7. Ayşe'nin evde işi var.	7. ....
8. Tiyatroda boş yer yok.	8. ....
9. Burada sigara içmemeliyim.	9. ....
10. Saat onda iş yerinde olmalıyız.	10. ....
11. Boğaz'da bir vapur alabora oldu.	11. ....
12. Firma beş bin kişiyi işten çıkarıyor.	12. ....

20.6 Übersetzen Sie ins Deutsche.

Nesrin geçen hafta bir kaza yapmış. Nasıl olmuş? Olay günü hava sisli ve yağmurluymuş. Kızcağızın iş yerinde sorunları varmış. O yüzden o gece pek iyi uyuyamamış. Sabah da biraz geç uyanmış ve evden her zamankinden geç çıkmış. O telaşla arabayı biraz süratli kullanmış ve olan olmuş. Lambalarda duran arabayı geç fark edip arkadan vurmuş. Bereket ki frenleri iyi tutmuş ve bu yüzden öndeki arabada fazla büyük bir hasar meydana gelmemiş. Polisi çağırmışlar ve hasar tespiti yaptırmışlar. Nesrin'in arabasında da çizikler olmuş ve birkaç yerde boyalar dökülmüş. Kızcağız sonra arabasını bir tamirciye bırakmış ve taksiyle büroya gitmiş. Tabii işe daha da geç kalmış. Şefi önce biraz hırlamış fakat Nesrin kazayı anlatınca adam sakinleşmiş. Hatta o gün kendisine izin bile vermiş. Nesrin de böylece arabasının tamir ve sigorta işleriyle uğraşabilmiş.

Lektion 21

Das Hilfsverb *sein* mit *imiş*

A Beispiele

Ahmet eskiden zengin**miş**.	Ahmet soll damals reich gewesen sein.
Serpil üç günden beri hastay**mış**.	Serpil soll seit drei Tagen krank sein.
Türkiye'de bu kış hava çok soğuk**muş**.	In der Türkei soll es in diesem Winter sehr kalt sein.
Levent'in eski evi rutubetliy**miş**.	Die alte Wohnung von Levent soll feucht sein.
Bugün okulda değil**miş**sin.	Du sollst heute nicht in der Schule gewesen sein.
Biz uslu değil miy**miş**iz?	Sollen wir nicht brav (gewesen) sein?
Onlar saat 10'da evdey**miş**ler.	Sie sollen um 10 Uhr zu Hause (gewesen) sein.

B Bildung

Analog zu **idi** schließen sich an **imiş** die Personalsuffixe an und häufig wird **imiş** als Enklitikon verwendet. In diesem Fall verliert es nach konsonantischem Auslaut das erste **i** und nach vokalischem Auslaut wandelt sich das **i** in **y**. Im Unterschied zu den Vollverben reicht die Zeitspanne, die mit dem Hilfsverb *sein* in **imiş** ausgedrückt wird, von der Vergangenheit bis zur Gegenwart. Die Zeitstufe muss bei der Übersetzung ins Deutsche dem Kontext entnommen werden.

zengin (*reich*)	aptal (*dumm*)	güçlü (*stark*)	yolcu (*Reisender*)
zengin**miş**im	aptal**mış**ım	güçlüy**müş**üm	yolcuy**muş**um
zengin**miş**sin	aptal**mış**sın	güçlüy**müş**sün	yolcuy**muş**sun
zengin**miş**	aptal**mış**	güçlüy**müş**	yolcuy**muş**
zengin**miş**iz	aptal**mış**ız	güçlüy**müş**üz	yolcuy**muş**uz
zengin**miş**siniz	aptal**mış**sınız	güçlüy**müş**sünüz	yolcuy**muş**sunuz
zengin**miş**ler	aptal**mış**lar	güçlüy**müş**ler	yolcuy**muş**lar
bzw.			
zenginler**miş**	aptallar**mış**	güçlüler**miş**	yolcular**mış**

C Negation

Die Verneinung wird durch das Negationswort **değil** gebildet, an das die Tempus- und Personalsuffixe angehängt werden.

yorgun **değil**mişim	yorgun **değil**mişiz
yorgun **değil**mişsin	yorgun **değil**mişsiniz
yorgun **değil**miş	yorgun **değil**mişler
bzw.	yorgun **değil**lermiş

D Fragebildung

Im Gegensatz zu Vollverben steht die Fragepartikel **-mİ** beim Hilfsverb *sein* vor dem Tempussuffix. Auch hier hat die 3. Person Plural mehrere Varianten.

deli **mi**ymişim?	aptal **mı**ymışım?	kör **mü**ymüşüm?	dul **mu**ymuşum?
deli **mi**ymişsin?	aptal **mı**ymışsın?	kör **mü**ymüşsün?	dul **mu**ymuşsun?
deli **mi**ymiş?	aptal **mı**ymış?	kör **mü**ymüş?	dul **mu**ymuş?
deli **mi**ymişiz?	aptal **mı**ymışız?	kör **mü**ymüşüz?	dul **mu**ymuşuz?
deli **mi**ymişsiniz?	aptal **mı**ymışsınız?	kör **mü**ymüşsünüz?	dul **mu**ymuşsunuz?
deli **mi**ymişler?	aptal **mı**ymışlar?	kör **mü**ymüşler?	dul **mu**ymuşlar?
bzw.			
deliler **mi**ymiş?	aptallar **mı**ymış?	körler **mi**ymiş?	dullar **mı**ymış?

E Negierte Frage

Die verneinte Frage wird genauso gebildet wie beim Hilfsverb *sein* im Perfekt (siehe Lektion 19 F).

değil miymişim?	**değil mi**ymişiz?
değil miymişsin?	**değil mi**ymişsiniz?
değil miymiş?	**değil mi**ymişler?
bzw.	**değil**ler **mi**ymiş?

Übungen zu Lektion 21

21.1 Wandeln Sie in die *-mİş*-Form um.

1. Acemiyim. *Acemiymişim.*
2. Hastaydın. ....
3. O evde..
4. Hırslıyız. ....
5. Duygusaldınız. ....
6. Sarhoşlar. ....

21.2 Wandeln Sie die Verneinung in die *-mİş*-Form um.

1. Korkak değildim. *Korkak değilmişim.*
2. Dikkatli değilsin. ....
3. İşsiz değil. ....
4. Rahat değildik. ....
5. Aktif değilsiniz. ....
6. Kararlı değiller. ....

21.3 Wandeln Sie die Fragesätze in die *-mİş*-Form um.

1. Heyecanlı mıyım? *Heyecanlı mıymışım?*
2. Alıngan mısın? ....
3. O şoför müydü? ....
4. Sinirli miydiniz? ....
5. Suçlu musunuz? ....
6. Tembeller mi? ....

21.4 Wandeln Sie die verneinte Fragesätze in die *-mİş*-Form um.

1. Başarılı değil miyim? *Başarılı değil miymişim?*
2. Sempatik değil misin? ....
3. Pahalı değil mi? ....
4. Neşeli değil miydik? ....
5. Arap değil misiniz? ....
6. Güzel değiller mi? ....

21.5 Bilden Sie Sätze mit *-mİş*.

1. (Ercan / para / yok / mİ)
   Ercan'ın parası yok muymuş?
2. (ben / iyi / bir / doktor / değil / mİ)
   ....
3. (sen / fazla / duyarlı / değil)
   ....
4. (yolcular / şu / an / nerede)
   ....
5. (Ayşe / yeni / iş / memnun / değil)
   ....
6. (bu / köy / tiyatro / yok)
   ....
7. (biletler / fiyat / on beş / lira)
   ....
8. (onlar / turist / değil)
   ....
9. (biz / bu / sabah / niçin / kahvaltı / değil)
   ....
10. (siz / çok / güzel / bahçe / var)
   ....

21.6 Übersetzen Sie ins Deutsche.

Yeni müdürümüz 25 yıldan beri evliymiş. Üç çocuğu varmış: İki oğlan, bir kız. Büyük oğlu üniversiteliymiş. Müdürün eşi ise hemşireymiş. Kendisinden beş yaş küçükmüş. Müdürle eşi İstanbul'da Almanca kursunda tanışmışlar ve iki yıl sonra da evlenmişler. Müdürün Paris'te bir kardeşi varmış. Sorbonne'da öğretim üyesiymiş. Bir Fransızla evliymiş. Bir kızları varmış. Adı Nil'miş. Annesinin adını vermişler. Müdürle eşi geçen yaz Fransa'ya onları ziyarete gitmişler. Orada hava oldukça güzelmiş. Kardeşinin Güney Fransa'da bir yazlığı varmış. Üç hafta orada kalıp güzel bir tatil geçirmişler. Müdür bütün bunları toplantıdan önce Serpil'e anlatmış. Serpil ise toplantıdan sonra bize anlattı.

21.7 Übersetzen Sie ins Türkische

Die Mutter von Sevim sei letzte Woche nicht zu Hause gewesen. Sie sei in Heidelberg bei ihrer Schwester gewesen. Ihre Schwester soll krank gewesen sein. Sie habe einen Schnupfen gehabt. Jetzt gehe es ihr besser. Diese Woche sei ihre Tochter bei ihr. Sie sei eine Woche im Urlaub auf Zypern gewesen. Das Wetter soll sehr schön gewesen sein. Sie habe dort auch Aysel und ihre Familie getroffen. Sie hätten zusammen eine Bootsfahrt gemacht.

Lektion 22

Die Infinitive

A Beispiele

Sigara **içmek** yasaktır.	Rauchen ist verboten.
Sigara **içme**nin zamanı değil.	Es ist keine Zeit fürs Rauchen.
Eve **gitme**ye karar verdik.	Wir haben uns entschieden, nach Hause zu gehen.
Eve **gitmek için** yola çıktı.	Er machte sich auf den Weg nach Hause.

B Der Vollinfinitiv

Der Vollinfinitiv auf **-mEk** kann substantivisch verwendet werden. Er kann zwar dekliniert werden, aber nicht alle Kasussuffixe oder Personalendungen annehmen. Außerdem kann er nicht im Plural stehen. Der Vollinfinitiv kommt meistens im Nominativ, Ablativ und Lokativ vor. In anderen Fällen tritt der Kurzinfinitiv ein.

C Der Vollinfinitiv im Nominativ und Ablativ

Der Vollinfinitiv im Nominativ und Ablativ kann meist durch einen Infinitivsatz, den erweiterten Infinitiv oder das Verbalnomen ins Deutsche übersetzt werden.

Dil **öğrenmek** çok zevklidir.	Es macht viel Spaß, Sprachen zu lernen./ Sprachenlernen macht viel Spaß.
En büyük hobisi dil **öğrenmek**tir.	Sein größtes Hobby ist es, Sprachen zu lernen./ Sein größtes Hobby ist Sprachenlernen.

Der Vollinfinitiv steht u. a. bei Verben, die den Ablativ regieren, im Ablativ.

Sınava girmek**ten** vazgeçtim.	Ich habe darauf verzichtet, die Prüfung mitzuschreiben./ Ich habe auf das Mitschreiben der Prüfung verzichtet.
Ders çalışmak**tan** bıktı.	Er ist des Lernens überdrüssig geworden./ Es wurde ihm überdrüssig, zu lernen.
Sevmek**ten** korkuyor.	Er hat Angst, zu lieben./ Er hat Angst vor dem Lieben.

D Der Vollinfinitiv im Lokativ – Der Kontinuativ

Der Vollinfinitiv im Lokativ kombiniert mit dem Hilfsverb *sein* bildet den Kontinuativ, der eine Art Verlaufspräsens ist und überwiegend in der Amtssprache vorkommt.

Protestolar devam **etmekte**.	Die Proteste dauern an.
Şu an eve doğru **gitmekte**yim.	Momentan bin ich dabei, nach Hause zu gehen.

E Der Vollinfinitiv in Verbindung mit Postpositionen

Der Vollinfinitiv kann auch in Verbindung mit Postpositionen gebraucht werden und nimmt je nach Postposition den jeweils regierten Kasus an. So z. B. bei:

için (*um … zu*)

İtalyanca öğrenmek **için** Roma'ya gitti.
(Um Italienisch zu lernen, ist er nach Rom gefahren.)

üzere (*im Begriff sein, gerade dabei sein*)

Bürodan çıkmak **üzere**yim.
(Ich bin dabei, das Büro zu verlassen.)

başka (*außer …*)

Ağlamaktan **başka** bir şey yapamadı.
(Er konnte nichts tun, außer zu weinen.)

F Der Kurzinfinitiv

Der Kurzinfinitiv auf **-mE** kann voll dekliniert und auch in den Plural gesetzt werden. Am häufigsten kommt er im Akkusativ und in der Genitivverbindung vor. Der Kurzinfinitiv drückt meistens ein noch nicht eingetretenes Ereignis aus. Das Possessivsuffix weist auf das Subjekt der Nebenhandlung hin. Der Kurzinfinitiv kann neben dem Infinitivsatz, dem erweiterten Infinitiv und dem Verbalnomen auch durch *dass-Sätze* ins Deutsche übertragen werden.

Fransızca **öğrenme**yi erteledi.	Er hat es aufgeschoben, Französisch zu lernen.
Fransızca **öğrenme**nin faydaları çok.	Es hat viele Vorteile, Französisch zu lernen.
Bu akşam bende **kalma**nı istiyorum.	Ich möchte, dass du heute Abend bei mir bleibst.

G Der Kurzinfinitiv in Verbindung mit Postpositionen

Auch der Kurzinfinitiv kann mit Postpositionen gebraucht werden, die seinen Kasus regieren.

İyi uyuman **için** erken yatmalısın.	Damit du besser schläfst, musst du früher zu Bett gehen.
Söylemene **rağmen** unuttum.	Obwohl du es gesagt hast, habe ich es vergessen.

Übungen zu Lektion 22

22.1 Finden Sie die richtigen Satzkombinationen heraus.

1. Okuman için	a. unutmuş.	1. *j*
2. Okumak için	b. dışarda yemek yemiyor.	2. ....
3. Evlenmek için	c. pencereyi kapalı tutuyor.	3. ....
4. Almancayı unutmaman için	d. her şey yapıyor.	4. ....
5. Gürültüyü duymamak için	e. bahane arıyor.	5. ....
6. Para harcamamak için	f. Fransa'ya gitmiş.	6. ....
7. Söylememe rağmen	g. radyonun sesini biraz daha açıyorum.	7. ....
8. Beni sevindirmek için	h. sık sık Almanca haber dinlemelisin.	8. ....
9. Çalışmamak için	i. uygun bir kız arıyor.	9. ....
10. Daha iyi duyman için	j. bir masal kitabı aldım	10. ....

22.2 Übersetzen Sie ins Deutsche.

Adım Aysun Güler. 25 yaşında bir üniversite öğrencisiyim. Öğrenimimi bitirmek üzereyim. Şu an diploma çalışmamı yazmaktayım. İyi bir not almak için çok çalışmam lazım. Nişanlıyım. Nişanlım bir yıl önce Fransa'ya okumaya gitti. Şimdi bir öğrenci yurdunda kalıyor. Ben de bu yüzden Fransızca öğrenmeye başladım. Şu ara Fransızca şarkılar söylemeyi deniyorum. Bunun dışında düzenli spor yapıyorum. Planımda her gün en az bir saat koşmak ve haftada iki kez yüzmek var. Sıcak havalarda koşmak sağlıklı değil. Onun için yazın bisiklete binmeyi tercih ediyorum. Nişanlımla bu aralar evlenme hayalleri kuruyoruz. Çok istememize rağmen çocuk yapmayı ama henüz düşünmüyoruz. Çocuk büyütmek kolay değil. Geçen hafta sigarayı bırakmaya karar verdim. Ailem sigara içmemi bir türlü kabullenmedi. Üç yeğenim var. Onlara kötü örnek olmak istemiyorum. En küçük yeğenim beş yaşında okumaya başladı. Onun okumayı böyle çabuk sökmesi bizi çok sevindirdi. O benden her akşam kitap okumamı istiyor. Yatakta kitap okumak çok dinlendirici. Geçen hafta arkadaşım Tansu'nun amcası vefat etmiş. Bugün Tansu'ya başsağlığı dilemek için telefon açtım. O da tam evden çıkmak üzereymiş. Telefon etmeme çok sevindi. Bu akşam buluşup yemeğe gitmeye karar verdik.

22.3 Übersetzen Sie ins Türkische.

Lachen ist gesund. Wir gehen schwimmen. Ich will nicht, dass du Tülay einlädst. Wir wollen, dass er bei uns bleibt. Damit du gesund bleibst, sollst du dich viel bewegen. Obwohl er viel gelernt hat, konnte er die Prüfung nicht bestehen. Wir sind vom vielen Lernen ermüdet. Er hat sich entschieden, den Führerschein zu machen. Sie möchte gerne Mutter werden. Um Türkisch gut zu lernen, musst du viel Geduld haben. Ich möchte dich etwas fragen. Ich tue nichts außer an dich zu denken. Ich möchte, dass du heute zum Arzt gehst. Er mag es sehr, sich selbst zu loben. Vergiss nicht, Aysel zu benachrichtigen! Wir sind gekommen, um mit dir über etwas Wichtiges zu sprechen. Meine Mutter möchte, dass ich heirate. Er ist zum Flughafen gefahren, um seine Tochter abzuholen. Ich habe alles getan, damit er studiert.

22.4 Bilden Sie mit dem Kurzinfinitiv dass-Sätze.

1. (ben [sen / dinlenmek] istemek)
   Ben [senin dinlenmeni] istiyorum.
2. (Ayşe [biz / hemen / işe / başlamak] önermek)
   ....
3. (sen [o / burada / kalmak] istememek / mİ)
   ....
4. (biz [Ali / gelmek] çok / sevinmek)
   ....
5. (onlar [biz / özür dilemek] beklemek)
   ....
6. (biz / tabii ki [takımımız / kazanmak] arzulamak)
   ....
7. (siz [biz / burada / sigara / içmek] istememek / mİ)
   ....
8. (biz [firma / borç / ödemek] talep etmek)
   ....

Lektion 23

lazım, *gerek*, *gerekli* und *gerekiyor*

A Beispiele

Hasan'ın öğretmeniyle konuş**mam lazım.**	Ich muss mit dem Lehrer von Hasan sprechen.
Akşamki oturuma git**men gerekli** mi?	Musst du zur Sitzung des heutigen Abends gehen?
Bu ay projeyi bitirme**si gerek**.	Er muss in diesem Monat das Projekt abschließen.
Mektupları hemen gönder**men gerekiyor**.	Du musst die Briefe gleich wegschicken.

B Bildung

Neben dem Nezessitativ kann die Notwendigkeit auch mit den Funktionswörtern **lazım, gerekli, gerek** (*erforderlich/nötig*) oder dem Vollverb **gerekmek** ausgedrückt werden. Sie sind gleichbedeutend, wobei **lazım** häufiger verwendet wird. Der Satzgegenstand ist ein mit dem Possessivsuffix erweiterter Kurzinfinitiv. Das Possessivsuffix weist auf die handelnde Person hin.

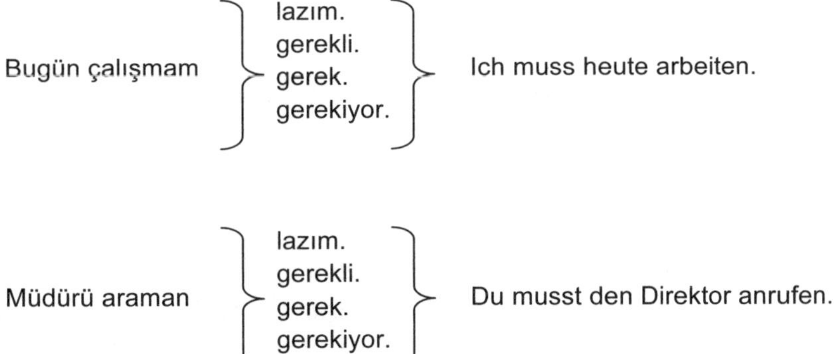

C Fragebildung

Die Frageform wird durch die nachgestellte Fragepartikel gebildet. Dabei kann **gerek** keine Frageform bilden.

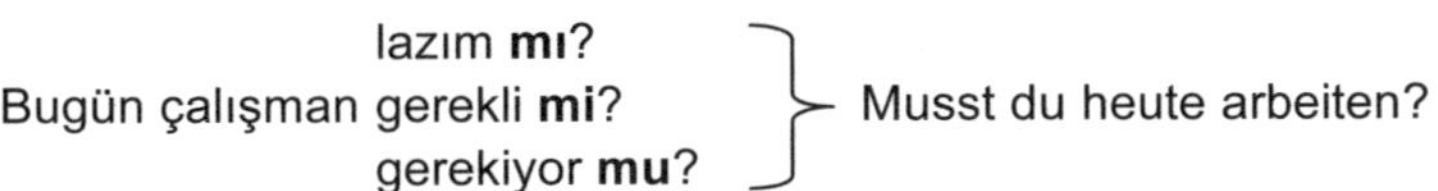

D Negation

Die Verneinung erfolgt auf zwei Weisen:

1. Die Wörter **lazım**, **gerekli** und **gerekiyor** werden verneint:
   Dabei erfolgt die Verneinung bei **lazım** und **gerekli** mit **değil** und bei **gerekiyor** mit dem Verneinungssuffix **-mE**. **Gerek** kann auch hier keine eigene Form bilden.

lazım **değil**. Bugün çalışmam gerekli **değil**. gerek**m**iyor.	} Ich muss heute nicht arbeiten.

2. Der Satzgegenstand selbst wird verneint:
   Diese Form wird ins Deutsche mit *nicht dürfen/nicht sollen* übersetzt (wörtlich: *es ist nötig, etwas nicht zu tun*).

Ona bir daha telefon etme**me**n lazım.	Du sollst/darfst ihn nicht mehr anrufen. (wörtlich: *Dein-Nicht-Telefonieren mit ihm ist nötig.*)
Sizin sigara içme**me**niz gerekiyor.	Sie dürfen nicht rauchen. (wörtlich: *Ihr-Nicht-Rauchen ist nötig.*)

E Vergangenheit

Die Vergangenheitsformen werden regelmäßig gebildet.

Dün çalışmam lazım**dı**/gerek**ti**.	Ich musste gestern arbeiten.
Dün çalışmam lazım değil**di**/gerekme**di**.	Ich musste gestern nicht arbeiten.

F Futur

Das Futur von **lazım** und **gerekli** wird mithilfe von **olmak** gebildet. **Gerekmek** nimmt das Futursuffix an.

Yarın çalışmam lazım/gerekli **olmayacak**.	Ich muss morgen nicht arbeiten.
Yarın çalışmam gerekme**yecek**.	Ich muss morgen nicht arbeiten.

G *zorunda olmak, mecburiyetinde olmak* und *mecbur olmak*

Die Notwendigkeit kann verstärkt werden, indem **zorunda olmak** (*gezwungen sein*) bzw. **mecburiyetinde olmak** oder **mecbur olmak** (*genötigt sein*) gebraucht werden. Die Bildung erfolgt nach dem folgenden Schema:

1. Vollinfinitiv + **zorunda** bzw. **mecburiyetinde** + Personalsuffix:

   Bugün eve gitmek **zorunda**yım *bzw.* **mecburiyetinde**yim.
   (Ich muss heute nach Hause gehen.)

2. Kurzinfinitiv + Dativsuffix + **mecbur** + Personalsuffix:

   Bugün eve gitmeye **mecbur**um.
   (Ich muss heute nach Hause gehen.)

Übungen zu Lektion 23

23.1 Bilden Sie Sätze nach dem vorgegebenen Muster.

1. (sen / hemen / uyumak / lazım)
   Senin hemen uyuman lazım.
2. (Ayşe / alışveriş / yapmak / gerekmek)
   ....
3. (ben / biraz / acele etmek / lazım)
   ....
4. (biz / hemen / yeni / bir / araba / bulmak / gerekli)
   ....
5. (çocuklar / bu / saat / ev / olmak / gerekli)
   ....
6. (siz / bu / yıl / mutlaka / tatil / çıkmak / lazım)
   ....
7. (ben / cuma / gün / kadar / para / yatırmak / gerekmek)
   ....
8. (sen / bir an önce / Ayşe / ile / barışmak / lazım)
   ....
9. (biz / Tülay / anne / ikna etmek / gerekli)
   ....
10. (siz / hastane / sağlık raporu / getirmek / gerekmek)
   ....

23.2 Bilden Sie Fragesätze.

1. (sen / saat / kaç / ev / olmak / lazım)
   Senin saat kaçta evde olman lazım?
2. (biz / yolculuk / için / neler / almak / gerekmek)
   ....
3. (ben / bu / form / doldurmak / gerekli / mİ)
   ....
4. (o / hastane / yatmak / gerekmek / mİ)
   ....
5. (çocuklar / bu / yıl / kuş gribi / karşı / aşı olmak / lazım / mİ)
   ....
6. (siz / hangi / banka / hesap açtırmak / gerekmek)
   ....
7. (biz / yeni / adres / vergi dairesi / bildirmek / lazım / mİ)
   ....

23.3 Füllen Sie die Lücken aus und übersetzen Sie den Text ins Deutsche.

Benim dün gece sabaha kadar çalışmam gerekti. Orhan'........ bu hafta İstanbul'a git............ lazım. Evimize mutlaka yeni bir kiracı bul........... gerekiyor. Çocuklara bir yıl boyunca annem.......... bak.......... lazımdı. Bu işlemler........... şimdiye kadar bit.......... gerekliydi. Sen......... bu mektupları dün gönder........... lazımdı. Siz.......... yabancılar dairesine çoktan başvur............ lazımdı. Avukatınızın sizi bu konuda bilgilendir............ gerekliydi. Bursumu bu yılın sonuna kadar geri öde............ gerek.

23.4 Bilden Sie verneinte Sätze.

1. (sen / dışarıya çıkmak / lazım) a. *Senin dışarıya çıkman lazım değil.*
   b. *Senin dışarıya çıkmaman lazım.*
2. (ben / Tülay / ile / görüşmek / gerekli) a. ....
   b. ....
3. (o / kahvaltı / yapmak / gerekmek) a. ....
   b. ....
4. (çocuklar / bu / film / görmek / gerekmek) a. ....
   b. ....
5. (biz / bunları / siz / anlatmak / gerekli) a. ....
   b. ....

23.5 Übersetzen Sie ins Türkische.

Um dein Ziel zu erreichen, musst du viel arbeiten. Aylin muss heute ihrer Mutter helfen. Was müssen wir tun, damit unsere Rechte nicht verloren gehen? Sie müssen innerhalb einer Woche bei der Ausländerbehörde einen Antrag stellen. Ich muss unbedingt mit dir reden. Ihr müsst euch mehr Zeit nehmen. Was muss ich beachten? Sie müssen Deutsch lernen.

Lektion 24

Der Aorist

A Beispiele

Ali günde iki paket sigara iç**er**.	Ali raucht täglich zwei Schachteln Zigaretten.
Kuşlar uçar, balıklar yüz**er**.	Vögel fliegen, Fische schwimmen.
Bana dosyayı uzat**ır** mısın?	Kannst du mir den Ordner reichen?
Nilgün et ye**mez**.	Nilgün isst kein Fleisch.
Durakta fazla beklemeyi sev**mem**.	Ich mag es nicht, lange an der Haltestelle zu warten.

B Gebrauch

Der Aorist wird verwendet, um regelmäßige Vorgänge, Gewohnheiten, Eigenschaften, Dauerzustände und Absichten auszudrücken. Auch höfliche Bitten in Frageform werden im Aorist formuliert. Wenn der Aorist anstelle des Futurs verwendet wird, bringt er eine möglicherweise in der Zukunft stattfindende Handlung zum Ausdruck.

C Die Bildung des Aorist

Die Bildung des Aoriststammes ist abhängig vom jeweiligen Verbstamm. Es ergeben sich folgende Möglichkeiten des Bildungssuffixes:

1. Endet der Verbstamm auf einen Vokal, wird ein **-r** angeschlossen:

   anla**r**, oku**r**, ye**r**, yürü**r**

2. Bei mehrsilbigen Verbstämmen, die auf einen Konsonanten enden, wird ein **-İr** angehängt:

   görün**ür**, kazan**ır**, konuş**ur**, öğren**ir**

3. Bei den meisten einsilbigen, auf Konsonant auslautenden Stämmen folgt **-Er**:

   geç**er**, oy**ar**, yak**ar**, yüz**er**

4. Hier gibt es jedoch einige Ausnahmen, bei denen **-İr** folgt. Die meisten dieser Stämme lauten auf **l**, **r** oder **n** aus:

   al**ır**, bil**ir**, bul**ur**, gel**ir**, kal**ır**, ol**ur**,
   gör**ür**, var**ır**, ver**ir**, vur**ur**,
   den**ir**, san**ır**, yen**ir**, kon**ur**

Bei der Konjugation schließen sich an den Aoriststamm die Personalsuffixe an:

yer**im**, yer**sin**, yer, yer**iz**, yer**siniz**, yer**ler**
alır**ım**, alır**sın**, alır, alır**ız**, alır**sınız**, alır**lar**
görür**üm**, görür**sün**, görür, görür**üz**, görür**sünüz**, görür**ler**
bulur**um**, bulur**sun**, bulur, bulur**uz**, bulur**sunuz**, bulur**lar**

D Fragebildung

Die Fragepartikel **mİ** wird bei der 3. Person Plural nachgestellt.

Yer **mi**yim?		Yer **mi**yiz?
Yer **mi**sin?		Yer **mi**siniz?
Yer **mi**?	*aber*:	Yerler **mi**?

E Negation

Die Verneinung wird mit dem Suffix **-mEz** gebildet, das zwischen den Verbstamm und das Personalsuffix tritt. Bei der 1. Person Singular und Plural entfällt jedoch das **z** dieses Verneinungssuffixes. Das Personalsuffix der 1. Person Singular ist zudem nicht wie zu erwarten **-(y)İm** sondern lediglich **-m**.

ye**me**m	al**ma**m
ye**mez**sin	al**maz**sın
ye**mez**	al**maz**
ye**me**yiz	al**ma**yız
ye**mez**siniz	al**maz**sınız
ye**mez**ler	al**maz**lar

F Negierte Frage

In der verneinten Frageform – wie auch im Konditional – erscheint bei der 1. Person Singular und Plural wieder das **z** des Verneinungssuffixes **-mEz**.

Ye**mez mi**yim?	Al**maz mı**yım?
Ye**mez mi**sin?	Al**maz mı**sın?
Ye**mez mi**?	Al**maz mı**?
Ye**mez mi**yiz?	Al**maz mı**yız?
Ye**mez mi**siniz?	Al**maz mı**sınız
Ye**mez**ler **mi**?	Al**maz**lar **mı**?

G *sobald, kaum (dass)*

Durch die Wiederholung der verneinten und bejahten Grundform des Aorist werden Temporalsätze gebildet, die im Deutschen mit *sobald* oder *kaum (dass)* beginnen. Diese Form enthält keine Tempus- und Personenangaben. Sie sind dem Prädikat des Hauptsatzes zu entnehmen.

Eve **gelir gelmez** müzik dinler.	Sobald er nach Hause kommt, hört er Musik.
İstanbul'a **varır varmaz** seni ararım.	Sobald ich in Istanbul bin, rufe ich dich an.
On sekizine **girer girmez** evlendi.	Kaum dass er achtzehn wurde, hat er geheiratet.

Übungen zu Lektion 24

24.1 Bilden Sie den Aorist.

1. (ben / söylemek) *Söylerim.*
2. (sen / koşmak) ....
3. (o / bilmek) ....
4. (biz / görmek) ....
5. (siz / almak) ....
6. (onlar / atmak) ....

24.2 Bilden Sie den verneinten Aorist.

1. (ben / yürümek) *Yürümem.*
2. (sen / çalışmak) ....
3. (o / okumak) ....
4. (biz / uyumak) ....
5. (siz / yemek) ....
6. (onlar / içmek) ....

24.3 Bilden Sie eine Frage im Aorist.

1. (ben / bitirmek) *Bitirir miyim?*
2. (sen / düşünmek) ....
3. (o / vermek) ....
4. (biz / götürmek) ....
5. (siz / takmak) ....
6. (onlar / çıkarmak) ....

24.4 Bilden Sie eine verneinte Frage im Aorist.

1. (ben / demek) *Demez miyim?*
2. (sen / yazmak) ....
3. (o / uğramak) ....
4. (biz / kızmak) ....
5. (siz / sevmek) ....
6. (onlar / gülmek) ....

24.5 Bilden Sie Sätze im Aorist.

1. (biz / her / gün / alışveriş / gitmek)
   Biz her gün alışverişe gideriz.
2. (o / ev / hiç / sigara / içmemek)
   ....
3. (ben / hafta / beş / gün / spor / yapmak)
   ....
4. (sen / yarın / kütüphane / uğramak / mİ)
   ....
5. (siz / bu / akşam / biz / ile / yemek / gitmek / istememek / mİ)
   ....
6. (onlar / hafta sonları / hep / öğle / doğru / kahvaltı / yapmak)
   ....
7. (ben / cuma / gün / sen / havaalanı / götürmek)
   ....
8. (sen / ben / bir / iyilik / yapmak / mİ)
   ....

24.6 Finden Sie die richtigen Satzkombinationen heraus.

1. Akşam sana	a. dinler misiniz?	1. *e*
2. Kahvaltıdan önce sigara	b. götürür müsün?	2. ....
3. Günde en fazla beş saat	c. görürüm.	3. ....
4. Beni sinemaya	d. açar mısın?	4. ....
5. Ahmet'i belki yarın	e. kitapları getiririm.	5. ....
6. Türkçe müzik	f. çalışırım.	6. ....
7. Bana kapıyı	g. içmem.	7. ....

24.7 Übersetzen Sie ins Deutsche.

Bir çay daha alır mısınız? Uzun bir yaz tatilinde Arjantin'e gitmek isterim. Fransızcayı öğrenir öğrenmez Paris'e gitti. Her gün düzenli gazetemi okur ve yürüyüşe çıkarım. Büyüklere hep saygılı davranır. Sonra ona telefon eder miyiz? Ben etmem. Ona dargınım. Umarım perşembe günü yağmur yağmaz. Biraz da pilavdan almaz mısınız? Ahmet bu işlerden anlamaz. Oğlum tatlı sevmez. Annem bu tür hataları bağışlamaz. Beni görür görmez hatırladı. Almanlar kahvaltıda pek zeytin yemezler. Bizim evde ise hemen hemen her gün yenir.

24.8 Übersetzen Sie ins Türkische.

Ich stehe morgens um sieben Uhr auf. Zuerst mache ich eine Viertelstunde Gymnastik. Dann dusche ich. Um acht Uhr beginne ich mit dem Frühstück. Nach dem Frühstück laufe ich eine Stunde im Park. Dort treffe ich ab und zu andere ältere Menschen. Dann unterhalten wir uns etwas. Manchmal gehen wir zusammen Kaffee trinken. Mittags esse ich nichts. Abends gehe ich spätestens um zehn Uhr zu Bett.

Lektion 25

Die Zeitbegriffe

A Beispiele

Mayıs 1999'da Almanya'ya geldim.	Ich bin im Mai 1999 nach Deutschland gekommen.
Elif **2002 yılında** doğdu.	Elif ist im Jahre 2002 geboren worden.
Ağustosun kaçında tatil başlıyor?	Am wievielten August beginnen die Ferien?
Pazartesi günü kursun var mı?	Ist am Montag dein Kurs?
Komşumuz **yazın** Portekiz'e gidiyor.	Unser Nachbar fährt im Sommer nach Portugal.

B Wochentage

pazartesi	Montag	**perşembe**	Donnerstag
salı	Dienstag	**cuma**	Freitag
çarşamba	Mittwoch	**cumartesi**	Samstag
		pazar	Sonntag

Die im Deutschen verwendete Präposition *am* zur festen Bestimmung eines Wochentages (z. B. am Montag) wird im Türkischen mit dem Wort **günü** wiedergegeben, das in der Umgangssprache aber meistens entfällt.

Çarşamba **günü** Türkiye'ye gidiyorum.	Am Mittwoch fahre ich in die Türkei.
Çarşamba Türkiye'ye gidiyorum.	Am Mittwoch fahre ich in die Türkei.

C Monate

ocak	Januar	**temmuz**	Juli
şubat	Februar	**ağustos**	August
mart	März	**eylül**	September
nisan	April	**ekim**	Oktober
mayıs	Mai	**kasım**	November
haziran	Juni	**aralık**	Dezember

Im Türkischen wird die deutsche Präposition *im*, die den Zeitraum eines Monats angibt (z. B. im Januar) mit dem Lokativ zum Ausdruck gebracht. Zusätzlich kann der Monatsname mit dem Wort **ay** (*Monat*) in einer unbestimmten Genitivverbindung stehen.

Ocak**ta** burada çok kar yağar.	Im Januar fällt hier viel Schnee.
Ocak **ayında** burada çok kar yağar.	Im Monat Januar fällt hier viel Schnee.

D Datumsangabe

Die Datumsangabe erfolgt entweder durch die Nennung der Kardinalzahl und den Monatsnamen oder eine Genitiv-Possessiv-Verbindung des Monatsnamens mit der Kardinalzahl. Die Frage nach dem Datum wird mit dem Fragewort **kaç** gebildet, das ebenfalls in einer Genitivverbindung steht.

Bugün **ayın kaçı**?	Den wievielten des Monats haben wir heute?
Bugün **on altı eylül.**	Heute ist der 16. September.
Bugün **eylülün on altısı.**	Heute ist der 16. September.

E Jahreszahlen

Die Jahreszahlen werden wie jede normale Zahl nacheinander gelesen.

1675	**bin altı yüz yetmiş beş**
1010	**bin on**

Die Jahreszahl kann mit **yıl** bzw. **sene** in einer Genitiv-Possessiv-Verbindung verwendet werden.

2003 çok sıcaktı.	(Das Jahr) 2003 war sehr heiß.
2003 yılı/senesi çok sıcaktı.	Das Jahr 2003 war sehr heiß.

F Jahreszeiten

ilkbahar	Frühling	**sonbahar** (**güz**)	Herbst
yaz	Sommer	**kış**	Winter

Bei **yaz**, **kış** und **güz** ersetzt das Suffix **-İn** das Lokativsuffix **-DE**.

yaz**ın**	im Sommer
kış**ın**	im Winter
güz**ün**	im Herbst

Übungen zu Lektion 25

25.1 Füllen Sie die Lücken aus.

1. Bugün ay*ın* kaç*ı*?
   a. Bugün ay...... on dokuz..... .
   b. Yarın ay...... yirmi........ .
   c. Öbür gün ay...... yirmi bir...... .
2. Dün ay*ın* kaç*ıydı*?
   a. Dün ay.... on sekiz..... .
   b. Önceki gün ay...... on yedi....... .
   c. Üç gün önce ay..... on altı.... .
3. Bugün gün*lerden* ne? Yarın gün....... ne? Dün günler..... neydi?
   a. Bugün gün........... perşembe.
   b. Yarın gün........ cuma.
   c. Dün gün..... çarşamba....... .

25.2 Finden Sie die richtige Antwort heraus.

1. Ne zaman doğdun?	a. Üç ay.	1. *d*
2. Bugün ayın kaçı?	b. 365.	2. ....
3. Bir haftada kaç gün var?	c. Cumartesi günleri.	3. ....
4. Bugün günlerden ne?	d. 20 Mayıs 1973'te.	4. ....
5. Sınavın hangi gün?	e. Dört.	5. ....
6. Ayın kaçında gidiyorsun?	f. Cumartesi ve pazar.	6. ....
7. Bu yıl şubat kaç gün çekiyor?	g. Pazartesi günü.	7. ....
8. Hangi günler sana uygun?	h. 1990'da.	8. ....
9. Hafta sonu hangi günlerdir?	i. İlkbahar.	9. ....
10. Hangi ayda doğdun?	j. Yirmi sekiz gün çekiyor.	10. ....
11. Bir yılda kaç mevsim var?	k. Otuzu.	11. ....
12. Her mevsimde kaç ay var?	l. Yedi gün.	12. ....
13. Bir yıl kaç gündür?	m. Haziranda.	13. ....
14. En sevdiğiniz mevsim hangisi?	n. Salı.	14. ....
15. İki Almanya ne zaman birleşti?	o. On beşinde.	15. ....

25.3 Was passt zusammen?

1. Yaz mevsiminin ayları şunlar:	a. aralık, ocak, şubat.
2. Sonbaharda şu aylar var:	b. mart, nisan, mayıs.
3. Kış mevsiminin ayları:	c. eylül, ekim, kasım.
4. İlkbaharın ayları:	d. haziran, temmuz, ağustos.

25.4 Übersetzen Sie ins Deutsche.

Tüm mevsimleri sevmeme rağmen ilkbahar favorimdir. Nisan ayında doğmuşum, belki de bu yüzden. Yani tam bir ilkbahar çocuğuyum. İlkbaharda doğanın uyanışıyla birlikte benim içimde de dipten gelen bir kıpırdanış, bir canlanma başlar. Kışın ağırlığı ve hantallığı birden yok olur. Kendimi kuş gibi hafif hissederim. Vücudumda ve ruhumda yaratıcı enerjiler dolaşmaya başlar. Yazı da severim. Akşam serinliğinde ve özellikle de gece ay ışığında dolaşmak çok hoşuma gidiyor. Sonbahar ise benim için hüzün demektir. Bana ayrılığı çağrıştırır. Uzaklaşmayı ve özlemi duyumsarım bu mevsimde hep. Kış bir geri çekilme zamanıdır. Sadece doğa için değil, benim duygularım için de. Beklemekle geçer bu mevsim. Her şey beyaz örtünün altında derin bir uykuya dalar. Bazı yıllar mevsim değişikliklerini çeşitli sebeplerden dolayı daha hafif hissederim. Bazı seneler ise bir mevsimden diğerine geçiş tüm şiddetiyle ruhuma akseder beni esir alır. Bazen mevsimler, aylar, haftalar ve günler çeşitli olaylarla daha da anlam kazanır. Mesela 1990 yılının benim hayatımda büyük önemi var. Bu yılın kışında okulu bitirip evlendim, ilkbaharında işe başladım, yazında şimdiki evimizi satın alıp taşındık ve sonbaharında ise ilk çocuğumuz doğdu. Yani her mevsimde başka bir sevinç yaşadık, başka bir tat aldık.

Lektion 26

Die Uhrzeit

A Beispiele

Saat **kaç**?	Wie spät ist es?
Saat üç.	Es ist drei Uhr.
Saat on**u** on **geçiyor**.	Es ist zehn nach zehn.
Saat on**a** on **var**.	Es ist zehn vor zehn.
Saat kaç**ta** buluşalım?	Um wie viel Uhr wollen wir uns treffen?
Saat on bir **buçukta** buluşalım mı?	Wollen wir uns um halb zwölf treffen?

B *saat*

Das Wort **saat** bedeutet *Uhr* und *Stunde*. Um die Uhrzeit auszudrücken, wird das Zahlwort hinter **saat** gestellt. Wenn das Zahlwort vor **saat** tritt, bedeutet es die *Stunde* als Maßeinheit oder die *Uhr* als Instrument. Für die halben Stunden wird das Wort **buçuk** (*halb*) verwendet, das dem Zahlwort nachgestellt wird. Nur für 12:30 Uhr wird das Wort **yarım** gebraucht.

Saat bir.	Es ist ein Uhr.	Saat üç **buçuk**.	Es ist halb vier.
bir **saat**	eine Uhr, eine Stunde.	Saat **yarım**.	Es ist halb eins.

C *saat kaç?*

Nach der Uhrzeit wird mit dem Zahlwort **kaç** (*wie viel*), das prädikativ verwendet wird, gefragt.

Saat **kaç**?	Wie spät ist es?
Saat beş.	Es ist fünf Uhr.
Saat beş buçuk.	Es ist halb sechs.

D Die Präposition *um*

Die deutsche Präposition *um* wird bei den offiziellen Uhrzeiten immer und umgangssprachlich bei halben und vollen Stunden mit dem Lokativ ausgedrückt. Das Fragewort trägt ebenfalls das Lokativsuffix.

Saat kaç**ta**?	Um wie viel Uhr?	
Saat on dokuz**da**.	Um neunzehn Uhr. (*offiziell/umgangssprachlich*)	(19:00)
Saat on dokuz otuz**da**.	Um neunzehn Uhr dreißig. (*offiziell/umgangssprachlich*)	(19:30)
Saat on dokuz yirmi**de**.	Um neunzehn Uhr zwanzig. (*offiziell*)	(19:20)
Saat on dokuz elli**de**.	Um neunzehn Uhr fünfzig. (*offiziell*)	(19:50)
Saat yedi**de**.	Um sieben Uhr.	(07:00 bzw. 19:00)
Saat yedi buçuk**ta**.	Um halb acht.	(07:30 bzw. 19:30)

Umgangssprachlich wird *um* bis zur halben Stunde mit **geçe** (*nach*) und ab der halben Stunde mit **kala** (*bis, zu*) wiedergegeben. **Geçe** verlangt den Akkusativ und **kala** den Dativ.

Saat kaç**ta**?	Um wie viel Uhr?	
Saat yedi**yi** yirmi **geçe**.	Um zwanzig nach sieben.	(07:20 bzw. 19:20)
Saat üç**ü** çeyrek **geçe**.	Um Viertel nach drei.	(03:15 bzw. 15:15)
Saat sekiz**e** on **kala**.	Um zehn vor acht.	(07:50 bzw. 19:50)

E Die Minuten bis zur halben Stunde

Die Minuten bis zur halben Stunde werden mit dem Verb **geçmek** gebildet. Die volle Stunde bekommt das Akkusativsuffix. *Minute* heißt **dakika** und *Viertel* heißt **çeyrek**.

Saat üç**ü** on (dakika) **geçiyor**.	Es ist zehn nach drei.	(03:10 bzw. 15:10)
Saat altı**yı** çeyrek **geçiyor**.	Es ist Viertel nach sechs.	(06:15 bzw. 18:15)

F Die Minuten ab der halben Stunde

Bei der Wiedergabe der Minuten ab der halben Stunde wird das Wort **var** verwendet, das den Dativ verlangt.

Saat üç**e** on (dakika) var.	Es ist zehn vor drei.	(02:50 bzw. 14:50)
Saat altı**ya** çeyrek **var**.	Es ist Viertel vor sechs.	(05:45 bzw. 17:45)

Übungen zu Lektion 26

26.1 Welche Antwort passt zu welcher Frage?

1. Saat kaç?	a. Bir buçuk saat.	1. *h*
2. Saat kaçtan kaça kadar çalıştın?	b. Altıya on kala.	2. ......
3. Saatin nerede?	c. Beşi çeyrek geçe.	3. ......
4. Yolculuğun kaç saat sürecek?	d. Omega.	4. ......
5. Saat beşi kaç geçe trenin kalkıyor?	e. Sadece bir saatim var.	5. ......
6. Altıya kaç kala Zürih'e varıyorsun?	f. Sekizden bire kadar.	6. ......
7. Sınava kadar daha kaç saatin var?	g. İki buçukta.	7. ......
8. Saatin ne marka?	h. Yarım.	8. ......
9. Saat kaçta sunumun var?	i. Tamircide.	9. ......

26.2 *Saat kaçta?* (offiziell/umgangssprachlich)

1. 15:55 *On beş elli beşte./Dörde beş kala.*	2. 10:10 ....
3. 11:17	4. 14:07 ....
5. 12:30	6. 05:15 ....
7. 19:27	8. 04:36 ....
9. 00:08	10. 03:41 ....

26.3 ***Saat kaç?*** **(offiziell/umgangssprachlich)**

1. 12:45 *On iki kırk beş./Bire çeyrek var.* 2. 00:50 ....
3. 01:08 .... 4. 02:25 ....
5. 12:30 .... 6. 18:37 ....
7. 17:55 .... 8. 20:05 ....
9. 00:03 .... 10. 09:15 ....
11. 13:35 .... 12. 00:00 ....

26.4 Füllen Sie die Lücken aus (umgangssprachlich) und übersetzen Sie ins Deutsche.

Biz kışın genellikle saat (19.00) *yedide* akşam yemeğine otururuz. Yarım saat veya en fazla 45 dakika içinde yemeğimiz biter. Yemekten sonra çocuklar saat (20.15) .... (1) kadar odalarında oynarlar; biz ise (20.00) .... (2) haberlerini izleriz. Çocuklar dişlerini fırçalayıp en geç saat (20.30) .... (3) yatakta olurlar. Ben onlara her akşam yarım saat kitap okurum. Saat (21.00) .... (4) doğru uykuya dalarlar. Ben akşamları çoğunlukla kitap veya gazete okurum. Eşim bilgisayarda çalışır. Bazen birlikte film seyrederiz. Saat 23.00 .... (5) yatağa gireriz. Sabahları saat (6.20) .... (6) çalar saat uyandırır bizi. Banyomuzu bitirip saat (7.10) .... (7) kahvaltıya otururuz. Eşim işe trenle gider. Onun treni saat (7.40) .... (8) kalkıyor. Ben onu arabayla istasyona bırakırım. Bizim evden istasyona arabayla yedi dakika sürüyor. Ben oradan işe giderim. Normalde saat (8.48) .... (9) iş yerinde olurum ve saat (9.00) .... (10) işbaşı yaparım. Öğleden önce iş tempom oldukça yüksek. Başımı kaşımaya zaman bulamam. Saat 12.00 .... (11) sonra ise işler biraz azalır ve azıcık nefes alma imkânım olur.

26.5 Übersetzen Sie ins Türkische.

Um wie viel Uhr stehst du an den Wochenenden auf? An den Wochenenden schlafe ich normalerweise bis 8.45 Uhr. Wie spät ist es? Um wie viel Uhr ruft deine Mutter an? Sie ruft um drei Uhr nachmittags an. Was machst du am Samstag um 9.00 Uhr? Diesen Samstag arbeite ich von 8.15 bis 12.45 im Büro. Wollen wir uns am Abend treffen? Ja gerne, um wie viel Uhr? Um 19.20 komme ich am Bahnhof an. Kannst du mich dort abholen? Ja, wollen wir dann direkt ins Kino gehen? Wann beginnt der Film? Der Film beginnt um 20.30.

Lektion 27

Das Passiv

A Beispiele

Saat altıdan itibaren kapılar kapa**n**ıyor.	Ab 6 Uhr werden die Türen geschlossen.
Yazın fazla et ye**n**miyor.	Im Sommer wird nicht viel Fleisch konsumiert.
Böylesi şeyler söyle**n**mez.	Solche Sachen sagt man nicht.
Doğum günü hediyeleri al**ın**dı mı?	Wurden die Geburtstagsgeschenke gekauft?
Rapor henüz gönder**il**medi.	Der Bericht wurde noch nicht abgeschickt.
Şefle daha görüş**ül**memiş.	Mit dem Chef wurde noch nicht gesprochen.
Mektuplar yarın yaz**ıl**acak.	Die Briefe werden morgen geschrieben werden.
Bu hata affed**il**mez.	Diesen Fehler kann man nicht verzeihen.
Soyguncu polis **taraf**ından yakala**n**dı.	Der Räuber wurde von der Polizei gefasst.
Yol masrafları **taraf**ımdan karşıla**n**dı.	Die Reisekosten wurden von mir übernommen.
Penisilin kimin **taraf**ından bulu**n**du?	Wer erfand das Penizillin?

B Bildung

Das Passiv wird gebildet, indem bei vokalisch auslautenden Verbstämmen ein **-n**, bei auf **l** auslautenden Stämmen **-İn** und ansonsten **-İl** folgt.

Şu an haberler dinle**n**iyor.	Jetzt werden Nachrichten gehört.
Yarın gece otelde mi kal**ın**acak?	Wird die morgige Nacht im Hotel verbracht?
Program başarıyla sun**ul**du.	Das Programm wurde mit Erfolg präsentiert.
Böyle antika saatler artık bul**un**muyor.	Solche antiken Uhren sind nicht mehr zu finden.

C *taraf*

Der Urheber wird durch das Substantiv **taraf** (*die Seite*) im Ablativ ausgedrückt. **Taraf** erhält das Possessivsuffix der jeweiligen Person. Die 3. Person Plural besitzt keine eigene Form – an ihrer statt wird die Form der 3. Person Singular verwendet.

taraf**ım**dan	von mir	taraf**ımız**dan	von uns
taraf**ın**dan	von dir	taraf**ınız**dan	von euch/Ihnen
tarafından	von ihm/ihr		
auch:	von ihnen		

Vor **taraf** stehen die Substantive im Nominativ und die Pronomina (mit Ausnahme der Pluralformen) im Genitiv.

Senaryo **benim** tarafımdan yazılıyor.	Das Drehbuch wird von mir geschrieben.
Amerika **kimin** tarfından keşfedildi?	Von wem wurde Amerika entdeckt?
Bu resim deden tarafından mı yapılmış?	Wurde das Bild von deinem Großvater gemacht?
Belge beş ülke tarafından imzalandı.	Das Dokument wurde von fünf Ländern unterzeichnet.

D ***-CE***

In der Amtssprache wird der Urheber, wenn es sich um eine Behörde o. ä. handelt, auch durch **-CE** ausgedrückt.

Dolandırıcılık suçundan savcılık**ça** soruşturma başlatıldı.
(Der Prozess wegen Betrugs wurde von der Staatsanwaltschaft eröffnet.)

Depremzedelerin vergi borçları bakanlık**ça** silinecek.
(Die Steuerschulden der Erdbebenopfer werden vom Ministerium erlassen werden.)

E ***man***

Das deutsche *man* kann durch das Passiv der 3. Person Singular wiedergegeben werden.

Sizde telefon kartı bulunur mu?	Kann man hier (bei Ihnen) Telefonkarten kaufen?
Bu olay unutulmaz.	Dieses Ereignis kann man nicht vergessen.
Çevre nasıl böyle tahrib ed**il**ir!	Wie kann man der Umwelt diesen Schaden zufügen?

Die nicht genannten Urheber können außerdem in Aktivform mit der 3. Person Plural oder den Substantiven **insan** (*Mensch*) bzw. **kişi** (*Person*) im Singular ausgedrückt werden.

Çevreye bu tahribatı nasıl yapar**lar**!	Wie kann man der Umwelt diesen Schaden zufügen?
İnsan çevreye bu tahribatı nasıl yapar!	Wie kann man der Umwelt diesen Schaden zufügen?

Übungen zu Lektion 27

27.1 Bilden Sie bejahte und verneinte Passivformen im Präsens.

1. (bilmek) *biliniyor / bilinmiyor*
2. (konuşmak) ....
3. (söylemek) ....
4. (beklemek) ....
5. (almak) ....
6. (atmak) ....

27.2 Bilden Sie bejahte und verneinte Passivformen im Aorist.

1. (yürümek) *yürünür / yürünmez*
2. (çalışmak) ....
3. (okumak) ....
4. (bulmak) ....
5. (yemek) ....
6. (içmek) ....

27.3 Bilden Sie Sätze im Perfekt Passiv.

1. (yolcular / için / kahvaltı / hazırlamak / mİ)
   Yolcular için kahvaltı hazırlandı mı?
2. (kız / baba / taraf / okul / almak)
   ....
3. (konser / için / yer / ayırtmak / mİ)
   ....
4. (mektuplar / kim / taraf / yazmak)
   ....
5. (ödevler / kontrol / etmek / mİ)
   ....
6. (bilanço / muhasebeci / göndermek)
   ....
7. (büro / cam / temizlemek)
   ....
8. (son / gelişmeler / müdür / aktarmak / mİ)
   ....

27.4 Wandeln Sie die Sätze ins Passiv um. Achten Sie auf die Tempora.

1. Ayşe yemek pişiriyor.	1. *Yemek Ayşe tarafından pişiriliyor.*
2. Mektupları postalayacağım.	2. ....
3. Alışverişi kim yaptı?	3. ....
4. Banka buradaki şubesini kapatıyor.	4. ....
5. Ali firmasını satacak.	5. ....
6. Yeni sahibi evin çatısını yeniliyor.	6. ....
7. Bu proje üç ayda biter.	7. ....
8. Kiracı kira sözleşmesini feshetti.	8. ....

27.5 Bilden Sie Antwortsätze im Futur Passiv.

1. Mektubu imzaladınız mı?	1. *Hayır, imzalanacak.*
2. Ali'ye faks çektin mi?	2. ....
3. Bankaya para yatırdınız mı?	3. ....
4. Sekretere durumu bildirdiniz mi?	4. ....
5. Aylin Hanım'ı yemeğe davet ettiniz mi?	5. ....

27.6 Übersetzen Sie ins Deutsche.

Önce otobüsle şehre kadar gidilecek. Orada antik kent gezilecek ve kazı çalışmaları yakından izlenecek. Öğleye doğru iki grup halinde şehrin dışındaki kaleye yürünecek. Kalenin kapısı o saatte büyük ihtimalle kapalıdır. Bu durumda bekçiye haber verilecek ve kapı açtırılacak. Akşama doğru kalenin bahçesinde toplanılacak ve otobüs beklenecek. Buluşma noktası şoföre telefonla bildirilecek ve yol tarif edilecek. Sonra otobüsle otele dönülecek. Şoföre yarınki program hakkında bilgi verilip dakik olunması rica edilecek. Ertesi sabah kahvaltıdan hemen sonra konferans salonuna geçilip gezinin kısa bir değerlendirmesi yapılacak ve rapor tutulacak. Raporda karşılaşılan sorunların altı özellikle çizilecek. Ardından fatura çıkarılıp acentaya fakslanacak. Yerli rehberlerin ödemesi orada yapılacak. Diğer masraflar kazı heyetince onaylanacak ve merkeze bildirilecek. En geç saat on birde otobüse binip havaalanına doğru yola çıkılacak. Grubun havaalanında birlikte hareket etmesine dikkat edilecek.

Lektion 28

Das Reziprok und das Reflexiv

A Beispiele

Anneyle kız kucakla**ş**ıp öp**üş**tü.	Mutter und Tochter haben sich umarmt und geküsst.
Dün pazarda Nermin'le karşıla**ş**tım.	Gestern bin ich auf dem Markt Nermin begegnet.
Selim'le artık gör**üş**müyoruz.	Wir treffen uns nicht mehr mit Selim.
Siz tan**ış**ıyor musunuz?	Kennt ihr euch?/Kennen Sie sich?
Birbirimizi unutmadık.	Wir haben uns nicht vergessen.
Birbirlerinden memnun değiller.	Sie sind miteinander nicht zufrieden.
Esra çok güzel giy**in**iyor.	Esra zieht sich sehr schön an.
Bu habere annem çok sev**in**ir.	Über diese Nachricht freut sich meine Mutter sehr.
Martta başka bir şehre taş**ın**acağız.	Im März werden wir in eine andere Stadt umziehen.
Kendime yeni bir iş arıyorum.	Ich suche mir einen neuen Job.

B Reziprok

Das Reziprok drückt Gegenseitigkeit und Gemeinsamkeit aus und wird durch das Suffix **-(İ)ş** gebildet. Dabei ist darauf zu achten, dass nicht alle Verbstämme auf **-(İ)ş** eine Gegenseitigkeit beschreiben.

sev**iş**mek (*sich lieben*)	gül**üş**mek (*gemeinsam lachen*)
selamla**ş**mak (*sich begrüßen*)	döv**üş**mek (*sich gegenseitig schlagen*)
anla**ş**mak (*sich verstehen*)	at**ış**mak (*sich streiten*)

C *birbiri*

Das Reziproksuffix kann nicht an alle Verbstämme angehängt werden. Die Wechselseitigkeit kann aber auch mit dem Reziprokpronomen **birbiri** (*einander*) wiedergegeben werden. Die Personen werden durch die jeweiligen Possessivsuffixe ausgedrückt, wobei nur die Pluralformen vorkommen.

Birbirinizi özlüyor musunuz?	Vermisst ihr euch?/Vermissen Sie sich?
Bazen **birbirimiz**i ziyaret ediyoruz.	Manchmal besuchen wir uns.
Birbirlerine karşı çok saygılılar.	Sie sind sich gegenüber sehr respektvoll.

D Reflexiv

Das *Reflexivsuffix* ist **-(İ)n** und kann nur an eine begrenzte Anzahl von Verben angefügt werden.

koru**n**mak (*sich schützen*)	yıka**n**mak (*sich waschen*)
tara**n**mak (*sich kämmen*)	öv**ün**mek (*sich loben*)
yet**in**mek (*sich begnügen*)	boşa**n**mak (*sich scheiden lassen*)

E *kendi*

Das Reflexivpronomen ist **kendi** (*das Selbst*), das sowohl Possessiv- als auch Kasussuffixe annehmen kann. Bei den Suffixen der 3. Person Singular und Plural wird vor dem Kasussuffix das pronominale **n** eingeschoben.

Aynada **kendimi** görüyorum.	Ich sehe mich selbst im Spiegel.
Kendini çok beğeniyorsun.	Du magst dich/gefällst dir sehr.
Kendi*n*i (*od.* **kendisi***n*i) çok sıkıyor.	Er ärgert sich sehr.
Kendimize uygun bir ev bulduk.	Wir haben eine passende Wohnung für uns gefunden.
Kendi**lerin*n*de**ki sözlük eskiymiş.	Das Wörterbuch, das sie bei sich haben, soll alt sein.

F *kendi* als Attribut

Kendi kommt auch in attributiver Position vor und hat die Bedeutung *eigen*.

Ayşe **kendi** sorunlarıyla çok uğraşıyor.	Ayşe beschäftigt sich sehr mit ihren eigenen Problemen.
Kendi resmini mi yaptın?	Hast du dein eigenes Bild gemacht?
İstanbul'da **kendi** evimiz var.	Wir haben in Istanbul eine eigene Wohnung.

Übungen zu Lektion 28

28.1 Bilden Sie Sätze mit reziproker Verbform.

1. (arabalar / çarpmak) *Arabalar çarpıştı.*
2. (biz / gülmek) ....
3. (siz / bakmak) ....
4. (adamlar / kaçmak) ....
5. (yolcular / itmek) ....
6. (askerler / vurmak) ....

28.2 Setzen Sie das richtige Reziprokpronomen ein. Achten Sie auf die Personalsuffixe.

1. *Birbirlerini* ikna edemediler.	a. birbirinizi	1. *f*
2. .... çok özlüyoruz.	b. birbirlerinden	2. ......
3. .... neler konuştunuz?	c. birbirinizin	3. ......
4. .... hoşlanıyorlar.	d. birbirimizi	4. ......
5. .... üzmeyin!	e. birbirlerine	5. ......
6. .... sözünü dinleyin!	f. ~~birbirlerini~~	6. ......
7. .... çok benziyorlar.	g. birbirinizle	7. ......

28.3 Bilden Sie reflexive Verbformen.

1. (ben / yıkamak) *Yıkanıyorum.* 2. (sen / dayamak) ....
3. (biz / kurulamak) .... 4. (siz / saklamak) ....

28.4 Setzen Sie das richtige Reflexivpronomen ein. Achten Sie auf die Personalsuffixe.

1. *Kendine* dikkat et!	a. kendimizi	1. *e*
2. .... iyi bakmıyorlar.	b. kendimden	2. ......
3. .... yormuyoruz.	c. kendinizi	3. ......
4. .... kötülük etmesin.	d. kendilerine	4. ......
5. .... üzmeyin!	e. ~~kendine~~	5. ......
6. .... çok eminim.	f. kendisine	6. ......
7. .... mesleğini seviyor.	g. kendi	7. ......

28.5 Übersetzen Sie ins Deutsche.

Çocuklar okulun bahçesinde koşuşuyor. Merdivenlerde itişmeyiniz! Biz her cuma günü Selim'de buluşuyoruz. Bu adamlar niçin bağrışıyorlar? Kalabalık panik halinde sağa sola kaçışıyor. Bir kadın dövünüyor. Kedi güneşte yalanıyor. Siz bu yaz iyi dinlendiniz mi? Biraz gezindik ama hiç kimseye görünmedik. Kadın boyanıyor. Hava soğuk, hemen örtün! Esra hiç görünmüyor. O kendi işini kurdu. Babası buna hiç sevinmemiş ve kendisiyle biraz atışmış. Müdür bize kendisiyle ilgili hiç bir şey anlatmadı. Kendini çok beğenmiş. Kendi işimizi kendimiz yaparız. Mesela kendi evimizi kendimiz boyadık. Bu işler kendiliğinden olmaz. Bunu kendisi istedi. Birbirinizi hâlâ eskisi gibi seviyor musunuz? Son zamanlarda birbirimizi hiç anlayamıyoruz. Bu yüzden birbirimize biraz dargınız. Sakın birbirinize kötü davranmayın! Birbirinize karşı şefkatli olun! Birbirimizin peşinden gidelim ve birbirimizi gözden kaybetmeyelim. Her iki gemi birbiriyle irtibat halinde. Birbirimize gidip gelmiyoruz.

28.6 Übersetzen Sie ins Türkische.

Wir achten auf unsere (eigene) Gesundheit. Wäschst du dich heute? Nein, ich werde mich heute ausruhen. Die Kinder verstecken sich hinter dem Baum. Wir ziehen nächste Woche um. Die Fußballer ziehen sich aus. Kennen Sie sich nicht? Sie blicken sich an und lächeln. Sie verstehen sich sehr gut. Was habt ihr euch gekauft? Wir haben uns nichts gekauft. Ihr müsst euch beieinander entschuldigen. Was erwartet ihr voneinander? Die Vögel fliegen herum. Die Parteien haben sich verständigt. Die Mannschaften haben einander nicht besiegen können. Habt ihr euch in der Stadt nicht gesehen? Wir korrespondieren miteinander.

Lektion 29

Das Kausativ und das Faktitiv

A Beispiele

Şef mektupları sekretere yaz**dır**dı.	Der Chef ließ die Briefe von der Sekretärin schreiben.
Arkadaşlar bizi tanış**tır**acak.	Die Freunde werden uns miteinander bekannt machen.
Arkadaşlar tarafından tanış**tır**ıldık.	Wir wurden von Freunden miteinander bekannt gemacht.
Evimizi boya**t**alım mı?	Sollen wir unser Haus streichen lassen?
Film herkesi ağla**t**mış.	Der Film soll alle zum Weinen gebracht haben.
Öğrencinizin başarısı bizi şaşır**t**tı.	Der Erfolg Ihres Schülers hat uns erstaunt.
Doktor hastaya ilaç iç**ir**iyor.	Der Arzt lässt den Kranken Medikamente nehmen.
Bacaklarını aşağıya sarkı**t**ma!	Lass deine Beine nicht nach unten hängen!

B Das Kausativ

Das Kausativ drückt aus, dass ein erstes Agens ein zweites Agens dazu veranlasst, eine Handlung auszuführen. Das ausführende Agens steht im Dativ.

C Das Faktitiv

Faktitiva gelten als Unterklasse der Kausativa und beinhalten ein Bewirken, eine Herbeiführung.

D Bildung

Mit Kausativ- und Faktitivsuffixen werden zugleich aus intransitiven Verben transitive Verben gebildet. Da es viele Ausnahmen gibt, lassen sich für die Kausativ- und Faktitivbildung keine einheitlichen Bildungsregeln aufstellen. Die häufigsten Suffixe sind:

1. **-Dİr**: Es wird an die meisten einsilbigen und an alle mehrsilbigen Stämme angehängt, die konsonantisch auslauten (mehrsilbige Stämme auf **l** und **r** ausgenommen).

   gülmek (*lachen*) → gül**dür**mek
   koymak (*stellen*) → koy**dur**mak
   inanmak (*glauben*) → inan**dır**mak
   yemek (*essen*) → ye**dir**mek

Palyanço çocukları güldürüyor.	Der Clown bringt die Kinder zum Lachen.
Anne çocuğunu yediriyor.	Die Mutter füttert ihr Kind.

2. **-t** tritt an alle mehrsilbigen Verbstämme, die auf einen Vokal oder auf **l** oder **r** enden.

beklemek (*warten*) → bekle**t**mek
okumak (*lesen*) → oku**t**mak
kaldırmak (*aufheben*) → kaldır**t**mak
hatırlamak (*sich erinnern*) → hatırla**t**mak

Beni fazla bekletmeyin!	Lasst mich nicht lange warten!
Yaşlı adam tornuna gazete okutuyor.	Der alte Mann ließ sein Enkelkind die Zeitung lesen.

3. **-İr** wird an eine Reihe einsilbiger, konsonantisch auslautender Verbstämme angehängt.

düşmek (*fallen*) → düş**ür**mek
uçmak (*fliegen*) → uç**ur**mak
bitmek (*enden*) → bit**ir**mek
kaçmak (*fliehen*) → kaç**ır**mak

Gözlüğümü düşürdüm.	Ich habe meine Brille fallen lassen.
Çocuklar uçurtma uçuruyorlar.	Die Kinder lassen Drachen steigen.

4. **-İt** tritt an einige einsilbige Verbstämme, die meist auf **-k** enden.

korkmak (*sich erschrecken*) → kork**ut**mak
akmak (*fließen, rinnen*) → ak**ıt**mak

Beni çok korkuttun.	Du hast mich sehr erschreckt.
Bu fabrika atık sularını denize akıtıyor.	Diese Fabrik lässt ihr Abwasser ins Meer fließen.

5. **-Er** kommt nur bei wenigen Verben vor.

kopmak (*reißen*) → kop**ar**mak
çıkmak (*hinausgehen*) → çık**ar**mak

Lütfen, çiçekleri koparmayınız!	Pflücken Sie bitte keine Blumen!
Neden ceketini çıkarmıyorsun?	Warum ziehst du deine Jacke nicht aus?

E Erhöhung des Bewirkungsgrades

In seltenen Fällen können Kausativ- bzw. Faktitivsuffixe mehrmals hintereinander gestellt werden. Dadurch erhöht sich der Wirkungsgrad um eine weitere Stufe.

geçmek (*hindurchgehen, passieren*)		ölmek (*sterben*)	
geç**ir**mek	geç-**ir**-mek	öl**dür**mek	öl-**dür**-mek
geçir**t**mek	geçir-**t**-mek	öldür**t**mek	öldür-**t**-mek
geçirt**tir**mek	geçirt-**tir**-mek	öldürt**tür**mek	öldürt-**tür**-mek
geçirtir**t**mek	geçirttir-**t**-mek	öldürttür**t**mek	öldürttür-**t**-mek

Yazarı hükümet öldürtürdü.	Die Regierung hat den Autor töten lassen.

Übungen zu Lektion 29

29.1 Bilden Sie Sätze im Kausativ (Präsens, Perfekt und Futur).

1. (Aysel / saç / hangi / kuaför / kesmek)
   Aysel saçını hangi kuaföre kestiriyor / kestirdi / kestirecek?
2. (ben / pantolon / şu / terzi / dikmek)
   ....
3. (müdür / sekreter / telefon etmek)
   ....
4. (biz / araba / köşedeki / tamirci / yapmak)
   ....
5. (siz / büro / kim / temizlemek)
   ....
6. (sen / ayakkabılar / nerede / boyamak)
   ....
7. (onlar / çocuklar / kim / bakmak)
   ....
8. (ben / bu / akşam / ev / pizza / getirmek)
   ....
9. (Tansu / ev ödevi / ablası / yapmak)
   ....
10. (öğrenciler / kira / aile / ödemek)
   ....
11. (ben / portakallar / manav / seçmek)
   ....

29.2 Finden Sie die richtigen Satzkombinationen heraus.

1. Turistler dolar	a. tanıştıracak.	1. *g*
2. Biz tavşanları	b. batırdı.	2. ......
3. Anne çocuğu	c. yaptıracaksın?	3. ......
4. Yeni yöneticiler bankayı	d. terbiye ettiriyoruz.	4. ......
5. Ayşe bizi eşiyle	e. okutacaksınız?	5. ......
6. Çocukları	f. açtırıyor.	6. ......
7. Ev sahibi kapıyı çilingire	g. bozdurdu.	7. ......
8. Biz atımızı seyise	h. yediriyoruz.	8. ......
9. Sen dişlerini hangi dişçide	i. susturacağız?	9. ......
10. Doktoranızı kime	j. yatırıyor.	10. ......
11. Bebeği nasıl	k. ağlatmayınız!	11. ......

29.3 Ergänzen Sie die richtige Form und das passende Verb.

imzalamak – okumak – tutuklamak – temizlemek – ~~yapmak~~ – getirmek – yıkamak

1. Biz *bahçıvana bahçeyi yaptırıyoruz.*
   (bahçıvanı, ~~bahçıvana~~, ~~bahçeyi~~, bahçeye)
2. Şef işçiler................ kontrat.............. ....
   (işçilere, işçilerin, kontrat, kontratı)
3. Öğretmen öğrenciler.............. şiir............. ....
   (öğrencileri, öğrencilere, şiirde, şiir, şiirin)
4. Savcı sanık.............. ....
   (sanığa, sanığı, sanığın, sanıktan)
5. Ev sahibi temizlikçi............. oda ....
   (temizlikçiyi, temizlikçiye, odaya, odayı)
6. Müşteri garson................... demli bir çay...
   (garsonu, garsondan, garsona, çaya, çay, çayı)
7. Sen halıların............... nere............... ....
   (halılarını, halılarına, nereden, nerede, nereyi)

29.4 Übersetzen Sie ins Deutsche.

Biz komşu bahçıvana yazlığımızın bahçesini düzelttiriyor ve ufak tefek tamirat işlerini yaptırıyoruz. Eşim kendi köşesine karanfiller, güller diktiriyor ve yabani otları ayıklatıyor, ben ise havuzu temizletiyorum ve uzayan dalları kestiriyorum. Bunun karşılığında biz de onun küçük kızını okutuyoruz. Yani onun bütün okul masraflarını biz üstlendik. Ayrıca ben onun sağlık kontrolünü de hastanemde bedava yaptırıyor ve ailenin bazı yazı işlerini de hallediyorum.

29.5 Übersetzen Sie ins Türkische.

Hast du dein Diplom in der Türkei übersetzen lassen? Ayşe wird ihren Geburtstagskuchen morgen machen lassen. Ich lasse meinen Anwalt einen Beschwerdebrief schreiben. Ich lasse mir das Paket zuschicken. Der Sänger lässt sich in der Türkei eine Villa bauen.

Lektion 30

Der reale Konditional des Hilfsverbs *sein*

A Beispiele

Yalnız**sa**m müzeye giderim.	Wenn ich allein bin, gehe ich ins Museum.
Yalnız **ise**n bana da gelebilirsin.	Wenn du allein bist, kannst du auch zu mir kommen.
Paran var**sa** kendine bu saati al.	Wenn du Geld hast, kauf dir diese Uhr.
Ali aşçıy**sa** alışverişten anlar.	Wenn Ali Koch ist, kennt er sich mit dem Einkaufen aus.
Aç**sa** hemen yemeğe gidelim.	Wenn er Hunger hat, lasst uns sofort essen gehen.
Yorgun değil**se**niz şimdi çıkalım.	Wenn ihr nicht müde seid, lasst uns gleich gehen.
Hastaydıy**sa**n niye dinlenmedin?	Wenn du krank warst, warum hast du dich nicht ausgeruht?
Kızgındıy**sa**lar niye söylemediler?	Wenn sie verärgert waren, warum haben sie es nicht gesagt?
Eğer okulda değil**se**k eve telefon et.	Wenn wir nicht in der Schule sind, ruf zu Hause an.

B Gebrauch und Bildung

Der reale Bedingungssatz wird verwendet, um reale, mögliche oder wahrscheinliche Situationen oder Bedingungen zu beschreiben. Der reale Konditional des Hilfsverbs *sein* wird durch das Konditionalwort **ise** gebildet, an das sich die Personalsuffixe der zweiten Gruppe anschließen.

üzgün **ise**m	üzgün **ise**k
üzgün **ise**n	üzgün **ise**niz
üzgün **ise**	üzgün **ise**ler

Das Wort **ise** wird heute aber eher als Suffix gebraucht. In diesem Fall unterliegt es der kleinen Vokalharmonie. Nach vokalischem Auslaut verwandelt sich das **i** in **y**, nach konsonantischem Auslaut fällt es weg.

Konsonantenauslaut	Vokalauslaut
üzgün**se**m	akıllı**ysa**m
üzgün**se**n	akıllı**ysa**n
üzgün**se**	akıllı**ysa**
üzgün**se**k	akıllı**ysa**k
üzgün**se**niz	akıllı**ysa**nız
üzgün**se**ler	akıllı**ysa**lar
bzw.	*bzw.*
üzgünler**se**	akıllılar**sa**

C Der reale Konditional im Perfekt

Im Perfekt bieten sich für den realen Konditional des Hilfsverbs *sein* zwei Möglichkeiten an:

1. **-sE** wird der finiten Verbform angeschlossen.

yalnızdım**sa**	yalnızdık**sa**
yalnızdın**sa**	yalnızdınız**sa**
yalnızdı**ysa**	yalnızdılar**sa**
bzw.	yalnızlardı**ysa**

2. **-sE** tritt zwischen das Tempussuffix **-Dİ** und das jeweilige Personalsuffix.

yalnızdı**ysa**m	yalnızdı**ysa**k
yalnızdı**ysa**n	yalnızdı**ysa**nız
yalnızdı**ysa**	yalnızdı**ysa**lar

D Der reale Konditional in der unbestimmten Vergangenheit

Der Konditional des Hilfsverbs *sein* in der unbestimmten Form kommt selten vor. Hier tritt **-sE** zwischen das Tempussuffix **-mİş** und das jeweilige Personalsuffix.

hastaymış**sa**m	hastaymış**sa**k
hastaymış**sa**n	hastaymış**sa**nız
hastaymış**sa**	hastaymış**sa**lar
bzw.	hastaymışlar**sa**
oder	hastalarmış**sa**

E *eğer* und *şayet*

Konditionalsätze können mit **eğer** und **şayet** (*wenn*) verstärkt werden, die gewöhnlich am Satzanfang stehen, aber auch nachgestellt werden können:

Şayet hastaysan bugün okula gitme./Hastaysan **şayet** bugün okula gitme.
(Wenn du krank bist, gehe heute nicht in die Schule.)

Eğer şimdi zamanı yoksa yarın gelsin./Şimdi zamanı yoksa **eğer** yarın gelsin.
(Wenn er jetzt keine Zeit hat, soll er morgen kommen.)

Übungen zu Lektion 30

30.1 Bilden Sie den Konditional (Perfekt; beide Formen).

1. (ben / üzgün) *üzgündümse / üzgündüysem*
2. (sen / mutlu) ....
3. (o / aç) ....
4. (biz / kararlı) ....
5. (siz / memnun) ....
6. (onlar / korkak) ....

30.2 Bilden Sie den Konditional (Präsens).

1. hastayım *hastaysam*	2. evlisin ....
3. doktor değil	4. susuz değiliz ....
5. güçlüsünüz	6. onlar açlar ....

30.3 Finden Sie die richtigen Satzkombinationen heraus.

1. Ev ödevin vardıysa	a. izlemek isteriz.	1. *f*
2. Bugün zamanın yoksa	b. beklememeliydin.	2. ......
3. Eğer hastaysanız	c. niçin telefona çıkmamışlar?	3. ......
4. Toplatıdaysam	d. önce sakinleşmeye çalış.	4. ......
5. Durakta taksi yoksa	e. neden çalışmışlar?	5. ......
6. Paran vardıysa	f. niçin şimdiye kadar yapmadın?	6. ......
7. Evde ekmek varsa	g. tiyatroya yarın gidelim.	7. ......
8. Hastaymışsalar	h. gözlük kullanmalısınız.	8. ......
9. Paran yoktuysa	i. size de uğrarız.	9. ......
10. Bürodaymışsalar	j. hemen doktora görünmelisiniz.	10. ......
11. Bankada kuyruk vardıysa	k. başka almayalım.	11. ......
12. Yorgun değilsek	l. bunları nasıl satın aldın?	12. ......
13. Sınavda heyecanlıysan	m. sekreterime not bırakınız.	13. ......
14. Şayet film güzelse	n. niçin bu saati almadın?	14. ......
15. Gözleriniz bozuksa	o. yürümemiz lazım.	15. ......

30.4 Übersetzen Sie ins Deutsche.

Bugün bürodaysan sana uğrarım. İşin çoksa yardım edeyim. Vaktin varsa birlikte bir şeyler yapalım mı? Annem evdeyse sessiz olmalıyız. Çayınız soğuksa biraz ısıtayım. Uykun varsa otele dönelim. Bitirme notunuz iyiyse mutlaka iş bulursunuz. Tansiyonunuz yüksekse hekiminize kan şekeri ve kolesterolünüzü kontrol ettirin. Sürücü alkollüyse polis ehliyetine el koyar. E-mailiniz spam ile dolduysa şu hususlara dikkat etmelisiniz. Haberiniz vardıysa niye bize söylemediniz? Şu masa boşsa oraya geçelim. Ateşiniz yüksekse ateş düşürücü almalısınız. Eğer bugün şehrimizin sokakları temizse bunu yeni belediye başkanımıza borçluyuz. Şayet evin fiyatı yüksekse düşürmeye çalışmalısın. Hava soğuktuysa niçin dışarıda bekledin? Malınız kaliteliyse hemen satılır. Başağrınız varsa kesinlikle sigara içmeyiniz.

30.5 Übersetzen Sie ins Türkische.

Wenn du müde bist, geh zu Bett. Wenn du Kinder hast, bekommst du selbstverständlich Kindergeld. Wenn du an deinem Arbeitsplatz Probleme hast, warum sagst du es mir nicht? Wenn dein Mann so nett zu dir war, warum hast du ihn verlassen? Wenn er mit seinem Auto nicht zufrieden ist, soll er es sofort dem Händler zurückgeben. Wenn du ein Handy hattest, warum hast du mich nicht im Bus angerufen? Warum haben Sie gearbeitet, wenn Sie doch krank waren? Wenn du gestresst bist, solltest du in die Sauna gehen. Wenn das Wetter schön ist, gehe ich gewöhnlich spazieren. Wenn ich traurig bin, rede ich mit niemandem. Warum seid ihr so lange geblieben, wenn die Party doch so langweilig war? Warum hast du deine Mutter nicht beruhigt, wenn sie doch so verärgert war? Wenn du etwas Glück hast, wirst du an diesem Abend auch den Regisseur kennenlernen.

Lektion 31

Der reale Konditional beim Vollverb

A Beispiele

Sigara iç**iyorsa**n içeri girmeyeyim.	Wenn du jetzt rauchst, möchte ich nicht hereinkommen.
Sigara iç**erse**m balkona çıkarım.	Wenn ich rauche, gehe ich auf den Balkon.
Gid**eceksek** acele etmemiz lazım.	Wenn wir gehen wollen, müssen wir uns beeilen.
Bugün çalış**acaksa** eve geç gelir.	Wenn er heute arbeiten wird, wird er spät nach Hause kommen.
Çalış**mışsa** yorgundur.	Sollte er gearbeitet haben, ist er bestimmt müde.
İşi bitir**diyse**niz eve gidin.	Wenn ihr die Arbeit beendet habt, geht nach Hause.
İşi bitir**di**niz**se** eve gidin.	Wenn ihr die Arbeit beendet habt, geht nach Hause.
Acele et**mez**ler**se** geç kalırlar.	Wenn sie sich nicht beeilen, werden sie sich verspäten.
Acele et**mezse**ler geç kalırlar.	Wenn sie sich nicht beeilen, werden sie sich verspäten.
Uyu**muş olursa**m sessiz olun.	Sollte ich eingeschlafen sein, seid leise.
Uyu**yacak olursa**m üstümü ört.	Sollte ich schlafen, deck mich zu.

B Bildung im Präsens, Aorist, Futur und der unbestimmten Vergangenheit

Der reale Konditional beim Vollverb wird durch Anhängen des Suffixes **-sE** und des jeweiligen Personalsuffixes an die konjugierte Grundform (finites Verb in der 3. Person Singular) gebildet. Die 3. Person Plural hat eine weitere Form, in der **-sE** nachgestellt wird.

Präsens	Aorist		Futur	unbestimmte Vergangenheit
		(Verneinung)		
alıyor**sam**	alır**sam**	(almaz**sam**)	alacak**sam**	almış**sam**
alıyor**san**	alır**san**	(almaz**san**)	alacak**san**	almış**san**
alıyor**sa**	alır**sa**	(almaz**sa**)	alacak**sa**	almış**sa**
alıyor**sak**	alır**sak**	(almaz**sak**)	alacak**sak**	almış**sak**
alıyor**sa**nız	alır**sa**nız	(almaz**sa**nız)	alacak**sa**nız	almış**sa**nız
alıyor**sa**lar	alır**sa**lar	(almaz**sa**lar)	alacak**sa**lar	almış**sa**lar
bzw.				
alıyorlar**sa**	alırlar**sa**	(almazlar**sa**)	alacaklar**sa**	almışlar**sa**

C Die Ausnahme der Bildung im Perfekt

Im Perfekt kann **-sE** bei allen Personen nachgestellt werden. Somit bieten sich zwei Möglichkeiten an:

aldı**ysa**m	aldı**ysa**k	aldım**sa**	aldık**sa**
aldı**ysa**n	aldı**ysa**nız	aldın**sa**	aldınız**sa**
aldı**ysa**	aldı**ysa**lar	aldı**ysa**	aldılar**sa**

D Partizipien und *olmak*

Die Partizipien der unbestimmten Vergangenheit und des Futurs können auch mit dem Aorist von **olmak** im Konditional kombiniert vorkommen. Sie ergeben dann die gleiche Bedeutung wie die unbestimmte Vergangenheit bzw. das Futur im realen Konditional.

gelmiş olursam	gelmiş olursak	gelecek olursam	gelecek olursak
gelmiş olursan	gelmiş olursanız	gelecek olursan	gelecek olursanız
gelmiş olursa	gelmiş olurlarsa	gelecek olursa	gelecek olurlarsa
bzw.	gelmiş olursalar	*bzw.*	gelecek olursalar

E Der reale Konditional bei den erweiterten Tempora

Alle mit **idi** bzw. **imiş** erweiterten (zusammengesetzten) Tempora (siehe Lektion 38) können auch mit **ise** bzw. **-sE** in den Konditional gesetzt werden:

O zamanlar sana kötü davran**mıştıysa** niçin bana söylemedin?
(Wenn er dich damals schlecht behandelt hat, warum hast du mir das nicht gesagt?)

Gel**meyecektiyse**niz önceden söylemeliydiniz.
(Wenn ihr nicht kommen wolltet, hättet ihr es vorher sagen sollen.)

Çocuklar uyu**yorlardıysa** niçin ışığı söndürmedin?
(Wenn die Kinder schliefen, warum hast du das Licht nicht ausgeschaltet?)

Übungen zu Lektion 31

31.1 Bilden Sie Sätze im realen Konditional (Futur, verneint; Nachsatz Präsens).

1. (sen / para / kazanmak / niçin / çalışmak)
   Para kazanmayacaksan niçin çalışıyorsun?
2. (o / bitirmek / neden / üniversite / gitmek)
   ....
3. (siz / kullanmak / niçin / araba / almak)
   ....
4. (onlar / yemek yemek / niçin / lokanta / gitmek)
   ....

31.2 Bilden Sie den realen Konditional (Präsens; bejaht/verneint).

1. (ben / yapmak) *yapıyorsam / yapmıyorsam*
2. (sen / içmek) ....
3. (o / söylemek) ....
4. (biz / demek) ....
5. (siz / yemek) ....
6. (onlar / çalışmak) ....

31.3 Bilden Sie den realen Konditional (Perfekt, beide Formen; Nachsatz Aorist).

1. (ben / söz vermek / söz tutmak)
   Söz verdiysem / verdimse sözümü tutarım.
2. (sen / mektup / bugün / göndermek / yarın / biz / ulaşmak)
   ....
3. (o / ev / varmak / sen / bize / bildirmek)
   ....
4. (biz / davet etmek / o / tabii ki / gelmek)
   ....
5. (siz / belge / imzalamak / ben / göndermek)
   ....
6. (çocuklar / yemek yemek / dışarı / çıkmak)
   ....

31.4 Bilden Sie Sätze im realen Konditional (Aorist; Nachsatz Aorist).

1. (ben / Türkiye / gitmek / anne / kalmak)
   Türkiye'ye gidersem annemde kalırım.
2. (sen / gelmek / ben / sen / istasyon / almak)
   ....
3. (o / iş / bitirmek / ev / gitmek)
   ....
4. (biz / çalışmak / haber vermek)
   ....
5. (siz / bu / kaset / dinlemek / beğenmek)
   ....
6. (onlar / evlenmek / mutlu / olmak)
   ....

31.5 Finden Sie die richtigen Satzkombinationen heraus.

1. Fransızca öğrenirsem	a. niçin ayrılıyorsunuz?	1. *f*
2. Eğer gelirsek	b. yollar mutlaka kapalıdır.	2. ......
3. Ufuk'u görürseniz	c. şimdiden bilet almalısınız.	3. ......
4. Bu arabayı beğeniyorsan	d. sıkı giyinmen lazım.	4. ......
5. Yağmur yağmazsa	e. kütüphaneye geri ver.	5. ......
6. Eşinizi seviyorsanız	f. Paris'e giderim.	6. ......
7. Bahçede sigara içeceksek	g. davete mutlaka gitmeli.	7. ......
8. Konsere gidecekseniz	h. bir an önce dilini öğrenmelisin.	8. ......
9. Dışarıda çok bekleyeceksen	i. hemen al.	9. ......
10. Kar yağmışsa	j. selam söyleyin.	10. ......
11. Söz vermişse	k. yağmurun dinmesini beklemeliyiz.	11. ......
12. Kitabı okuduysan	l. yüzmeye gidelim mi?	12. ......
13. Bu ülkede yaşayacaksan	m. önceden haber veririz.	13. ......

31.6 Übersetzen Sie ins Deutsche.

Almanca bilmiyorsa nasıl anlaşacağız? Odanızı beğenmediyseniz paranızı geri isteyiniz. Rehber gelmediyse niçin şoförle şehre dönmediniz? Müracaatınız kabul edilirse bir hafta içinde mektupla bilgilendirileceksiniz. Şayet sınavı kazanmışsa kendisine iyi bir hediye alalım. Anneme gidecek olursam sana da haber vereyim mi? Uyuyorsa uyandırmayalım. İstemiyorsan gitme. Doktor olmak istiyorsan tıp fakültesini kazanmalısın. Evi kiralayacaksak kararımızı akşama kadar ev sahibine bildirmemiz gerekiyor. Bu sınavda başarılı olursam annem çok sevinecek.

Lektion 32

Der potentiale Konditional und der irreale Konditional

A Beispiele

Çalış**sa**m sınavı kazanırım.	Wenn ich lernen würde, würde ich die Prüfung bestehen.
Çalış**saydı**m sınavı kazanırdım.	Wenn ich gelernt hätte, hätte ich die Prüfung bestanden.
Param ol**sa** Paris'te yaşarım.	Wenn ich Geld hätte, würde ich in Paris leben.
Param ol**saydı** Paris'te yaşardım.	Wenn ich Geld gehabt hätte, hätte ich in Paris gelebt.
Param ol**saydı** Paris'te yaşardım.	Wenn ich Geld hätte, würde ich in Paris leben.
Param **olmuş olsaydı** Paris'te yaşardım.	Wenn ich Geld gehabt hätte, hätte ich in Paris gelebt
Bugün bana gel**se**n iyi olur.	Es wäre gut, wenn du heute zu mir kommen würdest.

B Der potentiale Konditional

Der Potentialis bezeichnet eine Handlung als möglich/hypothetisch und enthält keine Zeitstufen. Er wird gebildet, indem **-sE** direkt an den Verbstamm angehängt wird. Darauf folgen die Personalsuffixe. Im Deutschen wird er meistens mit dem Konjunktiv wiedergegeben.

gör**se**m	gör**se**k	oku**sa**m	oku**sa**k
gör**se**n	gör**se**niz	oku**sa**n	oku**sa**nız
gör**se**	gör**se**ler	oku**sa**	oku**sa**lar

C Die Vergangenheit und das Futur des potentialen Konditional

Der potentiale Konditional kann mithilfe der Partizipien der unbestimmten Vergangenheit bzw. des Futurs, die vor die Konditionalform des Hilfsverbs **olmak** gestellt werden, in die Vergangenheit bzw. das Futur verlagert werden.

Vergangenheit des potentialen Konditionals:

okumuş olsam	okumuş olsak
okumuş olsan	okumuş olsanız
okumuş olsa	okumuş olsalar

Futur des potentialen Konditionals:

okuyacak olsam	okuyacak olsak
okuyacak olsan	okuyacak olsanız
okuyacak olsa	okuyacak olsalar

D Der irreale Konditional

Mit dem irrealen Konditional werden imaginäre, unmögliche oder unwahrscheinliche Situationen beschreiben. Er wird gebildet, indem **idi** (heute eher **-Dİ**) und die Personalsuffixe an die Grundform des potentialen Konditionals angefügt werden. Im Deutschen wird er mit dem Konjunktiv übersetzt. Die Zeitstufe (Präsens oder Perfekt) entnimmt man dem Kontext.

yapsa**ydı**m	yapsa**ydı**k
yapsa**ydı**n	yapsa**ydı**nız
yapsa**ydı**	yapsa**ydı**lar
bzw.	yapsalar**dı**

E Der irreale Konditional der Vergangenheit und des Futurs

Der irreale Konditional der Vergangenheit und des Futurs wird mit dem Partizip der unbestimmten Vergangenheit bzw. des Futurs und der irrealen Konditionalform des Hilfsverbs **olmak** gebildet.

yapmış olsaydım	yapmış olsaydık	yapacak olsaydım	yapacak olsaydık
yapmış olsaydın	yapmış olsaydınız	yapacak olsaydın	yapacak olsaydınız
yapmış olsaydı	yapmış olsaydılar	yapacak olsaydı	yapacak olsaydılar
bzw.	yapmış olsalardı	*bzw.*	yapacak olsalardı

F *de, da* und *bile*

Mit **de** bzw. **da** oder **bile** kombiniert entstehen *konzessive* Bedeutungen.

Parası var**sa da** mutlu değil.	Auch wenn er Geld hat, ist er nicht glücklich.
Param olma**sa da** mutluyum.	Auch wenn ich kein Geld habe, bin ich glücklich.
Hasta ol**san bile** işe gitmen lazım.	Auch wenn du krank bist, musst du zur Arbeit gehen.

Übungen zu Lektion 32

32.1 Finden Sie die richtigen Satzkombinationen heraus.

1. Vaktim olsaydı	a. güneşin doğuşunu izlemiş olurduk.	1. *j*
2. Yatım olmasaydı	b. İngilizceniz bayağı gelişir.	2. .....
3. Sana şiir okusam	c. size bir kaç önemli adres verirdim.	3. .....
4. Bu filmi görmüş olsaydık	d. şimdi bu kaza olmazdı.	4. .....
5. Türkiye'ye gidecek olsaydınız	e. dinler misin?	5. .....
6. Sen arabayı kullansaydın	f. mutlaka hatırlardık.	6. .....
7. Beni anlamış olsaydın	g. hiç bir ağrısı kalmaz.	7. .....
8. İngiltere'ye gitseniz	h. bu güzel deniz turunu yapamazdım.	8. .....
9. Düzenli spor yapsa	i. böyle konuşmazdın.	9. .....
10. Erken kalksaydık	j. ben de seninle tatil yapardım.	10. .....

32.2 Wandeln Sie die Sätze nach dem Muster in den potentialen und irrealen Konditional um und ergänzen Sie sie mit dem passenden Verb.

işi bırakırım / bırakırdım – İstanbul'da yaşarsınız / yaşardınız – arabayı satar / satardı – ~~ev alırım / alırdım~~ – taşınmayız / taşınmazdık – spora giderler mi / giderler miydi – işe yürür müsün / yürür müydün

1. Çok para kazanmıyorum.

   Çok para kazansam ev alırım. / Çok para kazansaydım ev alırdım.

2. Araban var.

   ....

3. Okula arabayla gidiyor.

   ....

4. Şefimle sorunum yok.

   ....

5. Evimizden memnun değiliz.

   ....

6. Türkçe bilmiyorsunuz.

   ....

7. Hastalar.

   ....

32.3 Ergänzen Sie die passenden Verbformen.

1. İlaçlarını *almış olsaydın* şimdi hastalanmazdın.
   (~~almış olsaydın~~ / almasan / alacak olsaydın)
2. Ayşe'yle .... ondan çok şey öğrenirsin.
   (çalışsaydın, çalışsan, çalışmış olsaydın)
3. Sigara .... şimdi öksürürdü.
   (içse, içmese, içmiş olsaydı)
4. Kar .... kayak yapamazdık.
   (yağmasaydı, yağmasa, yağsa)
5. Bu hafta paramız....................................... kredi çekebiliriz.
   (gelmiş olacaksa, gelmese, gelseydi)
6. Okulu .... bu kötü işte çalışmazdım.
   (bitirseydim, bitirsem, bitirecek olsaydım)

32.4 Bilden Sie Fragesätze im potentialen Konditional.

1. (ben / Türkiye / gitmek / sen / ben / özlemek)
   Türkiye'ye gitsem beni özler misin?
2. (sen / hastalanmak / işe / gitmek)
   ....
3. (o / dansa kaldırmak / sen / kabul etmek)
   ....
4. (biz / rica etmek / siz / bir / şarkı söylemek)
   ....
5. (siz / çok / para / kazanmak / ne / yapmak)
   ....
6. (onlar / evlenmek / mutlu / olmak)
   ....

32.5 Übersetzen Sie ins Deutsche.

Treni gecikse bize bildirir mi? Teklif etsem benimle dünya turuna çıkar mısın? Babanın sözünü dinleseydin şimdi bu hatayı yapmazdın. Annem karşı çıkmasa Almanya'ya giderim. Kahveyi bugün sen yapsan nasıl olur? Ahmet'e telefon etsek gelir mi acaba? Sigara içmesen iyi olur. Bu gece bizde kalsanız çok seviniriz. Bazen yaşlı komşunuza yardım etseniz iyi olur. Okula gitmesen bütün bunları öğrenemezsin. Çalışsa da para biriktiremiyor. Erken uyusaydın şimdi böyle yorgun olmazdın. Dün arasaydı son durumu kendisine anlatırdım.

Lektion 33

Die Möglichkeits- und Unmöglichkeitsform

A Beispiele

Hanna artık güzel oku**yabil**iyor.	Hanna kann schon gut lesen.
Selim henüz oku**ya**mıyor.	Selim kann noch nicht lesen.
Çalışırsanız sınavı kazan**abil**irsiniz.	Wenn ihr lernt, könnt ihr die Prüfung bestehen.
Çalışmazsanız kazan**a**mazsınız.	Wenn ihr nicht lernt, könnt ihr nicht bestehen.
Nihayet Ayşe'yi güldür**ebil**dim.	Endlich habe ich Ayşe zum Lachen bringen können.
Maalesef Tülay'ı gör**e**medim.	Ich habe Tülay leider nicht sehen können.
Ali dün annesine ulaş**abil**miş.	Ali hat gestern seine Mutter erreichen können.
Fakat hediyeyi ver**e**memiş.	Aber er hat das Geschenk nicht überreichen können.
Bugün müdürle konuş**abil**ecek misin?	Wirst du heute den Direktor sprechen können?
Necdet **yüzmeyi bilmiyor**.	Necdet kann nicht schwimmen.

B Möglichkeitsform

Die Möglichkeitsform wird gebildet, indem das Hilfsverb **bilmek** dem mit **-(y)E** erweiterten Verbstamm angeschlossen wird.

yüz**ebilmek**	(*schwimmen können*)	yürü**yebilmek**	(*laufen können*)
konuş**abilmek**	(*sprechen können*)	oku**yabilmek**	(*lesen können*)

Es handelt sich um ein zusammengesetztes Verb, das sich regelmäßig konjugieren lässt und in allen Tempora verwendet werden kann. Dabei kommt der Aorist am häufigsten vor.

Yüzebiliyorum.	Ich kann schwimmen.
Yüzebilirim.	Ich kann schwimmen.
Yüzebildim.	Ich habe schwimmen können.
Yüzebilmişim.	Ich habe schwimmen können.
Yüzebileceğim.	Ich werde schwimmen können.

C Unmöglichkeitsform

In der Unmöglichkeitsform bleibt das **-(y)E** vor dem Verneinungssuffix übrig, während **bilmek** wegfällt.

yüz**e**memek (*nicht schwimmen können*)	yürü**ye**memek (*nicht laufen können*)
konuş**a**mamak (*nicht sprechen können*)	oku**ya**mamak (*nicht lesen können*)

Auch bei der Unmöglichkeitsform wird regulär konjugiert.

Yüzemiyorum.	Ich kann nicht schwimmen.
Yüzemem.	Ich kann nicht schwimmen.
Yüzemedim.	Ich habe nicht schwimmen können.
Yüzememişim.	Ich habe wohl nicht schwimmen können.
Yüzemeyeceğim.	Ich werde nicht schwimmen können.

D Verneinung des erweiterten Verbstamms

Wenn nicht **bilmek,** sondern der erweiterte Verbstamm verneint wird, dann entstehen folgende Bedeutungen:

Ahmet bu kitabı okuyamaz.	Ahmet kann dieses Buch nicht lesen.
Ahmet bu kitabı oku**ma**yabilir.	Es kann sein, dass Ahmet dieses Buch nicht liest./ Ahmet braucht dieses Buch nicht zu lesen.
Ahmet bu kitabı oku**yama**yabilir.	Es kann sein, dass Ahmet dieses Buch nicht lesen kann.

E Grundsätzliches Können

Beim grundsätzlichen Können bzw. Können als Fähigkeit wird **bilmek** getrennt geschrieben und das Objekt ist meistens ein Kurzinfinitiv.

Yemek **yapma**yı **bilmiyor**um.	Ich kann nicht kochen. (*Ich habe es nicht gelernt.*)
Sibel araba **kullanma**yı **biliyor** mu?	Kann Sibel Auto fahren? (*Hat sie es gelernt?*)

Übungen zu Lektion 33

33.1 Wandeln Sie in die Möglichkeits- bzw. Unmöglichkeitsform um. Achten Sie auf die Tempora.

1. Karşıdaki binayı görüyor musun?	1. *Karşıdaki binayı görebiliyor musun?*
2. Yarın sana gelirim.	2. ....
3. Bu akşamki maçı izlemeyeceğiz.	3. ....
4. Bana bir bardak verir misin?	4. ....
5. Ali dünkü yemeğe gitmemiş.	5. ....
6. Bulmacayı nihayet çözdük.	6. ....
7. İşe gitmediler.	7. ....

33.2 Bilden Sie Möglichkeits- und Unmöglichkeitsformen in allen einfachen Tempora.

1a. (ben / almak) *alabilirim / alabiliyorum / alabildim / alabilmişim / alabileceğim.*

1b. (ben / almamak) *alamam / alamıyorum / alamadım / alamamışım / alamayacağım.*

2a. (sen / okumak) ....

....

2b. (sen / okumamak) ....

....

3a. (o / görmek) ....

....

3b. (o / görmemek) ....

....

4a. (biz / yürümek) ....

....

4b. (biz / yürümemek) ....

....

5a. (siz / beklemek) ....

....

5b. (siz / beklememek) ....

....

6a. (onlar / satmak) ....

....

6b. (onlar / satmamak) ....

....

33.3 Antworten Sie auf die Fragen (bejaht und verneint).

1. Eski yazıyı okuyabiliyor mu?
   Evet, okuyabiliyor / Hayır, okuyamıyor.
2. Öğleden sonra büroma uğrayabilir misiniz?
   ....
3. Bu metni anlayabildiler mi?
   ....
4. Buradan telefon edebilir miyim?
   ....
5. Ayşe güzel piyano çalabilmiş mi?
   ....
6. Burada bekleyebilir miyiz?
   ....

33.4 Finden Sie die richtigen Satzkombinationen heraus.

1. Size bir şey	a. duyamıyoruz.	1. *e*
2. Bana yardım	b. bilmiyor musunuz?	2. .....
3. Gözlüksüz	c. içebilir miyim?	3. .....
4. Dans etmeyi	d. olamaz mısınız?	4. .....
5. Bu yıl tatile	e. sorabilir miyim?	5. .....
6. Burada sigara	f. görüşebilecek misin?	6. .....
7. Biraz sessiz	g. edebilir misiniz?	7. .....
8. Sizi	h. gidebilecek misin?	8. .....
9. Türkiye'de dedenle	i. hiç bir şey göremiyorum.	9. .....

33.5 Übersetzen Sie ins Deutsche.

Gece araba kullanabiliyor musun? Ben araba kullanmayı bilmiyorum. Umarım kaptan yüzmeyi biliyor. Siz saatte kaç metre yüzebiliyorsunuz? Annem bugün gelemiyor. Annem bugün gelemeyebilir. Bize iki çay getirebilir misiniz? Nasıl bu kadar erken kalkabiliyorsun? Bu kış hiç kar yağmayabilir. Dün gece hiç uyuyamamışsınız. Rusça biliyor musun?

Lektion 34

Die Partizipien

A Beispiele

Dün yazıl**an** mektuplar burada.	Die Briefe, die gestern geschrieben wurden, sind hier.
Şefle konuş**an** kadın sekreter mi?	Ist die Frau, die mit dem Chef spricht, Sekretärin?
İlk gel**en** taksiye bineceğim.	Ich werde das erste Taxi nehmen, das kommt.
Şurada otur**an**ın kızı öğrencim.	Die Tochter dessen, der dort sitzt, ist meine Schülerin.
İmzalan**mış** makbuzlar nerede?	Wo sind die Rechnungen, die unterschrieben worden sind?
Bit**miş olan** evraklar bunlar mı?	Sind das die Akten, die abgeschlossen worden sind?
Hayır, bit**miş olan**ları gönderdim.	Nein, ich habe die abgeschlossenen verschickt.
Ali'ye veril**ecek** kitabı arıyorum.	Ich suche das Buch, das Ali gegeben werden soll.
Gel**ecek olan** misafir önemli bir kişi.	Der Gast, der kommen wird, ist eine wichtige Person.
Okun**acak** kitapları ayırdım.	Ich habe die Bücher, die gelesen werden, beiseite gelegt.
Okunma**yaca**kları hediye et!	Verschenke diejenigen, die nicht gelesen werden.

B Gebrauch

Die Partizipien sind Verbalnomina, die als solche dekliniert werden können. Sie können auch als Adjektiv unverändert vor dem Substantiv stehen. Die Partizipien werden meistens anhand von Relativsätzen ins Deutsche übertragen. Die wichtigsten Partizipialsuffixe, die sowohl an bejahte wie verneinte Verbstämme angehängt werden können, sind folgende:

C Das Partizip auf *-(y)En*

Das durch Hinzufügen von **-(y)En** an den Verbstamm gebildete Partizip ist zeitlich indifferent: Es kann für Handlungen in der Gegenwart, Vergangenheit und unmittelbaren Zukunft stehen. Bei der Übersetzung ins Deutsche entscheidet der Kontext über die Zeitstufe.

Piyano çal**an** kızı tanıyor musun?	Kennst du das Mädchen, das Klavier spielt.
Evet, dün bize gel**en** kadının kızı.	Ja, sie ist die Tochter der Frau, die gestern zu uns kam.

D Das Partizip der unbestimmten Vergangenheit auf *-mİş*

Mit diesem Partizip wird die Handlung mit der Vergangenheit verknüpft und es kommt häufiger bei passiven Verbstämmen vor. Es entspricht meist dem deutschen Zustandspassiv und stimmt mit der 3. Person Singular der unbestimmten Vergangenheit überein.

Pişme**miş** yumurta sever misin?	Magst du ungekochte Eier?
Kırıl**mış** camları yenilemelisiniz.	Sie müssen die zerbrochenen Fensterscheiben erneuern.

E Das Partizip des Futurs auf *-(y)EcEk*

Das Partizip Futur stimmt mit der 3. Person Singular des Futurs überein.

Gel**ecek** öğrenciler kaç kişi?	Wie viele Schüler sind es, die kommen werden?
İstanbul'a uç**acak** yolcular nerede?	Wo sind die Passagiere, die nach Istanbul fliegen werden?

F Erweiterung der Partizipien durch *olmak*

Die Partizipien der unbestimmten Vergangenheit und des Futurs können durch das Partizip auf **-(y)En** des Hilfsverbs **olmak** bestimmt bzw. betont werden.

Satılmış **olan** ev bu mu?	Ist das das Haus, das verkauft wurde?
Kalkacak **olan** otobüste boş yer var mı?	Gibt es freie Plätze in dem Bus, der abfahren wird?

G Die Partizipien von *var* und *yok*

Die Partizipien von **var** und **yok** werden mit dem Hilfsverb **olmak** gebildet.

Kitabı **olmayan** öğrenciler nerede?	Wo sind die Schüler, die kein Buch haben?
Arabası **olanlar** kayıt yaptırsınlar.	Diejenigen, die ein Auto haben, sollen es anmelden.

Übungen zu Lektion 34

34.1 Ergänzen Sie die Sätze mit dem Partizip auf *-(y)En*.

1. Geçen hafta *vefat eden bey* şefimizdi. (~~vefat etmek / bey~~)
2. Karşıda .... görüyor musun? (gülmek / kadın)
3. Sokakta .... para vereceğim. (dilenmek / çocuk)
4. Sana kötü not .... şikâyet edecek misin? (vermek / öğretmen)
5. İstanbul'a .... çocukları var mı? (taşınmak / doktor)
6. Köyde .... ziyarete geldiler. (yaşamak / akrabalar)
7. Ormanda .... biraz sohbet ettim. (çalışmak / işçiler)
8. Sana çiçek................................ niçin evlenmiyorsun? (vermek / adam)
9. Bu saatte dışarıda .... çok kızıyorum. (oynamak / çocuk)
10. Tatilimizi Van'da .... geçireceğiz. (oturmak / arkadaş)

34.2 Finden Sie die richtigen Satzkombinationen heraus.

1. Toplantıda büyük şehirlerde	a. meme vermezler."	1. *h*
2. Türkiye'de askerlik	b. kazananlar mülakata tabi tutulacaklar.	2. .....
3. Üniversiteye	c. onaranlar mühendis mi?	3. .....
4. Yazılı sınavı	d. yapmayanlara pasaport veriliyor mu?	4. .....
5. Ebeveyni	e. çok yanılır."	5. .....
6. „Ağlamayana	f. kazanır."	6. .....
7. Bu köprüyü	g. giremeyenlere meslekî eğitim veriliyor.	7. .....
8. „Çalışan	h. yaşayanların sorunları tartışılıyor.	8. .....
9. „Çok bilen	i. olmayanlara öksüz denir.	9. .....

34.3 Verbinden Sie die Sätze mit einem Partizip (zwei Möglichkeiten).

1. Komşumuzun eşi hasta. Komşumuz doktor.
   Doktor olan komşumuzun eşi hasta / Eşi hasta olan komşumuz doktor.
2. Evimizin balkonu var. Evimiz yeni yapıldı.
   ....
3. Arkadaşımın parası yok. Arkadaşım çalışmıyor.
   ....
4. Kızlar güzel dans ediyor. Kızların spor notları çok iyi.
   ....
5. Yazar kitaplarını imzalıyor. Yazar ödül aldı.
   ....
6. Tren saat altıda istasyona varacak. Tren Bern'den geliyor.
   ....
7. Kitap fuarı bir hafta sürecek. Kitap fuarı yarın açılacak.
   ....
8. Öğrenciler dışarıda bekliyor. Öğrenciler kayıt yaptıracak.
   ....

34.4 Übersetzen Sie ins Deutsche.

Dün çığ düşmesi nedeniyle on iki saat trafiğe kapanan yol bugün yeniden açıldı. Firmamıza iş başvurusunda bulunan kızın babası geçen hafta feci bir trafik kazasında hayatını kaybetmiş. Üç günden beri süren satranç turnuvası cuma günü sona eriyor. Gelecek ay başlayacak olan kurslarımıza ilişkin bilgiler aşağıdaki adres ve telefondan temin edilebilir. Kendisine bir çocuğun eğitim ve bakımı verilmiş olan kadına ne ad verilir? Otuz yıl sürmüş olan savaşlara Otuzyıl Savaşları denir. „En güzel deniz henüz gidilmemiş olanıdır." (N. Hikmet)

34.5 Übersetzen Sie ins Türkische.

Wie heißt der Mann, der dich gestern begleitete? Der Kurs, der nächstes Semester beginnen wird, ist für Sie nicht geeignet. Ich habe den Text einem Kollegen, der gut Arabisch kann, weitergeleitet. Diejenigen, die den Kurs fortsetzen wollen, mögen sich in die Liste eintragen. Der Direktor, der seit fünfundzwanzig Jahren die Schule leitet, geht nächstes Jahr in Pension.

Lektion 35

Die Verbalnomina auf *-Dİk* und *-(y)EcEk* (1)

A Beispiele

Ali çalışma**dığı**nı söyledi.	Ali sagte, dass er nicht gearbeitet hat.
Ali, Sevim'in çalışma**dığı**nı söyledi.	Ali sagte, dass Sevim nicht gearbeitet hat.
Ali, Sevim'e çalışmay**acağı**nı söyledi.	Ali sagte Sevim, dass er nicht arbeiten wird.
Ali dön**eceği**ne seviniyor.	Ali freut sich, dass er zurückkehren wird.
Ali, Ayşe'nin dön**eceği**ne seviniyor.	Ali freut sich, dass Ayşe zurückkehren wird.
Onu tanı**dığım**ı söylemedin mi?	Hast du ihm nicht gesagt, dass ich ihn kenne?
Benim onu tanı**dığı**mı söylemedin mi?	Hast du ihm nicht gesagt, dass ich ihn kenne?
Onun beni tanı**dığı**nı söylemedin mi?	Hast du nicht gesagt, dass er mich kennt?
Erken git**tiği için** yemek yiyemedi.	Da er früher ging, konnte er nicht essen.
Göster**eceğim gibi** yapmalısın.	Du sollst es so machen, wie ich es dir zeigen werde.
Bil**diğin kadar** anlat!	Erzähle soviel, wie du weißt.

B Bildung und Gebrauch

Das präsentisch-perfektische Verbalnomen wird gebildet, indem das Suffix **-Dİk** an den Verbstamm angehängt wird. Darüber, ob das Verbalnomen im Satz eine präsentische oder perfektische Bedeutung hat, entscheidet der Kontext. Das futurische Verbalnomen wird mit dem Futursuffix **-(y)EcEk** gebildet und bezeichnet eine Handlung, die eintreten wird oder soll. Die Verbalnomina werden mit Neben- oder Relativsätzen ins Deutsche übersetzt. Beide Verbalnomina kommen fast immer mit Possessivsuffix vor, das auf das Subjekt der Nebenhandlung hinweist.

	-Dİk	**-(y)EcEk**
1. P. Sg.	okuduğum	okuyacağım
2. P. Sg.	okuduğun	okuyacağın
3. P. Sg.	okuduğu	okuyacağı
1. P. Pl.	okuduğumuz	okuyacağımız
2. P. Pl.	okuduğunuz	okuyacağınız
3. P. Pl.	okudukları	okuyacakları

C Verbalnomina als Substantiv

Die Verbalnomina können sowohl substantivisch als auch adjektivisch gebraucht werden. Substantivisch gebraucht können die Verbalnomina in jedem Kasus stehen.

	1. Person Singular	
Nominativ	okuduğum	okuyacağım
Lokativ	okuduğum**da**	okuyacağım**da**
Ablativ	okuduğum**dan**	okuyacağım**dan**
Dativ	okuduğum**a**	okuyacağım**a**
Akkusativ	okuduğum**u**	okuyacağım**ı**
Genitiv	okuduğum**un**	okuyacağım**ın**

Wenn die Subjekte beider Handlungen unterschiedlich sind, werden die Verbalnomina mit einem Substantiv bzw. Personalpronomen ergänzt, um das Subjekt der Nebenhandlung anzuzeigen. Dieses steht meist im Genitiv.

Oktay Türkiye'ye gideceğini şefe bildirdi.
(Oktay hat dem Chef mitgeteilt, dass er in die Türkei fahren wird.)
Oktay **Sultan'ın** Türkiye'ye gideceğini şefe bildirdi.
(Oktay hat dem Chef mitgeteilt, dass **Sultan** in die Türkei fahren wird.)

D Die Verbalnomina in Verbindung mit Postpositionen

Die Verbalnomina können mit einigen bestimmten Postpositionen verbunden werden. Sie erhalten dann den Kasus, den die Postposition erfordert.

için (*weil*)

Çalış**tığı**m **için** alışveriş yapamadım.
(Da ich gearbeitet habe, konnte ich nicht einkaufen.)

Gele**ceği**miz **için** telefon etmedik.
(Da wir kommen wollten, haben wir nicht angerufen.)

kadar (*soviel*)

İste**diği**m **kadar** çalışıyorum.
(Ich arbeite soviel, wie ich möchte.)

İç**eceği**miz **kadar** su alıyorum.
(Ich nehme soviel Wasser mit, wie wir trinken werden.)

gibi (*wie, sowie, sobald*)

Öğre**ttiği**n **gibi** yapıyorum.
(Ich mache es so, wie du es mir beigebracht hast.)

Göster**eceği**miz **gibi** boyasın.
(Er soll so streichen, wie wir es ihm zeigen werden.)

göre (*dass, da, weil*)

Almanca bil**diğine göre** Kant'ı okuyabilirsin.
(Da du Deutsch kannst, kannst du Kant lesen.)

Übungen zu Lektion 35

35.1 Verbinden Sie die Sätze mit den Verbalnomina auf *-Dİk* bzw. *-(y)EcEk*.

1. Ali sınavı kazanamadı. Ali söylüyor.
   Ali sınavı kazanamadığını söylüyor.
2. Ali sınavı kazanamadı. Annesi söylüyor.
   ....
3. Nil bu hafta çok çalışacak. Nil öyle sanıyor.
   ....
4. Ayşe eve dönmüş. Ali görmüş.
   ....
5. Yarın tiyatroya gideceğiz. Anneme söyledik.
   ....
6. Sevim sigara içiyor. Babası biliyor.
   ....
7. Şoföre kızmışsın. Aysel buna tanık olmuş.
   ....
8. Bora bu gece çalışacak. Eşi tahmin ediyor.
   ....
9. Sanık olayı anlatıyor. Polis inanmıyor.
   ....
10. Hastalandık. Selma duymuş.
    ....
11. İstasyonda bekleyeceksiniz. Babamın haberi var.
    ....
12. Yüzme bilmiyorum. Nedim bunu biliyor mu?
    ....
13. Yüzme bilmiyorum. Ayşe bunu Nedim'e söyledi.
    ....
14. Dün sinemaya gittiniz. Neşe'ye bildirdik.
    ....
15. Onlar Nil'e selam vermemiş. Nil iddia ediyor.
    ....
16. Ayşe'yle barışmışsın. Ali bunu bana anlattı.
    ....
17. Nermin şefle tartışmış. Oktay sekretere söylemiş.
    ....
18. Şefle tartışmışsın. Cemil sekretere söylemiş.
    ....

35.2 Bilden Sie Sätze mit den Verbalnomina auf *-Dİk* bzw. *-(y)EcEk* nach dem vorgegebenen Muster.

1. (Ali / kız / hasta / sen / duymamak / mİ)
   Ali'nin kızının hasta olduğunu duymadın mı?
2. (Yasemin / araba / yok / Ayşe / söylemek)
   ....
3. (şef / evli / değil / Aylin / bilmek)
   ....
4. (o / yeni / bir / kız / arkadaş / var / Ali / tahmin etmek)
   ....
5. (Necdet / yarın / ev / olacak / eş / söylemek)
   ....
6. (Aslı / baba / çok / zengin / ben / inanmamak)
   ....
7. (siz / dün / üzgün / olmak / Nermin / hissetmiş)
   ....

35.3 Ergänzen Sie die passende Form.

1. Yarın maça *gideceğinizi* Ali söyledi.
   (gittiğinizi, ~~gideceğinizi~~, gitmenizi)
2. Dün kaza .... gazetede okuduk.
   (geçireceğinizi, geçirmenizi, geçirdiğinizi)
3. Anneme uslu .... söz verdik.
   (durduğumuzu, duracağımızı, duracağımıza)
4. Balayılarını nasıl .... merak ediyorum.
   (geçirecekler, geçireceklerine, geçireceklerini)
5. Aylin İtalyanca .... söylüyor.
   (bileceğini, bildiği, bildiğini)
6. Bundan sonra sigara .... söylemişsiniz.
   (içmeyeceğinizi, içmediğinizi, içmemenizi)

35.4 Übersetzen Sie ins Deutsche.

Necdet mühendislik okuduğu için teknik ayrıntılardan iyi anlar. Bir hata yapacağımdan korkuyorum. Orhan eve gitmeyeceğine göre bizimle sinemaya gelebilir. Ben Almanya'da çalıştığım kadar Türkiye'de çalışmadım. Onunla bir daha karşılaşmayacağım için sevinçliyim. Bu saate kadar gelmediklerine göre mutlaka bir sorun çıkmıştır. Onun bu sınavı kazanacağını tahmin ediyorum. Telefonla görüştüğün müşteri bugün gelmeyeceğine göre tercüman eve gidebilir. Duyduğuma göre Sevgi'nin iş yerinde sekreter aranıyormuş. Anladığım kadar/kadarıyla bu iş daha çok uzun sürecek. Ali, Selim'in yarınki toplantıya katılamayacağını telefonla Tülin'e bildirdiğini söyledi. Sekreter ise Ali'nin mi Selim'in mi bildirdiğini anlamadığını söylüyor.

Lektion 36

Die Verbalnomina auf *-Dİk* und *-(y)EcEk* (2)

A Beispiele

Evlen**diğinden beri** bu evde yaşıyor.	Seit er geheiratet hat, lebt er in dieser Wohnung.
Evlen**dikten sonra** taşındılar.	Nachdem sie geheiratet haben, sind sie umgezogen.
Dinlediğin şarkı kimin?	Von wem ist das Lied, das du gerade hörst/gehört hast?
Konuştuğunuz adam İngiliz mi?	Ist der Mann, mit dem Sie reden/redeten, Engländer?
Okuduğun kitabın yazarının adı ne?	Wie heißt der Autor des Buches, das du liest/gelesen hast?
Eve **geldiğinde** oldukça yorgundu.	Als er nach Hause kam, war er recht müde.

B *sonra* und *beri*

Die Postpositionen **sonra** und **beri** können nur mit dem Verbalnomen auf **-Dİk** (nicht mit dem auf **-(y)EcEk**) gebraucht werden. Beide Postpositionen verlangen den Ablativ. Das Subjekt des Nebensatzes wird bei **beri** durch Hinzufügen eines Possessivsuffixes an das Verbalnomen kenntlich gemacht. Da **sonra** jedoch kein an das Verbalnomen angefügtes Possessivsuffix verlangt, geht das Subjekt des Nebensatzes entweder dem Verbalnomen voraus oder es ist mit dem des Hauptsatzes identisch und bedarf keiner weiteren Kenntlichmachung.

sonra (*nachdem*)

Sen git**tikten sonra** babam geldi.	Nachdem du gegangen warst, kam mein Vater.
Yemeği pişir**dikten sonra** sana gelirim.	Nachdem ich gekocht habe, komme ich zu dir.

beri (*seitdem*)

Çalıştığın**dan beri** bize uğramadı.	Seitdem er arbeitet, ist er nicht mehr zu uns gekommen.
Konuştuğumuz**dan beri** durumu iyi.	Seitdem wir gesprochen haben, geht es ihm gut.

C Fehlendes Genitivsuffix in Verbindung mit Postpositionen

Wenn die Verbalnomina mit den Postpositionen verwendet werden, stehen die dazugehörigen Substantive bzw. die Personalpronomina meist nicht im Genitiv.

Ali, **Sevim** çalışamadığı için üzgün.	Ali ist traurig, weil Sevim nicht arbeiten kann.
Ali, **o** döndüğünden beri mutlu.	Seit er zurück ist, ist Ali glücklich.

D Verbalnomina als attributive Adjektive

In adjektivischem Gebrauch hat das Verbalnomen die Bedeutung eines Partizips und wird als Relativsatz übersetzt.

Dün **izlediğin** **film** nasıldı? Wie war der Film, den du gestern gesehen hast?
Evleneceği kadın kim? Wer ist die Frau, die er heiraten wird?

	-Dİk	**-(y)EcEk**
1. P. Sg.	izlediğim film	izleyeceğim film
2. P. Sg.	izlediğin film	izleyeceğin film
3. P. Sg.	izlediği film	izleyeceği film
1. P. Pl.	izlediğimiz film	izleyeceğimiz film
2. P. Pl.	izlediğiniz film	izleyeceğiniz film
3. P. Pl.	izledikleri film	izleyecekleri film

E Die Verbalnomina in Kombination mit *zaman, halde, takdirde* und *yerde*

Als Attribut können die Verbalnomina mit einigen bestimmten Substantiven kombiniert werden. Auch in diesem Fall wird das Substantiv bzw. das Personalpronomen nicht in den Genitiv gesetzt.

1. Mit den Verbalnomina auf **-Dİk** und **-(y)EcEk**

zaman (*als, wenn, während*) :

Gel**diğ**im **zaman** (**geldiğimde**) kimse yoktu.
(Als ich kam, war niemand da.)

Çık**tığı**nız **zaman** kapıyı kapatın!
(Schließt die Tür, wenn ihr geht.)

Ali uyu**yacağı** **zaman** lambayı söndür!
(Mach das Licht aus, wenn Ali schläft.)

2. Nur mit dem Verbalnomen auf **-Dİk**

halde (*obwohl*):

Söyle**diği**miz **halde** telefon etmedi.
(Obwohl wir es gesagt haben, hat er nicht angerufen.)

taktirde (*im Falle, falls, wenn, dass*):

Sınavı kazan**dığı** **taktirde** vize sorunu çözülür.
(Falls er die Prüfung besteht, wird das Problem mit dem Visum gelöst.)

3. Nur mit dem Verbalnomen auf **-(y)EcEk**

yerde (*anstatt, statt*):

Sevin**eceği** **yerde** üzülüyor.
(Statt sich zu freuen, ist er traurig.)

Übungen zu Lektion 36

36.1 Verbinden Sie die Sätze mit den Verbalnomina auf -*Dİk* bzw. -*(y)EcEk*.

1. Ali bir roman okuyor. Onu kendisi yazmış.
   Ali okuduğu romanı kendisi yazmış.
2. Ali bir roman okuyor. Onu öğretmeni vermiş.
   ....
3. Arabayı yeni aldım. O hemen bozuldu.
   ....
4. Aylin şiir yazıyor. Şiirlerinin ana konusu sevgi.
   ....
5. Pazardan bir karpuz aldınız. Kelek çıktı.
   ....
6. Ayşe arkadaşına gitti. O arkadaşını çok seviyor.
   ....
7. Ayşe arkadaşına gitti. Arkadaşı onu çok seviyor.
   ....
8. Ali bir otelde çalışacak. Otel deniz kıyısında.
   ....
9. Çocuklar bir film izleyecek. O, çizgi film.
   ....
10. Ayşe bir büroda çalışıyor. Kaya o büroyu biliyor.
   ....
11. Ayşe bir büroda çalışıyor. O büroyu hiç sevmiyor.
   ....

36.2 Ergänzen Sie die passende Kombination von Verb und Postposition.

~~varmak / sonra~~ – gelmemek / taktirde – gitmek / göre – öğrenmek / zaman – bitirmek / beri – duymak / halde

1. Eve *vardıktan sonra* telefon ettik.
2. Öğrenimimi .... çalışıyorum.
3. İşe .... ağır hasta değilsin.
4. Haberi .... niçin bize söylemediniz.
5. Sonuçları .... şoke oldu.
6. Okula .... uyarı cezası alacaklar.

36.3 Finden Sie die richtigen Satzkombinationen heraus.

1. Oturduğunuz ev	a. ev aldılar.	1. *e*
2. Tercüme ettiğin metin	b. nerede oturuyor?	2. .....
3. Biriktirdikleri parayla	c. kaç yıldızlı?	3. .....
4. Ziyaret edeceğiniz arkadaşınız	d. zor muydu?	4. .....
5. Kalacağınız otel	e. size mi ait?	5. .....

36.4 Übersetzen Sie ins Deutsche.

Sevim bu hafta sonu bitiremeyeceği kadar iş üstlendi. Emlakçının gösterdiği evi beğendin mi? Ali'nin söylediklerine inanamıyorum. Ziyaret edeceğimiz hastalara hediye alalım. Tutamayacağın sözü verme! Biraz sonra tanıyacağın kişinin bu şehrin en ünlü kemancısı olduğunu biliyor musun? Bu ilaçları aldığımdan beri sağlık durumum bayağı düzeldi. Haksızlığı gördüğün taktirde müdahale etmelisin. Başladığı işi mutlaka bitiriyor. Seni ilk gördüğümde daha çocuktun. Söz verildiği halde sokak lambalarımız hâlâ yapılmadı. Çay yapacağım yerde kahve yapmışım. Susacağı yerde konuşuyor, konuşacağı yerde susuyor. Çok çalıştığı halde fazla parası yok. Oğlumun üniversiteyi bitirdikten kısa bir süre sonra, beş yıldan beri çıktığı kızla evlenmek istediğini duyduğum zaman ne düşündüğümü bilmek istemediğinden emin misin?

36.5 Übersetzen Sie ins Türkische.

Ist dein Freund, den du heute Abend treffen wirst, Deutscher? Welche Farbe hat das Auto, das sie kaufen möchten? Kannst du mir die Adresse des Restaurants geben, in dem ihr die Geburtstagsparty feiern werdet? Der Maler, den ich gestern kennengelernt habe, wohnt hier. Seitdem er Sport treibt, geht es ihm besser. Weil wir krank waren, konnten wir nicht kommen. Obwohl ich viel geschlafen habe, fühle ich mich müde.

Lektion 37

Die zusammengesetzten Tempora

A Beispiele

Ahmet geldiğinde uyu**yordu**n.	Als Ahmet kam, schliefst du gerade.
Tren gel**mişti**, yolcular in**iyordu**.	Der Zug war gekommen und die Passagiere stiegen aus.
Yemek yemiş, kahve iç**iyordu**k.	Wir hatten gegessen und waren dabei, Kaffee zu trinken.
Ben bu filmi daha önce gör**müştü**m.	Ich habe den Film schon vorher gesehen.
Küçükken çok çikolata **yerdi**n.	Als du klein warst, aßest du viel Schokolade.
Biz her tatilde Türkiye'ye gid**erdi**k.	Wir fuhren in allen Ferien in die Türkei.
Eskiden çok kar yağ**ardı**.	Früher fiel viel Schnee.
Gel**ecekti**m ama zaman bulamadım.	Ich wollte kommen, fand aber keine Zeit.
Dışarı çık**acaktı**k yağmur başladı.	Wir wollten hinausgehen, da fing es an, zu regnen.
Erken kalk**acaktı** ama uyanamadı.	Er wollte früh aufstehen, konnte aber nicht aufwachen.
Çay iç**ecekti**m ama şeker bulamadım.	Ich wollte Tee trinken, konnte aber keinen Zucker finden.

B Bildung

Alle fünf einfachen Tempora des Türkischen können mit dem Vergangenheitssuffix **-Dİ** (bzw. **idi**) erweitert werden. Dadurch entstehen die zusammengesetzten Vergangenheitsformen. Sie werden gebildet, indem an die Grundform eines jeden Tempus das Suffix **-Dİ** und die Personalsuffixe der zweiten Gruppe angefügt werden. Die Fragepartikel **mİ** steht abgesetzt von der Grundform und wird mit dem Suffix **-Dİ** ergänzt.

C Die Gegenwart in der Vergangenheit

Diese Vergangenheitsform wird für Rahmenerzählungen eingesetzt und beschreibt eine Handlung, die zu einem bestimmten Zeitpunkt stattgefunden hat oder gerade im Verlauf, d. h. noch nicht abgeschlossen, war. Oftmals wird ausgedrückt, dass eine Handlung im Gange war, als sich eine zweite Handlung ereignete.

gel**iyordu**m		gel**iyordu**k
gel**iyordu**n		gel**iyordu**nuz
gel**iyordu**		gel**iyorlardı**
	bzw.	gel**iyordu**lar

D Das Plusquamperfekt

Das türkische Plusquamperfekt entspricht dem deutschen. Dabei ist für das türkische Plusquamperfekt ein zeitlicher Referenzpunkt in der Vergangenheit nicht unbedingt erforderlich. Fehlt der Bezug, drückt der Sprecher lediglich eine zeitliche Distanz zwischen dem Sprechmoment und dem Geschehen aus. Im Türkischen gibt es zwei Formen der Vorvergangenheit:

1. Die erste Form des Plusquamperfekts entsteht, indem **-Dİ** an die Grundform der unbestimmten Vergangenheit angefügt wird.

gel**mişti**m	gel**mişti**k
gel**mişti**n	gel**mişti**niz
gel**mişti**	gel**mişti**ler
bzw.	gel**miş**ler**di**

2. Die zweite Form wird analog dazu mit der bestimmten Vergangenheit gebildet. Sie wird jedoch selten verwendet.

gel**diydi**m	gel**diydi**k
gel**diydi**n	gel**diydi**niz
gel**diydi**	gel**diydi**ler

E Der Aorist in der Vergangenheit

Die durch den Aorist ausgedrückte Gewohnheit, Eigenschaft, Absicht usw. wird durch das Hinzufügen von **-Dİ** in die Vergangenheit verlegt. Bei Fragen und Bitten nimmt die modale Bedeutung zu, und ein Vergangenheitsbezug ist dann nicht mehr erforderlich.

gel**irdi**m	gel**irdi**k
gel**irdi**n	gel**irdi**niz
gel**irdi**	gel**irdi**ler
bzw.	gel**ir**ler**di**

F Das Futur in der Vergangenheit

Diese Zeitstufe drückt die Zukunft aus Vergangenheitsperspektive aus, die man im Deutschen mit *wollte*, *sollte*, *müsste* oder aber auch *hätte* und *würde* wiedergeben kann.

gel**ecekti**m	gel**ecekti**k
gel**ecekti**n	gel**ecekti**niz
gel**ecekti**	gel**ecekti**ler
bzw.	gel**ecek**ler**di**

Übungen zu Lektion 37

37.1 Ergänzen Sie das passende Verb (Präsens in der Vergangenheit).

beklemek – okumak – ~~yağmak~~ – oturmak – çalışmak

1. Eve döndüğümde yağmur *yağıyordu*. (yağmur)
2. Seninle tanıştığım zaman bir muhasebe bürosunda .... (sen)
3. On yıl önce ahşap bir evde .... (biz)
4. O geldiğinde gazete .... (ben)
5. İstasyona vardığımda beni .... (onlar)

37.2 Bilden Sie Sätze nach dem vorgegebenen Muster (Plusquamperfekt).

1. Bu yıl tatil yapacağım. (en son / üç / yıl / önce)
   En son üç yıl önce tatil yapmıştım.
2. Hafta sonu saunaya gideceğiz. (en son / geçen / kış)
   ....
3. Bugün futbol mu oynayacaksın? (en son / ne zaman)
   ....
4. Gül bu hafta annesiyle buluşuyor. (en son / dört / ay / önce)
   ....
5. Nihayet kar yağıyor. (en son / iki / yıl / önce)
   ....
6. Bu yaz yat turu mu yapacaksınız? (en son / ne zaman)
   ....

37.3 Bilden Sie Sätze nach dem vorgegebenen Muster (Aorist in der Vergangenheit).

1. Şimdi ayda bir sinemaya gidiyoruz. (eskiden / her / hafta / gitmek)
   Eskiden her hafta giderdik.
2. Şimdi günde bir paket sigara içiyorum. (eskiden / iki / paket / içmek)
   ....
3. Şimdi her gün sebze yiyoruz. (eskiden / hiç / yememek)
   ....
4. Bu aralar hiç spor yapmıyor. (eskiden / çok / spor / yapmak)
   ....
5. Şimdi bana hiç çiçek almıyorsun. (eskiden / her / cumartesi / gün / almak)
   ....
6. Çocuklar şimdi yalnız yatıyorlar. (eskiden / hiç / yalnız / yatmamak)
   ....
7. Şimdi çok kitap okuyorsunuz. (eskiden / hiç / okumamak)
   ....

37.4 Bilden Sie Sätze nach dem vorgegebenen Muster. Achten Sie auf die Tempora.

1a. (siz / yaz / izin / gitmemek / mİ)

Siz yazın izine gitmemiş miydiniz?

1b. (biz / gitmek / ama / araba / bozulmak)

Gidecektik ama arabamız bozuldu.

2a. (sen / geçen / dönem / Fransızca / kurs / yapmamak / mİ)

....

2b. (ben / yapmak / ama / kurs / ertelenmek)

....

3a. (Ayşe / dün / şef / ile / görüşmemek / mİ)

....

3b. (o / görüşmek / ama / şef / gelmemek)

....

4a. (çocuklar / dün / top / oynamamak / mİ)

....

4b. (onlar / oynamak / ama / top / kaybolmak)

....

5a. (ben / sen / anahtarı / dün / vermemek / mİ)

....

5b. (sen / vermek / ama / sonra / unutmak)

....

6a. (biz / bu / film / daha önce / bakmamak / mİ)

....

6b. (biz / bakmak / ama / kaset / kopmak)

....

37.5 Übersetzen Sie ins Deutsche.

Küçükken dedem bize her akşam masal anlatırdı. Ali'yi yolda gördüm, annesine gidiyordu. Bu kolyeyi evlilik yıl dönümümüzde annem hediye etmişti. Dün Ayşe uğradıydı, sana selam söyledi. Bu kitapları Uğur'a göndermeyecek miydin? Bir kısmını gönderdiydim ama bunları unutmuşum. Daha önce bu hastaneye yatmış mıydınız? Turgut eskiden alkol kullanmazdı. Gittiğinde çocuklar ne yapıyordu? Sana bunları daha önce anlatmamış mıydım? Bu gece bizde kalmak istemez miydiniz? Bir çay daha almaz mıydınız? Bu dosyaya kısaca bir göz atabilir miydiniz?

Lektion 38

Die Verbaladverbien/Konverbien (1)

A Beispiele

Müzik dinle**yerek** mi dil öğreniyorsun?	Lernst du Sprachen, indem du Musik hörst?
Yavaş sürsün **diye** şoförü uyardı.	Er hat den Fahrer gewarnt, er solle langsamer fahren.
O konuşmaya başla**yınca** herkes sustu.	Als er zu reden begann, schwiegen alle.
Otur**up** çalışman lazım.	Du musst dich hinsetzen und lernen.

B Bildung

Konverbien werden meist durch das Anfügen von Suffixen an den Verbstamm gebildet. Diese Suffixe, die sich nach Konverbform unterscheiden, werden jedoch weder durch Personal- noch durch Tempusendungen ergänzt. Daher sind Konverbien keine finiten Verben. Ist das einem Konverb zugehörige Subjekt mit dem des konjugierten Hauptverbs, dem es subordiniert ist, identisch, so bedarf es keiner nochmaligen Erwähnung des Subjekts. Unterscheiden sich jedoch Subjekt des Konverbs und Subjekt des Hauptverbs, so wird dem Konverb das dazugehörige Subjekt im Nominativ vorausgestellt. Zur Bestimmung der Zeitstufe eines Konverbs ist stets der Abgleich mit dem Tempus des konjugierten Hauptverbs notwendig.

Die wichtigsten Verbaladverbsuffixe sind:

C *-(y)ErEk*

Das Konverb auf **-(y)ErEk** dient der Wiedergabe von Modalsätzen, deren deutsche Entsprechung meistens ein Partizip Präsens oder ein *indem*-Satz ist. Die beiden Handlungen erfolgen gleichzeitig und haben dasselbe Subjekt.

Yürü**yerek** okula gidiyor.	Er geht zu Fuß (laufend) in die Schule.
Gazete sat**arak** parasını kazanıyor.	Er verdient sein Geld, indem er Zeitungen verkauft.

D *-(y)E*

Das Konverb auf **-(y)E** unterscheidet sich hinsichtlich seiner Bedeutung nur geringfügig von dem auf **-(y)ErEk**. Meist wird das Konverb desselben Verbs zweimal hintereinander gesetzt: **-(y)E -(y)E**.

Sevine sevine hediyeyi açtı.	Er öffnete das Geschenk mit großer Freude.
Sora sora adresi bulduk.	Wir fanden die Adresse, indem wir fragten.

E ***diye***

Das Konverb auf **-(y)E** wird alleinstehend wenig gebraucht. Die wichtigste Form ist **diye** (*sagend/meinend*), die von **demek** abgeleitet ist. Das Wort **diye** hat mehrere Funktionen. Es schließt u. a. die direkte und indirekte Rede, die Erklärung von Absichten und die Angabe von Zielen ein.

Yarın geliyorum **diye** söz verdim.
(Ich habe versprochen, dass ich morgen kommen werde.)

Yarın geliyorum **diye** söz verdi.
(Er hat versprochen: "Ich komme morgen.")

Annem sınavı kazanamam **diye** endişeleniyor.
(Meine Mutter macht sich Sorgen, dass ich die Prüfung nicht bestehe.)

Ailem okuyayım **diye** her imkânı sundu.
(Meine Familie bot mir alle Möglichkeiten, damit ich studiere.)

F ***-(y)İp***

Dieses Konverb dient dazu, zwei Tätigkeiten miteinander zu verbinden. Es wird mit *und* übersetzt.

Eve gid**ip** uyuyacağım.	Ich werde nach Hause gehen und schlafen.
Parkta otur**up** onu bekledik.	Wir saßen im Park und warteten auf ihn.

G ***-(y)İncE***

Das mit dem Suffix **-(y)İncE** gebildete Konverb wird ins Deutsche mit *wenn*, *sobald* und *als* übersetzt. Ein Satz mit dem Konverb auf **-(y)İncE** kann ein oder mehrere Subjekte haben.

Baban eve gel**ince** söylerim.	Wenn dein Vater nach Hause kommt, sage ich es (ihm).
Kitabı bul**unca** çok sevindi.	Er hat sich sehr gefreut, als er das Buch gefunden hat.

Übungen zu Lektion 38

38.1 Ergänzen Sie die Konverbien auf *-(y)ErEk*. (Mehrere Alternativen sind möglich!)

çalışmak – işaret vermek – koşmak – susmak – ~~fıkra anlatmak~~ – ağlamak

1. Yazar konuşmasına *fıkra anlatarak* başaldı.
2. Mağdur .... sözlerini bitirdi.
3. Biz .... taksiyi durdurduk.
4. Tepkisini .... gösterdi.
5. Sanık .... olay yerinden uzaklaştı.
6. Gece gündüz .... bu seviyeye yükseldi.

38.2 Bilden Sie Sätze mit Konverbien auf *-(y)E*.

1. (ben / koşmak / eve gelmek)	1. *Koşa koşa eve geldim.*
2. (Annem / söylenmek / gitmek)	2. ....
3. (Aylin / çekinmek / sormak)	3. ....
4. (onlar / didinmek / hedefe varmak)	4. ....
5. (biz / konuşmak / sabahladık)	5. ....
6. (komşular / şarkı söylemek / yeni yıla girmek)	6. ....

38.3 Wandeln Sie in Sätze mit *diye* um.

1. Şef işi bugün bitiremediğimiz için çok sinirlendi.
   Şef işi bugün bitiremedik diye çok sinirlendi.
2. Evli olmadığımız için otelde tek oda vermediler.
   ....
3. Almanca bildiğim için tüm çevri işini bana verdiler.
   ....
4. Güldüğümüz için mi kızdın?
   ....
5. Kızıma tatil yapması için para verdim.
   ....
6. Üşümemen için sana yeni bir manto aldık.
   ....
7. Sana çay getirmesi için garsona işaret ettim.
   ....
8. Uyuyabilmek için akşamları ılık süt içiyorum.
   ....
9. Unutmamak için buraya yazdım.
   ....

38.4 Ergänzen Sie die Konverbien auf *-(y)İncE* und *-(y)İp*.

1. Eve *gidince* yemek *yiyip* televizyon izliyoruz. (~~gitmek~~ / ~~yemek~~)
2. Sevgi .... dertleşiyoruz. (gelmek / konuşmak)
3. Annem .... durumu .... fikrini soracağım. (aramak / anlatmak)
4. .... kendine geliyorsun. (uyumak / dinlenmek)
5. Ahmet'i .... çığlık .... boynuna sarıldı. (görmek / atmak)
6. İşi .... bir çiflik .... tarımcılığa başlayacağım. (bırakmak / satın almak)
7. Müziği .... piste .... dans etti. (duymak / fırlamak)
8. Oktay .... biraz daha .... eve döndüm. (gelmemek / beklemek)
9. Ayşe .... nedenini sordum. (gecikmek / telefon etmek)

38.5 Finden Sie die richtigen Satzkombinationen heraus.

1. Nasıl dinleniyorsun?	a. Hastaymış diye.	1. *d*
2. Ne zaman geleceksin?	b. Güle güle oturun.	2. .....
3. Dün akşam ne yaptınız?	c. Çalışa çalışa.	3. .....
4. Aylin niye gelmedi?	d. Müzik dinleyerek.	4. .....
5. Bu kariyeri nasıl yapmış?	e. Oturup sohbet ettik.	5. .....
6. Gidenin ardından ne denir?	f. Güle güle.	6. .....
7. Yeni evimize taşındık.	g. İşim bitince.	7. .....

Lektion 39

Die Verbaladverbien/Konverbien (2)

A Beispiele

Hastay**ken** sigara içmem.	Während ich krank bin, rauche ich nicht.
Eve gelir**ken** kaza yaptı.	Als er nach Hause kam, verursachte er einen Unfall.
Buraya gel**meden önce** nerede yaşadın?	Wo hast du gelebt, bevor du hierher kamst?
Ali gid**eli** bizi aramadı.	Seit Ali gegangen ist, hat er uns nicht angerufen.
Onu tanı**dıkça** daha çok seviyorum.	Je mehr ich ihn kenne, desto mehr mag ich ihn.
Bir şey yapmamak**tansa** uyurum daha iyi.	Anstatt nichts zu tun, schlafe ich lieber.

B *-ken*

Das Konverb auf **-ken** bildet Sätze, die im Deutschen mit *während* oder *als* beginnen. Das Suffix **-ken** wird nicht an den Verbstamm angefügt, sondern kann an alle Grundformen der einfachen Tempora, außer an das Perfekt angehängt werden (*geliyor, gelir, gelmiş* und *gelecek*). Außerdem kommt **-ken** auch mit nominalen Prädikaten vor, entweder als eigenständiges Grundwort **iken** oder als Suffix. Wenn **iken** als Suffix angeschlossen wird, wandelt sich sein **i** bei vokalischem Auslaut des vorangehenden Wortes zu **y**, bei konsonantischem Auslaut geht es verloren.

Yemek yer**ken** konuşma.	Sprich nicht, während du isst.
Okulda **iken** çok usluydu.	Als er in der Schule/ein Schüler war, war er sehr brav.
Okulda**yken** çok uslu.	Während er in der Schule ist, ist er sehr brav.

C *-mEdEn*

Das Konverb auf **-mEdEn** wird zur Bildung von Nebensätzen verwendet, die im Deutschen mit *ohne zu* oder *bevor* eingeleitet werden. Wenn es mit den Postpositionen **önce** oder **evvel** gebraucht wird, dominiert eher die Bedeutung *bevor*. Ein Satz mit **-mEdEn** kann mehrere Subjekte haben.

Çayımı iç**meden** evden çıkmam.	Ich verlasse das Haus nicht, ohne meinen Tee zu trinken.
Satın al**madan önce** iyice kontrol et.	Bevor du es kaufst, prüfe es gründlich.

D -*(y)Elİ*

Das Suffix **-(y)Elİ** bildet Temporalsätze, die im Deutschen mit *seit, seitdem* eingeleitet werden. Ein Satz mit diesem Konverb kann mehrere Subjekte haben.

Sigara içmey**eli** durumu iyi.	Seit er nicht mehr raucht, ist sein Zustand gut.
İşe gir**eli** pek zamanım yok.	Seitdem ich arbeite, habe ich kaum Zeit.

E -*DİkçE*

Das Konverb auf **-DİkçE** steht für *so oft, so lange, immer wenn, je mehr .... desto.* Ein Satz auf **-DİkçE** kann mehrere Subjekte haben.

Paramız ol**dukça** borcumuzu öderiz.	Immer wenn wir Geld haben, zahlen wir unsere Schulden zurück.
Öğren**dikçe** isteğim daha da büyüyor.	Je mehr ich lerne, desto größer wird mein Verlangen danach.

F -*mEktEnsE*

Das Konverb auf **-mEktEnsE** gibt den deutschen Substitutivsatz wieder, der mit *anstatt, statt zu* beginnt. Der Satz mit **-mEktEnsE** hat nur ein Subjekt.

Dışarıda üşü**mektense** kahvede oturup bekleyelim.
(Lass uns lieber im Cafe warten, statt draußen zu frieren.)
Böyle bir ortamda konuş**maktansa** susmayı yeğlerim.
(Anstatt zu reden, ziehe ich es in einer solchen Atmosphäre vor, zu schweigen.)

Übungen zu Lektion 39

39.1 Finden Sie das passende Verb und bilden Sie Sätze mit *-ken* (*Aorist*).

yanaşmak – sürmek – ~~yapmak~~ – uğurlamak – yürümek – ifade etmek – imzalanmak – ağarmak – vermek – görüşülmek

1. Doktoranı *yaparken* geçimini nasıl temin ediyordun?
2. İşlerimiz tam iyi .... borsanın düşmesi kötü oldu.
3. Toplantıda herkes düşüncesini açıkça .... sen niçin sustun?
4. Gün .... gökyüzünün manzarasına doyum olmuyor.
5. Gemi karaya .... yolcular arasında itişmeler başladı.
6. Yeni anayasa taslağı mecliste .... hareretli dakikalar yaşandı.
7. Son nefesini .... bile gülümsüyormuş.
8. Anlaşma metni .... taraflar sevincini gizleyemiyordu.
9. Savaş tüm yoğunluğuyla .... Irak'a gitmeni bir türlü anlayamıyorum.
10. Annesini .... gözyaşlarına hakim olamadı.

39.2 Finden Sie die richtigen Satzkombinationen heraus.

1. Hırsız kimseye görünmeden	a. üç bira içmişim.	1. *e*
2. Krem sürmeden	b. randevu almalısın.	2. .....
3. Masal dinlemeden	c. güneşe çıkma!	3. .....
4. Bir uzmana danışmadan	d. bir uzmana danış.	4. .....
5. Soğuklar başlamadan	e. eve girmiş.	5. .....
6. Kararını vermeden önce	f. uyuyamazlar.	6. .....
7. Güneşlenmeden evvel	g. prospektüsü iyice oku!	7. .....
8. Doktora gitmeden önce	h. krem sürmelisin.	8. .....
9. Hiç farkına varmadan	i. kararını verme!	9. .....
10. İlaçları içmeden önce	j. kışlıkları çıkarmalıyım.	10. .....

39.3 Übersetzen Sie ins Deutsche.

Hasta olalı ağzına bir şey koymadı. Onu görmeyeli bayağı değişmiş. Kendimi bildim bileli bu evde oturuyoruz. Et yemiyeli kilo verdim. Üniversiteye gideli çok okuyor. Evlenmeden önce annesiyle birlikte oturuyordu. Yağmur başlamadan yola çıkmalıyız. Kuyruk daha fazla uzamadan yemeğe gidelim. Birbirlerini yıpratmadan ayrıldılar. Karlar erimeden çiçekler açmaya başladı. Üzgünken kimseyle görüşmek istemiyor. Hanna küçükken saçları sapsarıydı. Dün seninle telefonlaşırken postacı kitapları getirdi. Tenis oynarken ayak bileğini incitmiş. Biz Paris'te yaşarken sık sık Louvre'ye giderdik. Panjurlar açıkken kesinlikle uyuyamam. Yemek pişirirken mutfağın kapısını daima kapalı tutarım. Zaman buldukça bisiklet turları yaparım. Yaşlandıkça alınganlaştı. Tatili yaklaştıkça telaşı da arttı. Bu kız büyüdükçe güzelleşiyor. Almancayı öğrendikçe Almanya'yı daha çok sevmeye başladım. Okumaktansa çalışmayı tercih ediyor. Ayşe, evlenip çocuklarla uğraşmaktansa yanlız yaşarım diyor.

39.4 Übersetzen Sie ins Türkische.

Als ich klein war, besuchten wir jedes Wochenende meine Großeltern. Während meine Eltern im Garten Picknick machten, spielten wir auf der Straße Fußball. Seitdem seine Mutter gegangen ist, ist das Kind sehr traurig. Wenn Oktay zu mir kommt, übernachtet er auf dem Sofa. Damit er besser schlafen kann, haben wir letzte Woche ein neues Bett gekauft. Nilgün arbeitet als Krankenschwester. Sie macht ihren Job gerne. Bevor er eine Entscheidung trifft, fragt er seinen Chef.

Wörterverzeichnis

A

abla ältere Schwester
acele etmek sich beeilen
acemi unerfahren; Anfänger
acenta Firma, Agentur
acıkmak Hunger haben od. bekommen
acilen schnell, schleunigst
aç hungrig
açık geöffnet
açılmak sich öffnen; beginnen (Schule)
açmak öffnen, eröffnen
ad Name
ada Insel
adam Mann, Mensch
adet Zahl, Stückzahl
adres Adresse
affetmek verzeihen
ağaç Baum
ağarmak ergrauen; anbrechen (Tag)
ağır schwer
ağırlamak bewirten
ağırlık Schwere
ağız Mund
ağlamak weinen
ağrı Schmerz
ağrımak schmerzen
ağustos August
ahşap hölzern, aus Holz
ait bezüglich, betreffs
akım Strömung, Bewegung
akış Lauf, Fließen
akmak fließen
akraba Verwandte
aksetmek reflektieren, sich spiegeln
akşam Abend
aktarmak übertragen
aktif aktiv
aktör Schauspieler
alabora olmak kentern, umschlagen
alçak niedrig
aldanmak sich irren, sich täuschen
alın Stirn
alıngan empfindlich, nachtragend
alınganlaşmak empfindlich werden
alışkanlık Gewohnheit
alışveriş Einkauf, Geschäftsgang
alışveriş yapmak einkaufen
alkol Alkohol
almak abholen, nehmen, kaufen
Alman deutsch; Deutscher
Almanca Deutsch
Almanya Deutschland
alt unten; Unterseite
altını çizmek unterstreichen, betonen
amca Onkel (väterlicherseits)
ameliyat etmek operieren
an Moment, Augenblick
ana konu Hauptthema
anahtar Schlüssel
anaokulu Kindergarten
anayasa Verfassung
ancak erst
anı Erinnerung
anlam kazanmak Bedeutung erlangen
anlamak verstehen, begreifen
anlaşmak sich verstehen, sich verständigen
anlatmak erklären, erzählen
anne Mutter
antik kent antike Stadt
apartman Wohnblock
aptal dumm
ara zwischen; Abstand, Zwischenraum, Beziehung
araba Auto
araba kullanmak Auto fahren
aralık Dezember
aramak suchen, anrufen
Arap arabisch; Araber
Arapça Arabisch
arıza Panne, Störung
arka hinter; Hinterseite
arkadaş Freund
arkadaşlık Freundschaft
armut Birne
art hinter; Hinterseite
artık nicht mehr, schon
arzu Wunsch
arzulamak wünschen
asker Soldat
askerlik Militärdienst
aslan Löwe
aslında eigentlich
asprin Aspirin
aşçı Koch
aşı Impfung
aşı olmak sich impfen lassen

ateş	Feuer, Fieber
atık su	Abwasser
atışmak	sich streiten
atmak	werfen, einwerfen
avukat	Rechtsanwalt
ay	Monat; Mond
ayak bileği	Fußgelenk
ayakkabı	Schuh
ayıklamak	aussortieren, auslesen
ayırtmak	reservieren
aylık	Gehalt; monatlich
ayrıca	außerdem, gesondert
ayrılık	Trennung
ayrılmak	sich trennen, sich entfernen, sich verabschieden
azalmak	nachlassen, sich verringern

B

baba	Vater
bağırmak	schreien
bağışlamak	verzeihen
bağrışmak	schreien, brüllen
bahane	Vorwand
bahçe	Garten
bahsetmek	sprechen (von)
bakanlık	Ministerium
bakım	Pflege, Unterhalt
bakışmak	sich gegenseitig anschauen
bakkal	Laden, Krämer
bakmak	schauen
balayı	Flitterwochen
balık	Fisch
balkon	Balkon
balon	Ballon
bank	Sitzbank
banka	Bank
banyo	Bad
bar	Cafe, Bar
bardak	Glas
barış	Frieden
barışmak	sich versöhnen
basmak	treten, drücken
baş	Kopf, Anfang
baş ağrısı	Kopfschmerzen
başarı	Erfolg
başarılı	erfolgreich
başka	anderes, außer
başlamak	beginnen, anfangen
başsağlığı dilemek	sein Beileid aussprechen
başvurmak	sich wenden (an)
başvuru	Bewerbung
batmak	untergehen, sinken
bayağı	gewöhnlich, ziemlich
bayan	Frau, Dame
bazen	manchmal
bazı	manche
bebek	Baby
becerikli	geschickt, talentiert
bedeva	kostenlos, unentgeltlich
beğenmek	gerne mögen, lieben, gefallen
bekçi	Wärter, Wächter
beklemek	warten, erwarten
Belçika	Belgien
belediye	Rathaus, Stadtverwaltung
belki	vielleicht
ben	ich
benzemek	ähneln
benzin	Benzin
beraber	zusammen
bereket ki	Gott sei dank, glücklicherweise
beri	seit
bey	Herr
beyaz	weiß
bıçak	Messer
bıkmak	überdrüssig sein
bırakmak	aufhören, lassen
bıyık	Bart
bilanço	Rechnungsabschluss
bildirmek	mitteilen
bile	sogar
bilet	Ticket, Karte
bilgi	Wissen, Information
bilgilendirmek	informieren
bilgisayar	Computer
bilmek	wissen, kennen
bin	tausend
bina	Gebäude
binmek	einsteigen
bir arada	beisammen
bir araya gelmek	sich treffen
bir daha	nochmals
bira	Bier
biraz	etwas, ein wenig
birkaç	einige, ein paar
birden	plötzlich
birey	Individuum
biriktirmek	ansammeln, anhäufen, sparen
birleşmek	sich vereinigen
birlik	Einheit
birlikte	zusammen
bisiklet sürmek	Fahrrad fahren
bitirme notu	Abschlussnote
bitirmek	beenden

bitmek enden
biz wir
Boğaz Bosporus
boğaz Hals
bol bol reichlich, genügend, viel
borç Schulden
borsa Börse
boş frei, leer
boşanmak sich scheiden lassen
boy Körpergröße
boya Farbe
boyamak streichen, färben
boyanmak sich färben, sich schmücken
boyun Hals, Nacken
boyunca entlang, hindurch, während
bozdurmak wechseln lassen
bozmak kaputtmachen
bozuk defekt
bölge Gegend, Region
bölüm Fach, Abteilung
böyle so
böylece auf diese Weise
böylesi solch, derartig, so ein
bugün heute
bulmaca Rätsel
buluşma noktası Treffpunkt
buluşmak sich treffen
bulut Wolke
burada hier
burç Festungsturm, Sternzeichen
burs Stipendium
burun Nase
bütün ganz, vollständig, restlos
büyük groß
büyümek groß werden, aufwachsen
büyütmek vergrößern, erweitern, großziehen

C

cam Fenster, Glas
cami Moschee
canlanmak sich beleben, erwachen
cevap Antwort
cimri geizig
cuma Freitag
cumartesi Samstag
cumhuriyet Republik
cunta Junta
cümle Satz
cüzdan Brieftasche

Ç

çabuk schnell
çağırmak rufen
çağrıştırmak erinnern an, assoziieren
çakmak Feuerzeug
çalar saat Wecker
çalışkan fleißig
çalışmak arbeiten, funktionieren
çanta Tasche
çarpışmak aufeinanderprallen
çarpmak stoßen, schlagen
çarşamba Mittwoch
çarşı Markt
çatı Dach
çay Tee
çaycı Teeverkäufer
çekingen zurückhaltend
çekinmek sich zurückhalten
çeşitli verschiedenartig, unterschiedlich
çeşme Brunnen, Quelle
çevre ringsherum; Umgebung, Kreis
çevri Übersetzung
çeyrek Viertel
çığ Lawine
çığlık Geschrei
çığlık atmak in lautes Geschrei ausbrechen
çıkarmak herausnehmen, entfernen, hinauswerfen
çıkmak herausgehen, ausgehen
çıplak nackt
çiçek Blume
çiftlik Bauernhof
çikolata Schokolade
çilingir Schlosser
çimen Gras, Wiese
Çin chinesisch; China
çirkin hässlich
çizgi film Zeichentrickfilm
çizik Kratzer
çocuk Kind
çocuk doktoru Kinderarzt
çocuk parası Kindergeld
çocukluk Kindheit
çoğunlukla meistens
çok viel, sehr
çöl Wüste
çöp Müll, Abfall
çözmek lösen

D

da	auch, und
dağ	Berg
daha	noch, mehr
daima	immer
dair	bezüglich, betreffs
daire	Wohnung, Kreis
dakik olmak	pünktlich sein
dakika	Minute
dal	Zweig
dalga	Welle, Woge
dalmak	tauchen
danışmak	sich beraten
dans etmek	tanzen
dansa kaldırmak	zum Tanzen auffordern
dargın	erzürnt, verstimmt, böse
davet etmek	einladen
davranmak	sich benehmen, handeln, vorgehen
dayamak	stützen, stellen
dayanmak	sich stützen, sich anlehnen
dede	Großvater
defter	Heft
değerlendirmek	bewerten, beurteilen
değil	nicht
değil mi	nicht wahr
değişiklik	Änderung, Wechsel
deli	verrückt, wahnsinnig
demek	sagen, meinen, bedeuten
demet	Bund, Strauß
demli çay	starker Tee
denemek	probieren, versuchen
denge	Gleichgewicht
deniz	Meer
deprem	Erdbeben
depremzede	Erdbebenopfer
derece	Grad
derin	tief
derinleşmek	sich vertiefen
ders	Unterricht, Lektion
ders çalışmak	lernen
dert	Problem, Sorge
dertleşmek	sich gegenseitig sein Leid klagen
devam etmek	fortsetzen
devrim	Revolution
dış	außen; Außenseite
dışarı, dışarısı	draußen
didinmek	sich sehr anstrengen
diğer	anderer
dikkat etmek	achten, aufpassen
dikkatli	vorsichtig
dikkatsizlik	Unachtsamkeit
dil	Sprache; Zunge
dilenmek	betteln
dilekçe	Antrag
din	Religion
dinlemek	hören, anhören
dinlenmek	sich ausruhen
dinlendirici	erholsam
dip	Grund; Tiefe
diploma çalışması	Diplomarbeit
doğa	Natur
doğmak	geboren werden; aufgehen (Sonne)
doğru	gegen; wahr, richtig
doğum günü	Geburtstag
doğum yapmak	gebären, entbunden werden
doktor	Arzt
doktora yapmak	promovieren
dokunmak	berühren, anfassen
dolandırıcılık	Betrug
dolap	Schrank
dolaşmak	bummeln, umherlaufen, sich bewegen
dolayı	wegen, infolge
doldurmak	ausfüllen
dolmuş	Sammeltaxi
dolu	voll, überfüllt
domates	Tomate
dosya	Ordner, Akte
doyum olmaz	davon kann man nicht genug bekommen
dökülmek	(ab-)fallen
dönem	Semester; Periode, Epoche
dönmek	zurückkehren, sich drehen
dövmek	schlagen
dövünmek	sich selbst schlagen
dövüşmek	sich prügeln
dul	verwitwet; Witwer
durak	Haltestelle
durmak	halten, stehen, aufhören (Regen)
durum	Lage, Situation
duş	Dusche
duş almak	duschen
duyarlı	sensibel, feinfühlend
duygu	Gefühl
duymak	hören
duyumsamak	fühlen, spüren, empfinden
düğüm	Knoten
düğün	Hochzeit
düğün hediyesi	Hochzeitsgeschenk
dünya	Welt
düşmanlık	Feindschaft

düşmek	fallen
düşük	niedrig
düşünmek	denken, nachdenken
düşürmek	senken, fallen lassen
düzeltmek	in Ordnung bringen, verbessern
düzen	Ordnung
düzenli	ordentlich, regelmäßig

E

ebeveyn	Eltern
eczacı	Apotheker
eczane	Apotheke
edebiyat	Literatur
eğer	wenn, falls
eğlence	Party, Feier
ehliyet	Führerschein
ekim	Oktober
ekmek	Brot
el	Hand
el koymak	beschlagnahmen
elektrik	Strom, Elektrizität
eleman	Person, Arbeitskraft
elma	Apfel
emekli	Rentner, Pensionär
emin	sicher
endişelenmek	sich beunruhigen, sich ängstigen
enerji	Energie
enstitü	Institut
erimek	schmelzen
erken	früh
ertelemek	verschieben, zurückstellen
ertesi	darauffolgend, nächst
esir almak	beherrschen, gefangen-nehmen
eski	alt
eskiden	damals
eş	Partner
et	Fleisch
etmek	tun, machen
etraf	ringsherum; Umgebung
ev	Haus, Wohnung
ev ödevi	Hausaufgabe
ev sahibi	Vermieter
evlenmek	heiraten
evli	verheiratet
evrak	Urkunde, Dokument
evvel	vor
eylül	September

F

fabrika	Fabrik
faiz	Zins
fakslamak	faxen
fark etmek	merken, wahrnehmen
farkına varmak	merken, wahrnehmen
Farsça	Persisch
fatura	Rechnung
favori	Favorit
fayda	Vorteil, Nutzen
fazla	viel, mehr
feci	furchtbar, schrecklich
feshetmek	kündigen, auflösen
festival	Festival
fevkalade	außerordentlich
fıkra	Anekdote, Witz
fırın	Bäckerei
fışkırmak	hervorsprudeln
fikir	Meinung, Sicht
firma	Firma
fiyat	Preis
fizik	Physik
form	Formular
fotoğraf makinası	Fotoapparat
fotoğrafçı	Photograph
Fransa	Frankreich
Fransız	französisch; Franzose
Fransızca	Französisch
fren	Bremse
fuar	Messe
futbol oynamak	Fußball spielen

G

galip	Sieger
garson	Kellner
gayet	äußerst
gazete	Zeitung
gazeteci	Journalist
gece	Nacht
gece gündüz	Tag und Nacht
gecelik	Nachthemd
gecikmek	sich verspäten
geç	spät
geçmek	passieren, vorbeifahren
geç kalmak	sich verspäten
geçen sene	vergangenes Jahr
geçim	Lebensunterhalt
geçinmek	auskommen
geçirmek	verbringen

geçiş	Übergang
gelin	Braut
gelişme	Entwicklung
gelişmek	sich entwickeln
gelmek	kommen
gemi	Schiff
genç	jung, junger Mann
genellikle	normalerweise, im Allgemeinen
gerçi	zwar
gerek	erforderlich, nötig
gerekli	erforderlich, nötig
gerekmek	erforderlich, nötig sein
geri çekilmek	sich zurückziehen
geri istemek	zurückfordern
gezdirmek	führen
gezi	Ausflug, Reise
gezinmek	spazieren gehen
gibi	wie
giriş	Eingang, Eintritt
gitmek	gehen
giyinmek	sich anziehen
gök	Himmel
gökyüzü	Himmel
göl	See
gömlek	Hemd
göndermek	senden, schicken
gönül	Herz, Seele, Gefühl
göre	gemäß, zufolge
görmek	sehen
görünmek	sichtbar werden, erscheinen, aussehen
görüşmek	sich treffen
göz atmak	einen Blick werfen
gözyaşı	Träne
gözlük	Brille
grev	Streik
grup	Gruppe
güç	Kraft, Stärke
güçlü	kräftig, stark
gül	Rose
gülmek	lachen
gülümsemek	lächeln
gülüşmek	gemeinsam lachen
gümrük	Zoll
gün	Tag
güneş	Sonne
gündüz	tagsüber, bei Tage
güney	Süden
güneşli	sonnig
güneşlenmek	sich sonnen
günlük	Tagebuch; täglich
gürültü	Lärm
gütmek	weiden, hüten
güvenilir	vertrauensvoll, zuverlässig
güzel	schön
güzelleşmek	schön werden
güzellik	Schönheit

H

haber	Nachricht(en)
haber vermek	benachrichtigen
haberdar etmek	benachrichtigen
hafif	leicht
hafta	Woche
hakim olmak	beherrschen
haksızlık	Ungerechtigkeit
hal	Lage, Form, Zustand
halı	Teppich
halletmek	erledigen
hangi	welcher
hantallık	Schwerfälligkeit
harcamak	ausgeben
hareket etmek	abfahren, sich bewegen
hareretli	eifrig, feurig, hitzig
hasar	Schaden
hasta	krank; Kranke
hastalık	Krankheit
hastane	Krankenhaus
hata	Fehler, Fehlverhalten
hatırlamak	sich erinnern
hatta	sogar
hava	Wetter, Luft, Himmel
havaalanı	Flughafen
havalı	lässig, cool
havlu	Handtuch
havuz	Schwimm-, Wasserbecken
hayal kurmak	träumen, ausmalen
hayat	Leben
hayatını kaybetmek	sein Leben verlieren, sterben
hayır	nein
hayvan	Tier
hazır	bereit
haziran	Juni
hazırlamak	vorbereiten
hazırlanmak	sich vorbereiten
hedefe varmak	das Ziel erreichen
hediye	Geschenk
hediye etmek	schenken
hemen	gleich, sofort
hemen hemen	fast
hemşire	Krankenschwester
henüz	noch, erst, schon
hep	all, insgesamt, ganz, immer
hepsi	alles
her	jeder

herkes	jeder, alle
hesap açtırmak	ein Konto eröffnen
heyecan	Erregung, Aufregung
heyecanlanmak	in Aufregung versetzt werden
heyecanlı	aufgeregt
heyet	Kommission
hırlamak	murren, knurren
hırsız	Dieb
hırslı	ehrgeizig
hızlı	schnell
hiç	überhaupt
hissetmek	fühlen
hobi	Hobby
hoşa gitmek	gern haben, mögen
hoşlanmak	gern haben, mögen
hukuk	Jura, Recht
husus	Punkt, Sache
hüzün	Traurigkeit, Melancholie

I

ılık	lauwarm
ırk	Rasse
ısıtmak	warm machen
ışık	Licht

İ

iç	innen; Innenseite
içecek	Getränke
için	für; wegen
içmek	trinken; rauchen
iddia etmek	behaupten
ifade etmek	ausdrücken
ihtimal	Möglichkeit, Wahrscheinlichkeit
iki	zwei
ikna etmek	überzeugen
iktidar	Macht; Regierung
ilaç	Medikament
ile	mit, und
ilerici	fortschrittlich
ilginç	interessant
ilişkin	bezüglich, betreffs
ilk	erster
ilkbahar	Frühling
ilkokul	Hauptschule
imkân	Möglichkeit
imzalamak	unterschreiben
inandırıcı	glaubhaft
ince	dünn, zierlich
incelemek	forschen, untersuchen
incitmek	verstauchen
indirim	Rabat, Ermäßigung
İngiliz	englisch; Engländer
İngilizce	Englisch
inmek	aussteigen, herunterkommen
inşaa etmek	bauen, errichten
ipek	Seide
İran	Iran
irtibat	Kontakt
ise	hingegen
isim	Name
İslam	Islam
İspanya	Spanien
istasyon	Bahnhof
istek	Wunsch
istemek	wollen, mögen
İsviçre	Schweiz
iş	Arbeit
iş arkadaşı	Arbeitskollege
iş yeri	Arbeitsplatz
işaret	Zeichen, Hinweis
işbaşı yapmak	mit der Arbeit beginnen
işçi	Arbeiter
işlem	Formalität, Verfahren
işsiz	arbeitslos
İtalya	Italien
İtalyanca	Italienisch
itibaren	ab, von … an
itişmek	sich gegenseitig stoßen
itmek	stoßen, schieben
iyi	gut
iyileşmek	genesen, besser werden
izin	Urlaub; Erlaubnis
izlemek	sehen, schauen, beobachten

K

kabul etmek	empfangen, annehmen, akzeptieren
kabullenmek	akzeptieren
kaç	wie viel
kaçırmak	verpassen
kaçışmak	auseinanderstieben, nach allen Seiten davonlaufen
kaçmak	flüchten, fliehen
kadar	bis, wie
kadın	Frau
kadın doktoru	Frauenarzt
kafeterya	Cafeteria
kâğıt	Papier
kahvaltı	Frühstück
kahvaltı salonu	Frühstücksaal
kahve	Kaffee, Café

kalabalık	voller Menschen; Menschenmasse
kale	Turm
kalem	Stift
kalın	dick, stark
kaliteli	hochwertig
kalkmak	aufstehen, abfahren
kalmak	bleiben
kalorifer	Heizkörper
kamyon	Lastkraftwagen
kan	Blut
kan şekeri	Blutzucker
kantin	Kantine
kanton	Kanton
kapalı	geschlossen
Kapalıçarşı	der überdachte Bazar von Istanbul
kapatmak	schließen
kapı	Tür
kapıcı	Hausmeister
kar yağmak	schneien
kara	schwarz; Festland
karanfil	Gartennelke
karanlık	dunkel; Dunkelheit
karar	Entscheidung
karar vermek	sich entscheiden, beschließen
kararlaştırmak	beschließen
kararlı olmak	entschlossen sein
kardeş	Geschwister (Bruder, Schwester)
karın	Bauch
kariyer	Karriere
kârlı	vorteilhaft, rentabel, gewinnbringend
karpuz	Wassermelone
karşı	gegen, gegenüber; Gegenseite
karşılamak	empfangen, entgegennehmen
karşılaşmak	sich treffen, begegnen
karşılık	Gegenleistung
kaset	Kassette
kasım	November
kaşık	Löffel
kaşımak	kratzen
kat	Etage, Stockwerk
kayak yapmak	Ski laufen
kaymak	Sahne
kaybetmek	verlieren
kaygı	Sorge, Besorgnis
kayık	Boot
kayıt yaptırmak	sich registrieren lassen
kaza	Unfall
kazak	Pullover
kazanç	Verdienst, Gewinn
kazanmak	bestehen, verdienen
kazı	Ausgrabung
kedi	Katze
kelek	unreif
kemancı	Geigenspieler
kendiliğinden	von allein
kendisi	er (sie, es) selbst, sich
kent	Stadt
kesinlikle	auf jeden Fall
kesmek	schneiden
keşfetmek	entdecken
kılıç	Schwert
kıpırdanış	Bewegung
kırılmak	zerbrechen; sich beleidigt fühlen
kırmak	verletzen; zerbrechen; kränken, beleidigen
kırmızı	rot
kıskanç	eifersüchtig
kısa	kurz
kısım	Teil, Gruppe, Sorte, Abteilung
kış	Winter
kışlık	winterlich
kıyı	Ufer, Rand
kız	Mädchen, Tochter
kız kardeş	Schwester
kızcağız	armes Mädchen
kızgın	wütend, erregt
kızmak	schimpfen, wütend werden
kibar	nett
kilise	Kirche
kilit	Schloss
kilo	Kilo
kim	wer
kimlik	Ausweis
kimse	niemand; jemand
kir	Schmutz
kira	Miete
kira sözleşmesi	Mietvertrag
kiracı	Mieter
kiralamak	mieten, vermieten
kişi	Person
kitap	Buch
kitaplık	Bücherregal
klasik	klassisch
koca	Ehemann; groß
kol	Arm
kolay	einfach, leicht
kolesterol	Cholesterin
kolonya	Kölnischwasser
koltuk	Sessel

kolye	Halskette
komisyoncu	Makler
konferans salonu	Konferenzsaal
konser	Konzert
kontrat	Vertrag
kontrol	Kontrolle
kontrol etmek	kontrollieren
konuk	Gast
Kore	koreanisch; Korea
kopmak	reißen, abbrechen
korkak	ängstlich
korkmak	sich fürchten
korku	Angst
koro	Chor
korunmak	sich schützen
koşmak	joggen, rennen
koşuşmak	umherlaufen
koymak	legen, stellen, einwerfen, dazutun
koyulaşmak	sich vertiefen (Gespräch usw.)
köpek	Hund
köprü	Brücke
kör	blind
kötü	schlecht
kötülük etmek	Böses tun
köy	Dorf
kral	König
kredi	Kredit
krem	Creme
krem sürmek	sich einkremen
kuaför	Damenfrisör
kucaklaşmak	sich umarmen
kullanmak	verwenden, benutzen, gebrauchen
kural	Regel
kurmak	gründen
kurt	Wolf
kurulamak	trocknen
kurulanmak	sich trocknen
kuş	Vogel
kuş gribi	Vogelgrippe
kutu	Schachtel, Dose, Büchse
kuyruk	(Warte-)Schlange
küçük	klein; jung, jünger
kül	Asche
kütüphane	Bibliothek

L

lamba	Lampe, Licht
Latince	Latein
lazım	erforderlich, nötig
leke	Flecken
liman	Hafen
lira	Lira
lokanta	Restaurant
lütfen	bitte

M

maalesef	leider
maaş	Gehalt
maç	Wettspiel, Match
maddi	finanziell
mağdur	geschädigt; Verletzter
mahalle	Stadtviertel
makbuz	Quittung
mal	Ware, Gut, Eigentum
manto	Damenmantel
manzara	Aussicht, Anblick
mart	März
masa	Tisch
masal	Märchen
masraf	Kosten, Ausgaben
matematik	Mathematik
mavi	blau
mayıs	Mai
mecbur olmak	genötigt sein
mecburuyetinde olmak	genötigt sein
meclis	Versammlung, Rat, Parlament
mektup	Brief
meme	Brust
memnun	zufrieden
merak etmek	gespannt sein, sich Sorgen machen
merkez	Zentrale, Zentrum
Merkez Bankası	Zentralbank
mesela	zum Beispiel
meslek	Beruf
mesleki eğitim	Berufsausbildung
metin	Text
metro	U-Bahn, Metro
mevsim	Jahreszeit
meydana gelmek	passieren, vorkommen, entstehen

meyve Obst
milliyet Nationalität
misafir Gast
mola Pause
muhabbet Unterhaltung, Plauderei
muhakkak unbedingt, auf jeden Fall
muhasebe Abrechnung
muhasebeci Rechnungsführer
muhtaç bedürftig
mutfak Küche
mutlaka unbedingt, auf jeden Fall
mutlu glücklich
mücadele etmek kämpfen
müdahale etmek sich einmischen, eingreifen
müdür Direktor
mühendis Ingenieur
mühendislik Ingenieurwissenschaft
mülakat Besprechung, Interview
Münih München
müracaat etmek sich wenden, sich bewerben
müşteri Kunde
müze Museum
müzik Musik

N

nazik nett, fein
ne was
ne kadar wie viel
ne zaman wann
neden warum
nehir Fluss
neler was alles
nerede wo
neşe Freude
neşeli fröhlich
niçin warum
nihayet endlich, schließlich
nikotin Nikotin
nine Großmutter
nisan April
nispeten im Verhältnis, im Vergleich
nişanlı verlobt; Verlobter
nostaljik nostalgisch
not Schulnote; Notiz
not tutmak mitschreiben

O

o er, sie, es; jener, jene, jenes
o yüzden deshalb
ocak Januar, Herd
oda Zimmer
oda tiyatrosu Zimmertheater
oğlan Junge, Knabe
oğul Sohn
okul Schule
okumak studieren, lesen
olağanüstü außerordentlich
olay Vorfall, Ereignis
oldukça ziemlich, recht gut
olmak sein
onaylamak bestätigen
onlar sie
onun için deswegen
orada dort
oranla im Verhältnis, im Vergleich
orman Wald
ormanlık Waldgebiet
orta Mitte
ortalama mittel, durchschnittlich
ortam Milieu, Atmosphäre
Osmanlıca Osmanisch
ot Gras
otobüs Bus
otobüs garı Busbahnhof
otoyol Autobahn
oturma odası Wohnzimmer
oturmak sitzen, sich setzen; wohnen
Otuzyıl Savaşları Dreißigjähriger Krieg
oymak aushöhlen
oynamak spielen
oyun yeri Spielplatz

Ö

öbür gün übermorgen
ödemek bezahlen, tilgen
ödenme Bezahlung
ödül Preis
öğle(n) Mittag
öğleden önce Vormittag
öğleden sonra Nachmittag
öğrenci Schüler, Student
öğrenci yurdu Studentenwohnheim
öğrenim Studium
öğrenmek lernen
öğretim üyesi Hochschuldozent
öğretmen Lehrer, Lehrerin
öksürmek husten
öksüz Waisenkind
ön vor; Vorderseite
önce zuerst
önceleri früher, anfangs

önem	Wichtigkeit, Bedeutung
önemli	wichtig
önermek	vorschlagen
öpüşmek	sich küssen
örnek	Muster, Vorbild
örtmek	zudecken
örtü	Tuch, Decke
örtünmek	sich zudecken
ötürü	wegen, infolge
övünmek	sich loben
öyle	so, dann
özel	besonders, privat
özet	Zusammenfassung
özlem	Sehnsucht
özlemek	vermissen
özür dilemek	sich entschuldigen

P

pahalı	teuer
pahalılaşmak	teurer werden
paket	Schachtel, Packet
palyanço	Clown
panik halinde	in Panik, panikartig
panjur	Rolladen, Jalousie
pantolon	Hose
para	Geld
para yatırmak	Geld einzahlen
park	Park
park etmek	parken
parti	Partei; Party, Feier
pasaport	Reisepass
pasta	Kuchen
pastane	Konditorei
patron	Geschäftsinhaber
pazar	Markt; Sonntag
pazartesi	Montag
pek	sehr, viel
pencere	Fenster
penisilin	Penizillin
perşembe	Donnerstag
peynir	Käse
pilav	Reis
pişirmek	kochen
pist	Tanzfläche, Landebahn
piyano	Klavier
plan	Plan
planlamak	planen
polis	Polizei; Polizist
Portekiz	portugiesisch; Portugal
posta	Post
posta kutusu	Briefkasten
postacı	Briefträger
postalamak	senden
proje	Projekt
protesto	Protest
psikoloji	Psychologie

R

radar	Radar
rağmen	trotz
randevu	Termin
rapor	Bericht
rapor tutmak	Protokoll abhalten
reçel	Marmelade
rehber	Gästeführer
renk	Farbe
resim	Bild
rica etmek	bitten
Roma	Rom
roman	Roman
romantik	romantisch
ruh	Seele, Gemüt
Rusça	Russisch
rutubetli	feucht
rüzgâr	Wind

S

saat	Uhr; Stunde
sabah	Morgen
sabahlamak	die Nacht über aufbleiben
sabun	Seife
sadece	nur, allein
sadık	treu
sağ	rechts; rechte Seite
sağlam	gesund
sağlık	Gesundheit
sağlık raporu	Gesundheitszeugnis
sağlıklı	gesund
sahi	tatsächlich
sahip olmak	besitzen, verfügen über
sakın	ja nicht, nur nicht
sakinleşmek	sich beruhigen
saklamak	verstecken
saklanmak	sich verstecken
salı	Dienstag
sanat	Kunst
sanık	Angeklagter
sanmak	vermuten, glauben
saray	Schloss, Palast
sarhoş	betrunken

sarı	gelb
sarılmak	sich klammern, sich umarmen
sarkmak	hinunterhängen
satmak	verkaufen
satranç	Schachspiel
sauna	Sauna
savaş	Krieg
savcı	Staatsanwalt
savcılık	Staatsanwaltschaft
saygı	Respekt
saygı göstermek	respektieren
saygılı	respektvoll
sebep	Grund
sebze	Gemüse
sefer	Mal
sekreter	Sekretär
sekreterlik	Sekretariat
selam	Gruß
selam söylemek	grüßen
selam vermek	begrüßen
selamlaşmak	sich begrüßen
sempatik	sympathisch
sen	du
senaryo	Drehbuch
sene	Jahr
sermek	ausbreiten
serinlik	Kühle, Frische
sessiz	ruhig
sevgi	Liebe
sevinç	Freude
sevinmek	sich freuen
sevişmek	sich lieben
seviye	Niveau, Rang, Stand
sevmek	lieben, mögen
seyahat acentası	Reisebüro
seyis	Pferdepfleger
seyretmek	schauen
sıcak	warm; Wärme
sıcaklık	Temperatur, Hitze, Wärme
sıkı giyinmek	warm anziehen
sıkıcı	bedrückend, langweilig
sıkmak	ärgern, kränken
sınav	Prüfung
sınıf	Klasse; Klassenzimmer
sınır	Grenze
sıra	Reihe
sıraya girmek	sich in Reihen aufstellen
sigara	Zigarette
sigara kullanmak	rauchen
sigorta	Versicherung
silgi	Radiergummi, Abwischtuch
silmek	(ab-)wischen, streichen
sinema	Kino
sinirlenmek	nervös werden
sinirli	nervös
sis	Nebel
sisli	neblig
siz	ihr, Sie
soğuk	kalt; Kälte
soğukluk	Kälte
sohbet	Gespräch, Unterhaltung
sohbet etmek	sich unterhalten
sokak	Gasse, Straße
sol	links; linke Seite
son	letzte, Ende
son derece	im höchsten Grade
son nefesini vermek	seinen letzten Atemzug machen, sterben
sonbahar	Herbst
sonra	später, danach, nach
sonuç	Ergebnis
sormak	fragen
sorun	Problem
soruşturma açmak	einen Prozess eröffnen
soyguncu	Räuber
sökmek	herausreißen; entziffern, lesen können
söndürmek	auslöschen, ausmachen
söylemek	sagen, meinen
söz	Wort, Rat
söz dinlemek	Ratschläge befolgen, gehorchen
söz vermek	versprechen
sözlük	Wörterbuch
sözünde durmak	sein Wort/ Versprechen halten
spor	Sport
spor yapmak	Sport treiben
su	Wasser
suç	Schuld
suçlu	schuldig
sulamak	gießen
sunmak	anbieten
sunum	Vortrag
sur	Stadtmauer
susmak	schweigen
susuz	ohne Wasser, wasserarm
sürat	Geschwindigkeit
süre	Zeitraum, Zeitspanne
süreç	Phase, Prozess
sürmek	dauern, andauern; fahren
sürpriz	Überraschung
sürücü	Fahrer
süt	Milch

Ş

şarap	Wein
şef	Chef
şefkatli	liebevoll, zärtlich
şehir	Stadt
şeker	Zucker
şekerlik	Zuckerdose
şemsiye	Regenschirm
şey	Sache, Ding
şımarık	frech
şiddet	Stärke, Heftigkeit, Intensität
şiddetli	heftig
şiir	Gedicht
şikâyet etmek	sich beschweren
şimdi	jetzt
şişirmek	aufblasen, pumpen
şoke olmak	schockiert sein
şoför	Fahrer
şubat	Februar
şube	Filiale

T

tabak	Teller
tabi tutmak	herangezogen werden; unterwerfen
tabii	natürlich
tabii ki	selbstverständlich
tabip	Arzt
taç	Krone; Haarband
tahmin etmek	vermuten, annehmen
tahribat	Schaden, Zerstörung
tahta	Tafel
takım	Mannschaft
taklit	Fälschung, Nachahmung
takmak	befestigen; tragen
taksi	Taxi
talep etmek	verlangen, fordern
talimat	Bestimmungen, Anweisungen
tam	genau
tamir	Reparatur
tamirat	Reparaturen
tamirci	Reparateur, Werkstatt
tanık olmak	Zeuge sein (von)
tanımak	kennen
tanışmak	sich gegenseitig kennen, sich kennenlernen
tanıştırmak	einander vorstellen, miteinander bekannt machen
tansiyon	Blutdruck
taranmak	sich kämmen
tarımcılık	Landwirtschaft
tarif etmek	beschreiben
tarih	Geschichte; Datum
tarla	Feld
tartışmak	diskutieren
taslak	Entwurf
taşınmak	umziehen
tat	Geschmack
tat almak	schmecken, genießen
tatil	Ferien, Urlaub
tatlı	süß; Süßigkeit
tatmak	schmecken
tavşan	Hase
tavuk	Hähnchen; Huhn
tazelemek	erneuern, auffrischen
tek	einzeln
teklif etmek	anbieten, vorschlagen
teknik	technisch; Technik
tekrar	wieder, noch mal
telaş	Aufregung, Panik
telefon	Telefon
telefon etmek	telefonieren, anrufen
telefon kartı	Telefonkarte
telefonlaşmak	telefonieren
televizyon	Fernseher
tembel	faul
temin etmek	besorgen
temiz	sauber
temizlemek	putzen
temmuz	Juli
tempo	Tempo
teneffüs	Pause
tenis	Tennis
tepki	Reaktion
terbiye etmek	erziehen, ausbilden, dressieren
tercih etmek	vorziehen, bevorzugen
tercüman	Übersetzer, Dolmetscher
tercüme	Übersetzung
tercüme etmek	übersetzen
terzi	Schneider
tespit	Feststellung
teyze	Tante (mütterlicherseits)
tıp	Medizin
tıraş	Rasur
tıraş olmak	sich rasieren
titiz	peinlich genau, anspruchsvoll
tiyatro	Theater
top	Ball
toplam	insgesamt
toplamak	sammeln, aufräumen

toplantı	Versammlung, Sitzung
torun	Enkelkind
tören	Feier; Zeremonie
trafik	Verkehr
trafik kazası	Verkehrsunfall
trafik lambası	Verkehrsampel
tramvay	Straßenbahn
tren	Zug
Tunus	tunesisch; Tunesien
tur	Tour, Rundfahrt
turist	Tourist
turnuva	Turnier
tutmak	halten, festhalten
tutuklamak	festnehmen
tuz	Salz
tuzlamak	salzen
tuzluk	Salzstreuer
tüm	gesamt, ganz
tünel	Tunnel
Türk	türkisch; Türke
Türkçe	Türkisch
tüy	Feder

U

uçak	Flugzeug
uçmak	fliegen
uçurtma	Drachen
ucuz	günstig, billig
ucuzlamak	sich senken; billiger werden
ufak tefek	allerhand Kleinigkeiten
uğramak	vorbeigehen, vorbeikommen
uğurlamak	jemanden verabschieden
ulaşmak	erreichen, ankommen
ummak	hoffen
unutmak	vergessen
uslu	brav
uslu durmak	brav sein
uyanmak	aufwachen, erwachen
uyarı cezası	Verwarnungsgeld
uygun	geeignet, passend
uykusuzluk	Schlaflosigkeit
uymak	entsprechen, sich anpassen
uyumak	schlafen, einschlafen
uzak	fern, weit, entfernt
uzaklaşmak	sich entfernen
uzamak	länger werden, sich ausdehnen
uzatmak	verlängern, lang machen; herüberreichen
uzman	Experte
uzun	lang

Ü

ülke	Land
üniversite	Universität
üniversiteli	Student
ünlü	berühmt, bekannt
ürkek	scheu
ürkeklik	Scheu
üst	über, auf; Oberseite
üstlenmek	übernehmen
üşümek	frieren; sich erkälten
ütülemek	bügeln
üzgün	traurig
üzmek	peinigen, quälen
üzüm bağları	Weinberge

V

vakit	Zeit
vapur	Fähre
var	es gibt, es befindet sich
varmak	ankommen, erreichen
vaz geçmek	verzichten
vazo	Vase
ve	und
vefat etmek	sterben
veli	Erziehungsberechtigter
vergi	Steuer
vergi dairesi	Finanzamt
vermek	geben
vida	Schraube
vitamin	Vitamine
vize	Visum
vurmak	anstoßen, schlagen
vücut	Körper

Y

yabancı dil	Fremdsprache
yabancılar dairesi	Ausländerbehörde
yabani	wildwachsend
yabani otlar	Unkraut
yağ	Fett, Öl
yağışlı	regnerisch
yağmur	Regen
yağmur yağmak	regnen
yakın	nah; Nähe
yaklaşmak	sich nähren
yakmak	verbrennen, anbrennen lassen

yalamak lecken, ablecken
yalan söylemek lügen, anlügen
yalanmak sich lecken (z. B. Katze)
yalnız allein, einsam
yan neben, bei; Seite
yanaşmak heranrücken, anlegen
yanlışlık Fehler, Irrtum
yanmak anbrennen, verbrennen
yapma çiçek Kunstblume
yapmak machen
yara Wunde
yaramazlık etmek sich ungezogen benehmen
yaratıcı kreativ
yarım halb; halb eins (12:30 Uhr)
yarın morgen
yarışmak Wettkampf ausführen
yasak Verbot; verboten
yaş (Lebens-)Jahr
yaşamak leben
yaşlı alt, bejahrt
yat Jacht
yatak Bett
yatak odası Schlafzimmer
yatmak liegen, sich hinlegen, schlafen
yavaş langsam, leise
yaya Fußgänger
yaygın verbreitet
yaz Sommer
yazı Schrift, Text
yazıcı Drucker
yazılı sınav schriftliche Prüfung
yazlık Ferienwohnung
yazmak schreiben
yeğen Neffe, Nichte
yeğlemek vorziehen, bevorzugen
yelken Segel
yem Futter
yemek Essen; essen
yemekhane Kantine, Mensa
yemyeşil ganz mit Grün bedeckt, grasgrün
yeni neu
yenilemek erneuern
yer Ort, Platz, Boden
yerküre Globus
yerli hiesig, einheimisch
yeşil grün
yetinmek sich begnügen (mit)
yıkamak waschen
yıkanmak sich waschen
yıl Jahr
yıl dönümü Jahrestag
yılbaşı Silvester
yılbaşı programı Silvesterprogramm
yıpratmak ruinieren, kaputtmachen
yoğun intensiv
yoğunluk Dichte, Dichtigkeit
yok es gibt nicht, es befindet/befinden sich nicht, es ist/sind nicht
yok olmak verschwinden
yoksulluk Armut
yol Weg, Straße
yol masrafları Reisekosten
yola çıkmak aufbrechen, sich auf den Weg machen
yolcu Reisender, Passagier
yorgun müde
yormak anstrengen
yorulmak ermüden
yönetici Leiter, Verwalter, Bürokrat
yummak schließen, zumachen
yumurta Ei
yurt Heimat; Studentenwohnheim
yüklemek (auf-, ver-)laden, beladen
yüksek hoch
yükselmek aufsteigen
yürümek laufen
yürüyüşe çıkmak einen Spaziergang machen
yüz hundert; Gesicht
yüzmek schwimmen

Z

zeki klug
zengin wohlhabend, reich
zevkli reizvoll, amüsant, geschmackvoll
zeytin Oliven
ziyaret etmek besuchen
zor schwer, schwierig
zorunda olmak gezwungen sein
Zürih Zürich

Lösungsschlüssel

Lösungen zu Lektion 1

1. 1

1. trenler, 2. adamlar, 3. gazeteler, 4. köprüler, 5. kamyonlar, 6. köyler

1. 2

1. gemide, 2. babada, 3. derste, 4. çocukta, 5. savaşta, 6. Düsseldorf'ta

1. 3

1. Evde ekmek var. 2. Bugün okullarda tören var. 3. Ormanda hayvanlar var. 4. Kitapta resim yok. 5. Masalarda su var. 6. Sigarada nikotin var. 7. Babada para var. 8. Öğretmende kalem yok. 9. Çantada defter var. 10. Yemekte tuz yok.

1. 4

1. Ali Sinop'ta. 2. Ali Zürih'te. 3. Ali Kars'ta. 4. Ali Darmstadt'ta.

1. 5

1. Ankara'da deniz yok. 2. Tabakta yemek var. 3. Kâğıtta yazı yok. 4. Sivas'ta istasyon var. 5. Ahmet'te anahtar yok. 6. Okullarda öğretmenler var. 7. Havuzda çocuklar var. 8. Bardakta su var. 9. Denizde gemiler yok. 10. Dağlarda kar var.

1. 6

In den Bäckereien gibt es heute kein Brot. Im Irak ist Krieg. Am Bosporus ist Nebel. Auf der Straße ist Eis. Im Glas ist kein Wasser. Es sind keine Wellen auf dem Meer. Im Fernsehen gibt es ein Fußballspiel. Zu Hause sind Gäste. In Deutschland gibt es Streik. Im Hotel gibt es kein Badetuch. Im Schrank gibt es kein Wasser. Die Milch hat Fett. Ich habe keine Zigaretten. In der Bank gibt es eine Schlange. In der Geldbörse befindet sich Geld. Auf den Feldern gibt es Blumen. Im Obst sind Vitamine. In der Tür steckt ein Schlüssel. Im Bus gibt es Reisende. Im Tee ist kein Zucker. Das Auto hat eine Störung. Heute gibt es keine Wolken am Himmel. Am Eingang befindet sich ein Wärter.

1. 7

Mutfakta masa yok. Balkonda çiçekler var. Nehirde balık yok. Hamburg'da seçimler var. Burada güneş yok. Yolda ağaç yok. Dükkânda meyve yok. Yarın sınav yok. Bahçede bir köpek var. Bugün yemekte tatlı yok.

Lösungen zu Lektion 2

2. 1

1. gazete mi? 2. adam mı? 3. okul mu? 4. köprü mü? 5. kedi mi? 6. kâğıt mı?

2. 2

1. İstanbul'da metro yok mu? 2. Fabrikada kantin var mı? 3. İlkokulda İngilizce dersi yok mu? 4. Sınıfta tahta var mı? 5. Dallarda çiçek var mı? 6. Türkiye'de çöl var mı? 7. Frankfurt'ta liman yok mu? 8. Arabada benzin var mı? 9. Banyoda sabun var mı? 10. Grupta çocuk yok mu?

2. 3

1. Süt mü çay mı tatlı? 2. Okulda ders mi var? 3. Dolmuş mu otobüs mü ucuz? 4. Evde ekmek yok mu? 5. Masada kitap mı gazete mi var? 6. Sınıfta mı öğretmen yok? 7. Ali mi Ayşe mi evde?

2. 4

1. f, 2. i, 3. d, 4. a, 5. j, 6. h, 7. c, 8. b, 9. e, 10. g

2. 5

Sind Kinder auf der Straße? Gibt es Fisch oder Hühnchen zum Essen? Haben die Tiere keine Krankheiten? Gibt es Aspirin in der Apotheke? Gibt es keinen freien Platz am Tisch? Gibt es ein Meer in der Schweiz? Gibt es keinen Strom im Dorf? Gibt es keinen Platz im Auto? Ist morgen eine Prüfung in Französisch oder Latein? Gibt es eine Radarfalle auf der Autobahn? Gibt es Leben auf dem Mond? Gibt es keine Preisminderung? Gibt es eine Kontrolle an der Grenze? Hat Ali keinen Schlüssel (bei sich)? Gibt es schöne Museen in Bern? Gibt es keine Cafeteria am Institut?

2. 6

Sende para var mı? Uçakta yemek yok mu? Otobüste çay mı kahve mi var? Duvarlarda resimler yok mu? Binada asansör mü yürüyen merdiven mi var? Yemekte çorba var mı? Şişede su var mı? Şehirde kütüphane var mı? Evde süt var mı? Programda müzik yok mu? Büfede sigara var mı?

Lösungen zu Lektion 3

3. 1

1. Sen yorgun musun? 2. Okul kapalı mı? 3. Ben küçük müyüm? 4. Biz aç değiliz. 5. Siz hasta değil misiniz? 6. Onlar üzgün değiller mi? 7. Öğrenciler derste mi? 8. Çay soğuk mu? 9. Sen öğretmensin.

3. 2

1. Ben uzağım. 2. Biz uzağız. 3. Ben romantiğim. 4. Biz romantiğiz. 5. Ben mağlubum.
6. Biz mağlubuz. 7. Ben kıskancım. 8. Biz kıskancız. 9. Ben Kürdüm. 10. Biz Kürdüz.

3. 3

1. h, Siz avukat değil misiniz? 2. i, O çalışkan mı? 3. d, Sen öğrenci değil misin? 4. j, Biz kör müyüz? 5. g, Yolcular hazırlar mı? 6. a, Çocuklar uslu değiller mi? 7. e, Ben hastayım. 8. b, Siz mi yolcusunuz? 9. c, Sen doktorsun. 10. f, Ben yorgun değil miyim? 11. l, Siz baba mısınız? 12 k, Biz gazeteciyiz.

3. 4

1. Sen hemşiresin. 2. Biz doktoruz. 3. O Alman. 4. Ben neşeliyim. 5. Onlar avukat(lar) mı?
6. Siz Alman mısınız?

3. 5

Wir sind in Italien im Urlaub. Zur Zeit befinden wir uns beim Essen in einem schönen und sauberen Restaurant in einem kleinen Dorf. Das Wetter ist sehr heiß. Wir sind zu viert am Tisch. Du, ich und zwei weitere Freunde. Du bist Student(in), ich bin jedoch kein Student mehr. Ich bin Lehrer. Der eine Freund ist Anwalt und die andere Freundin ist Krankenschwester. Sie sind verheiratet, wir sind verlobt. Am Nebentisch befinden sich ein älterer Herr und eine Dame. Sie sind auch Touristen. Sie sind Franzosen. Im Restaurant befinden sich auch noch andere Franzosen. Ich bin Deutscher. Du bist Türkin. Im Restaurant gibt es keine weiteren Türken und Deutsche. Auf dem Tisch befinden sich Teller, Löffel, Messer und eine Vase aus Glas. In der Vase ist eine rote Rose. Die Rose ist sehr schön. Du bist fröhlich, ich allerdings bin etwas müde.

3. 6

Siz öğretmen misiniz? Hayır, öğretmen değilim, müdürüm. Yorgun değil misin? Mutluyum. O çalışkan mı? Evet, o çok çalışkan. Biz doktoruz. Siz öğrencisiniz. İngiliz misiniz? Türkiye'de kitap pahalı değil mi? Evli misiniz? Hayır, bekârız.

Lösungen zu Lektion 4

4. 1

1. yirmi sekiz, 2. elli dokuz, 3. altmış altı, 4. yetmiş dört, 5. otuz üç, 6. kırk yedi, 7. seksen sekiz, 8. doksan beş, 9. yüz yetmiş yedi, 10. iki yüz beş, 11. beş yüz on yedi, 12. bin altı yüz otuz iki

4. 2

1. yüz yirmi beşinci, 2. dört yüz kırk dördüncü, 3. bininci, 4. seksen altıncı, 5. on ikinci, 6. iki bin birinci

4. 3

1. dokuzar, 2. dörder, 3. yüzer, 4. beş yüzer, 5. altışar, 6. ikişer

4. 4

1. yüzde on, 2. yüzde kırk beş, 3. dörtte üç, 4. sekizde yedi, 5. dörtte bir, 6. üçte bir

4. 5

1. 6799	2. 1.123.445	3. 100.001	4. 50.050	5. 99.444
6. % 3 .	7. 1/4	8. 5/7	9. 6/10	10. 1/2

4. 6

Bu kitap kaça/kaç lira? Büro kaçıncı katta? Listede kaçıncısın? İkinci sıradayım. Bir pakette kaç sigara var? Bir pakette 19 veya 20 sigara var. Okulda sekiz öğretmeniz. Kaç öğrenci evli? Sadece bir öğrenci evli. On beş öğrenci bekâr. Masada kaç bardak var? Masada beş bardak var.

4. 7

Eine Woche hat sieben Tage. Der Februar hat manchmal 28 und manchmal 29 Tage. Wie viele Brücken gibt es am Bosporus? Es gibt zwei Brücken am Bosporus. Was kosten die Äpfel? Die Äpfel kosten fünf Lira. Wie viele Stockwerke hat dieses Hochhaus? Dieses Hochhaus hat vier Stockwerke. Auf jedem Stockwerk befinden sich zwei Wohnungen. Wie viele Zimmer hat eine Wohnung? Jede Wohnung hat vier Zimmer. Im ersten Stock gibt es viel Lärm. In welcher Wohnung ist die Dusche kaputt? Wie viele Heizkörper gibt es in diesem Zimmer? In die wievielte Klasse gehst du? Ich gehe in die sechste Klasse. Wie viele Schüler gibt es in der sechsten Klasse? In der sechsten Klasse gibt es vierundzwanzig Schüler. Was kostet diese Hose? Diese Hose kostet einhundert Lira. Wie viele Personen seid ihr insgesamt? Im ersten Bus gibt es zweiundzwanzig, im zweiten Bus sind es neunzehn Personen. Dieses Kölnischwasser besteht zu fünfundvierzig Prozent aus Alkohol. Dieses Jahr sind die Ferien fünfeinhalb Wochen lang. Diese Uhr ist in Frankreich zwanzig Prozent teurer. Im Osten Deutschlands sind die Löhne zwei Prozent niedriger. Heute ist es zweiunddreißig Grad in Antalya. Im Tee ist nur ein Löffel Zucker. Dieser Teppich ist aus hundert Prozent reiner Seide. In Erzurum ist das Wetter im Schnitt fünf Grad kälter. Ein halbes Kilo Schafskäse bitte. Und eineinhalb Kilo Oliven. In jeder Schachtel sind jeweils fünf Stifte.

Lösungen zu Lektion 5

5. 1

1. Çocuk koşuyor. 2. Ben oynuyorum. 3. Siz okuyorsunuz. 4. Sen telefon ediyorsun. 5. Biz yiyoruz. 6. Onlar gidiyorlar. 7. Yolcular biniyorlar. 8. Şoför sürüyor. 9. Anne tuzluyor. 10. Baba anlıyor. 11. Biz söylüyoruz.

5. 2

1. Sen çalışıyorsun. 2. Biz uyuyoruz. 3. Onlar yiyorlar. 4. Siz oturuyorsunuz. 5. Ben dinleniyorum. 6. O görüyor.

5. 3

1. Havada kuşlar uçuyor. 2. Sen yatakta dinleniyorsun. 3. Siz parkta yürüyorsunuz. 4. Balık suda yüzüyor. 5. Biz çalışıyoruz. 6. Ben masada oturuyorum. 7. Öğrenciler top oynuyor(lar). 8. Sen konuşuyorsun. 9. O, ormanda yürüyor.

5. 4

Morgens wachen wir um fünf Uhr auf und frühstücken sogleich. Zum Frühstück essen wir meistens Brot, Marmelade und Käse und trinken Tee. Danach gehen wir gleich zur Arbeit. Ich arbeite sechs Tage in der Woche und zehn Stunden am Tag. Ayşe jedoch arbeitet halbtags. Sie verdient eintausend Euro im Monat. Mittags essen wir ausser Haus. Abends hören wir zu Hause Musik, lesen Zeitung oder schauen fern. Manchmal bleibst du auch bei uns. Ihr geht mit Ayşe spazieren oder treibt Sport zusammen. Danach macht ihr das Essen. Ayşe schwimmt jeden Morgen eine halbe Stunde und joggt abends eineinhalb Stunden. Du kannst gut tanzen. Ayşe mag klassische Musik. Ich spiele Fußball. Ich laufe zwei Stunden am Tag und fahre eine Stunde Fahrrad. In den Ferien kommen auch die Kinder. Dann ist es noch schöner. Vier Wochen lang machen wir viele Dinge gemeinsam und verbringen schöne Tage zusammen. Die Kinder erholen sich gut. Sie hören viel Musik, schwimmen und sonnen sich. Wir gehen nachts spät schlafen.

5. 5

Sen ve Elif arkadaşsınız. Sen kütüphanede sınava hazırlanıyorsun, Elif ise bir büroda çalışıyor. Akşam bir lokantada buluşuyorsunuz. Hava yağışlı ve soğuk. Balık, salata ve meyve suyu ısmarlıyorsunuz. Garson İtalyan. Almanca az anlıyor. Siz biraz İtalyanca biliyorsunuz. İtalyanca konuşuyorsunuz. Garson seviniyor. Yan masada dört kişi oturuyor. Türkçe konuşuyorlar. Elif güzel Türkçe biliyor. Sen biraz anlıyorsun. Lokantada bir saat kalıyorsunuz ve sonra sinemaya gidiyorsunuz.

Lösungen zu Lektion 6

6. 1

1. Çalışmıyorsun. 2. O yorulmuyor. 3. Biz sevmiyoruz. 4. Onlar pişirmiyorlar. 5. Ben yapmıyorum 6. Siz gitmiyorsunuz.

6. 2

1. Alıyor mu? 2. Biliyor muyum? 3. Satıyorlar mı? 4. Kazanıyor musun? 5. Özlüyor muyuz?
6. Uyuyor musunuz?

6. 3

1. d, 2. k, 3. a, 4. l, 5. h, 6. i, 7. j, 8. b, 9. c, 10. g, 11. f

6. 4

1. Yemiyor muyuz? 2. Demiyor musunuz? 3. Sürmüyor musun? 4. Yıkamıyor muyum? 5. Görmüyor mu? 6. Sormuyorlar mı?

6. 5

Essen Sie nicht in der Kantine? Wann beginnt das neue Schuljahr? Rauchen sie nicht? Arbeitest du in den Ferien? Wer lebt in Frankreich? Warum lachen die Frauen? In welcher Sprache unterhalten sich die Kinder? Kochen wir denn nicht? Spreche ich gut Türkisch? Wann heiraten sie? Wo singst du? Warum lernst du nicht? Wie viele Schüler spielen Tennis? Welchen Beruf üben Sie aus? Was erzählt der Lehrer? Wie gehst du zur Schule? Lernst du Latein? Was verkaufen Sie alles? Wer versteht Türkisch? Wo wohnen sie? Verdienen sie viel Geld? Möchtest du Wasser oder Ayran zum Essen? Kommt der Zug nicht? Spielst du diese Woche nicht Fußball? Wann fährt der Bus los? Wie lange dauert der Weg? Warum sprechen wir nicht Türkisch?

6. 6

Nasılsın? Nerede çalışıyorsunuz? Hastanede çalışmıyor musunuz? Ben artık hastanede çalışmıyorum. Bir laboratuvarda çalışıyorum. Uyuyor musun? Uyumuyorum. Ne zaman kalkıyoruz? Ne diyorsun? Çocuklar niçin ağlıyor? Burada doktor hangi bey? Mutfakta kaç sandalye var? Kim geliyor? Ne yapıyorsunuz? Otobüs niçin gelmiyor? Siz kütüphanede ders çalışmıyor musunuz? Bugün ekmek almıyor muyuz? Burada tiyatro nerede? Bilmiyor musun? Nerede Türkçe öğreniyorsun? Şu an Türkçe öğrenmiyorum. Tatil ne kadar sürüyor? Bugün ne alıyorsun? Birlikte kaç çocuk geliyor? Kaç dil biliyorsunuz? Beş dil biliyorum.

Lösungen zu Lektion 7

7. 1

1. Paris'ten, 2. doktordan, 3. İsviçre'den, 4. kurstan, 5. işten, 6. senden

7. 2

1. Frankfurt'tan, 2. çarşıdan, 3. müzeden, 4. trenden, 5. ağaçtan, 6. kütüphaneden, 7. bürodan, 8. yoldan, 9. mutfaktan, 10. duraktan, 11. yurttan, 12. dolaptan

7. 3

1. Kimden geliyorsun? 2. Kime hediye arıyorlar? 3. Kimden bahsediyorsun? 4. Kime telefon ediyor? 5. Nereye gidiyorsunuz? 6. Neye/nereye yazıyorsun? 7. Kime söylüyorsun? 8. Nereden arıyorsun? 9. Saat kaçta/ne zaman uçağa biniyorlar?

7. 4

1. Paris'e, 2. gemiye, 3. İsviçre'ye, 4. kursa, 5. istasyona, 6. sana

7. 5

1. ablaya, 2. fuara, 3. kaleye, 4. eczaneye, 5. babaya, 6. Türkiye'ye, 7. Belçika'ya, 8. şatoya, 9. pazara, 10. fırına, 11. şehre, 12. akla, 13. durağa, 14. kilide, 15. dolaba

7. 6

Her sabah saat altıda yataktan kalkıyorum. Önce banyoya giriyorum. Duş ve tıraş yarım saat sürüyor. Sonra mutfağa gidiyorum ve kahvaltı yapıyorum. Saat yedide evden çıkıyorum. Beş dakika yürüyorum ve durakta otobüse biniyorum. Kadıköy'de otobüsten iniyor vapura biniyorum. Saat sekizde üniversiteye varıyorum. Önce sekreterliğe uğruyor postaya bakıyorum. Sonra büroya gidiyorum. Dört saat çalışıyorum ve öğlen tam saat on ikide yemeğe gidiyorum. Saat birde tekrar işe dönüyorum ve beş saat daha çalışıyorum. Akşam saat altıda bürodan eve dönüyorum. Şimdi bir proje hazırlıyorum. Proje haftaya bitiyor. Sonra izne çıkıyoruz. İtalya'ya uçuyoruz. Bu akşam sekretere bildiriyorum. Şeften yarın haber bekliyorum. İtalya'ya biletler kaça? Tek kişi beş yüz lira.

Übersetzung:

Jeden Morgen stehe ich um sechs Uhr auf. Zuerst gehe ich ins Bad. Das Duschen und Rasieren dauert eine halbe Stunde. Dann gehe ich in die Küche und frühstücke. Um sieben Uhr gehe ich aus dem Haus. Ich laufe fünf Minuten und steige an der Bushaltestelle in den Bus ein. In Kadiköy steige ich aus dem Bus aus und steige in die Fähre ein. Um acht Uhr komme ich an der Universität an. Zunächst gehe ich im Sekretariat vorbei und schaue in mein Postfach. Dann gehe ich in mein Büro. Ich arbeite vier Stunden und gehe genau um zwölf Uhr mittags zum Essen. Um ein Uhr kehre ich wieder an meinen Arbeitsplatz zurück und arbeite weitere fünf Stunden. Abends um sechs Uhr gehe ich vom Büro nach Hause. Zur Zeit bereite ich ein Projekt vor. Das Projekt endet in einer Woche. Danach fahren wir in den Urlaub. Wir fliegen nach Italien. Ich teile es heute Abend der Sekretärin mit. Ich erwarte morgen eine Nachricht von meinem Chef. Was kosten die Tickets nach Italien? Pro Person fünfhundert Lira.

7. 7

Bankadan geliyorum. Sana söylüyorum. İstasyona yürüyorum. Ali'den sana yirmi dakika sürüyor. Nereden geliyorsun? Sana hediye ediyorum. Kime gidiyorsun? Kars'tan mı geliyorsun? Nereden biliyorsun? Bugün şehre gidiyorum. Bürodan geliyoruz ve durağa yürüyoruz. Ne zaman bana geliyorsun? Sana bugün geliyorum. Saat on birde yatağa giriyorum. Dolaptan bir gömlek alıyorum. Ağaçtan bir elma düşüyor. Sana yardım ediyorum. Nuray sokağa çıkıyor. Ayşe'ye selam söyle! Bu akşam otele geliyor musun? Hayır, bu akşam sinemaya gidiyorum. Resimlere bakıyorum.

Lösungen zu Lektion 8

8. 1

1. yapma! 2. görme! 3. yumma! 4. çalışma! 5. kalma! 6. yeme!

8. 2

1. koşun! 2. okuyun! 3. görün! 4. başlayın! 5. kaçın! 6. bitirin!

8. 3

1. öğrenmeyiniz! 2. başlamayınız! 3. vermeyiniz! 4. almayınız! 5. yazmayınız! 6. söylemeyiniz!

8. 4

1. gelsin, 2. pişirsin, 3. yıkasın, 4. dinlesin, 5. dokunsun, 6. gülsün

8. 5

1. yürümesinler, 2. konuşmasınlar, 3. bakmasınlar, 4. kalkmasınlar, 5. boyamasınlar, 6. uyumasınlar

8. 6

1. satayım, 2. tadayım, 3. yürüyeyim, 4. gideyim, 5. başlayayım, 6. yiyeyim

8. 7

1. beklemeyeyim, 2. kaçırmayayım, 3. bilmeyeyim, 4. gelmeyeyim, 5. oturmayayım, 6. içmeyeyim

8. 8

1. satalım, 2. tadalım, 3. yürüyelim, 4. gidelim, 5. başlayalım, 6. yiyelim

8. 9

1. beklemeyelim, 2. kaçırmayalım, 3. bilmeyelim, 4. gelmeyelim, 5. oturmayalım, 6. içmeyelim

8. 10

Was sollen wir heute Abend machen? Wollen wir ins Theater gehen? Lass uns zu Hause bleiben und Oktay eine Überraschung machen. Lass mich heute etwas Türkisch lernen./(Ich möchte heute ein bißchen Türkisch lernen.) Ich will dir ein gutes Türkischbuch geben. Aysel soll morgen zu uns kommen. Komm du auch und lass uns zusammen einkaufen gehen. Sollen die Kinder auch mitkommen? Die Kinder sollen nicht mitkommen, sie sollen zu Hause lernen. Lauft ihr zum Bahnhof und wartet dort! Die Schüler sollen nicht zu spät zur Schule kommen. Ruf Lale jetzt nicht an! Lass mich etwas schlafen! Grüße Ayşe! Achten Sie auf die Fußgänger! Ich will nicht sprechen. Treten Sie nicht auf den Rasen! Lassen Sie keinen Müll auf den Boden fallen! Lass uns im Büro treffen! Lass uns Sevgi informieren! Stellen Sie sich in die Reihe! Sollen wir es Ali auch mitteilen? Soll ich das Essen salzen? Geht auf den Basar und bummelt etwas! Sie sollen im Wald spazieren gehen. Hier öffnen. Füttern Sie die Tiere nicht! Sie sollen heute zwei Stunden länger arbeiten. Er soll dieses Jahr nicht in Urlaub fahren. Er soll mich heute Abend anrufen.

Lösungen zu Lektion 9

9. 1

1. kapıyı, 2. yatağı, 3. anneyi, 4. yolu, 5. düğümü, 6. okulu, 7. uçağı, 8. tabibi, 9. burcu, 10. kilidi, 11. ağacı, 12. bıçağı

9. 2

1. Was ist das? Was bedeutet das? 2. Sieht du das da? 3. Ich nehme es nicht. 4. Ist das Buch da auf Arabisch oder auf Persisch? 5. Es ist auf Osmanisch.

9. 3

1. Elif gömleği ütülüyor. 2. Bu pantolonu istiyorum. 3. Frankfurt'u sevmiyor musun? 4. Ayşe'yi ziyaret ediyoruz. 5. Hangi rengi seçiyorsunuz? 6. Kimi düşünüyorsun? 7. Seni özlüyorum. 8. Bizim mahalleyi biliyorlar mı? 9. Neyi bekliyorsun? 10. Kahveyi nasıl içiyorsunuz? 11. Bu arabayı alıyorum. 12. Hepsini yiyor musun? 13. Ayşe balonu şişiriyor. 14. O kahvaltı/kahvaltıyı hazırlıyor. 15. Öğrenciler niçin sigara içiyor?

9. 4

Mektubu Oktay'a ve hediyeleri Sultan'a gönderiyorum. Kime bakıyorsun? Hasan'a bakıyorum. Kimi görüyorsunuz? Hanna'yı görüyoruz. Paketi açalım mı? Onu akşama açalım. Kimi arıyorsun? Songül'ü arıyorum. Onu tanımıyorum. Ne yapıyorsun? Camları siliyorum. Kapıyı da siliyor musun? Çocukları istasyona götür! Bana lüften kapıyı aç! Beni arama! Denizi ve güneşi özlüyorum. Ayşe'yi mi bekliyorsun? Hayır, onu beklemiyorum. Hangi arabayı beğeniyorsunuz? Kırmızıyı alalım mı? Hayır, yeşili alalım. Bu tacı takıyor musun? Şu kağıdı atayım mı? Kilidi değiştirelim. Şehri görüyoruz. Adama yolu soruyoruz. Buzu içeceğe koyuyor. Almancayı nerede öğreniyorlar? Kadınlar kimi soruyor? Annemi soruyorlar. Bu armutları mı şu elmaları mı vereyim? Hepsini verin! Öğretmeni anlıyor musunuz? Hangi gazeteyi okuyorsunuz? Bu kazağı alıyor musun?

Übersetzung:

Den Brief schicke ich Oktay und die Geschenke sende ich an Sultan. Wen schaust du an? Ich schaue Hasan an. Wen sehen Sie? Wir sehen Hanna. Sollen wir das Packet öffnen? Lass es uns am Abend öffnen. Wen suchst du? Ich suche Songül. Ich kenne sie nicht. Was machst du? Ich putze die Fenster. Putzt du auch die Tür? Bringe die Kinder zum Bahnhof! Öffne mir bitte die Tür! Suche mich nicht! Ich vermisse das Meer und die Sonne. Wartest du auf Ayşe? Nein, ich warte nicht auf sie. Welches Auto gefällt euch? Sollen wir das rote nehmen? Nein, lass uns (lieber) das grüne nehmen! Trägst du dieses Haarband? Soll ich dieses Blatt da weg werfen? Lass uns das Schloss wechseln! Wir sehen die Stadt. Wir fragen den Mann nach dem Weg. Er gibt das Eis ins Getränk. Wo lernen sie Deutsch? Nach wem fragen die Frauen? Sie fragen nach meiner Mutter. Soll ich diese Birnen oder diese Äpfel geben? Geben Sie alles. Versteht ihr den Lehrer? Welche Zeitung lesen Sie? Nimmst du diesen Pullover?

9. 5

Bugün bir film izleyelim. Hangi filmi izleyelim? Bu romanı biliyor musun? Evet, şu an onu okuyorum. Ayşe'yi bazen görüyorum. Yeni bir dosya alıyorum. Çay içmiyorum. Bu çayı içmiyorum. Çocuklara bir hediye alalım mı? Kitabı masaya koyuyorsun. Elmayı yemiyorum. Fincanı bana ver! Kapıyı açıyorum. Yazarı tanıyor musunuz? Hangi yazarı diyorsunuz? Bu masayı almayalım mı? Hayır, onu almayalım. Mektubu lütfen müdüre götür! Tatlıyı balkonda yiyelim mi? Anneyi hastaneye götürüyorum.

Lösungen zu Lektion 10

10. 1

1. sulu, 2. kirli, 3. güçlü, 4. yaralı, 5. borçlu, 6. problemli, 7. önemli, 8. düzenli, 9. sözlü

10. 2

1. Amerikalıyım. 2. İranlıyız. 3. Kongolu. 4. Belçikalısın. 5. İsviçrelisiniz. 6. Kölnlüler.

10. 3

1. beceriksiz, 2. neşesiz, 3. yüzsüz, 4. dengesiz, 5. bilgisiz, 6. sorunsuz, 7. başarısız, 8. resimsiz, 9. boyasız

10. 4

1. Hukukçuyum. 2. Futbolcu değiliz. 3. Çöpçüsün. 4. Siz kitapçı mısınız? 5. O saatçi mi? 6. Siz işçisiniz.

10. 5

1. ilerici, 2. milliyetçi, 3. ırkçı, 4. gerici, 5. İslamcı, 6. bireyci

10. 6

1. milliyetçilik, 2. devrimcilik, 3. yoksulluk, 4. evlilik, 5. hastalık, 6. askerlik, 7. aptallık, 8. iyilik, 9. cimrilik

10. 7

1. şekerlik, 2. küllük, 3. anahtarlık, 4. gelinlik, 5. sabahlık, 6. buzluk

10. 8

Woher kommt der neue Direktor? Der neue Direktor kommt aus Bolu. Wie sieht er aus? Er ist klein, Brillenträger und hat einen Schnurrbart. Sollen wir in der Konditorei Baklava mit Sahne essen? Wir durchqueren eine baumlose Gegend. Ohne Brille kann ich nicht lesen. Morgen besucht eine Kommission aus Korea die Firma. Hast du Durst? Nein, ich bin müde. Ist Ayşe verheiratet? In manchen Ländern ist Arbeitslosigkeit und Armut sehr verbreitet. Ich suche einen sonnigen Platz. Sind die Teller noch schmutzig? Dieses Hemd ist fleckig. Frau Fatma ist eine pensionierte Lehrerin. Wo ist der Hausmeister? Ich kenne den Buchhändler. Ali geht zum Militärdienst. Schönheit ist relativ. Fahre vorsichtig! Freundschaft ist sehr wichtig. Umweltschutz ist heutzutage eine wichtige Bewegung. Ich sehne mich nach einem sorgenlosen Leben. Ali ist sehr unbesorgt.

10. 9

Berlinliyim. Sütlü kahve içiyorum. Solcu gruplar yürüyüş yapıyorlar. Gözlükçü bugün hasta. Aylığı yarın alıyorum. Bu lokantada alkollü içecek yok. Cimrilik yapma! Buzlu votka seviyor musun? Önemli değil. Milliyetçilik yeni bir olgudur. Cemil bu şehirde önemli bir adam.

Lösungen zu Lektion 11

11. 1

1. kapının, 2. yatağın, 3. annenin, 4. köprünün, 5. mantonun, 6. kolun

11. 2

1. Evet, bu araba bizim. / Hayır, bu araba bizim değil. 2. Evet, bu çocuk Sevgi'nin. / Hayır, bu çocuk Sevgi'nin değil. 3. Bu kalem öğretmenin. 4. Bu vida buzdolabının. 5. Evet, bu kitaplar Yaşar'ın. / Hayır, bu kitaplar Yaşar'ın değil.

11. 3

1. babam, 2. kızım, 3. çocuğum, 4. köyüm, 5. kitabım, 6. annem

11. 4

1. yemeğin, 2. dileğin, 3. gücün, 4. kapın, 5. yurdun, 6. araban

11. 5

1. cevabı, 2. ayağı, 3. bıçağı, 4. dedesi, 5. ilacı, 6. burnu

11. 6

1. işimiz, 2. suyumuz, 3. oğlumuz, 4. gözümüz, 5. burnumuz, 6. adımız

11. 7

1. kediniz, 2. mektubunuz, 3. köpeğiniz, 4. treniniz, 5. ağzınız, 6. köyünüz

11. 8

1. Bugün işim var. 2. Senin paran yok mu? 3. Onun videosu var mı? 4. Bizim bu hafta tatilimiz var. 5. Sizin vaktiniz yok mu? 6. Onların çocukları yok.

11. 9

Wem gehört dieser Radiergummi? Gehört er nicht Ihnen? Dieser Radiergummi gehört meiner Schwester. Meine Eltern kommen heute abend von Zürich nach Berlin. Mein Bruder hingegen bleibt zu Hause. In dieser Woche gibt es in unserer Schule eine große Feier. Seine Mathematiknoten sind nicht gut. Wann ist deine Prüfung? Von zu Hause bis zu meinem Arbeitsplatz dauert es zehn Minuten. Er hat ein neues Auto. Wohin bringen Sie ihren Hund? Ihre Kinder gehen noch nicht zur Schule. Was hast du alles in deiner Tasche? Wo studiert Ihr Sohn? Habt ihr dieses Jahr Urlaub? Mein Kurs beginnt morgen. Ist sein Großvater alt? Deine Brille ist sehr schön. Diese Woche beenden wir unsere Arbeit. Er bereitet sich auf seine Prüfung vor. Ihre Mutter kommt morgen. Er soll sein Essen fertig essen und dann gehen. Ich suche meinen Regenschirm. Ihr Auto ist kaputt. Wann beginnt dein Schachturnier?

Lösungen zu Lektion 12

12. 1

1. taksi durağı, 2. köy yumurtası, 3. Türkçe kitabı, 4. baş örtüsü, 5. tren bileti, 6. çocuk korosu, 7. yılbaşı eğlencesi, 8. meyve suyu, 9. salı günü, 10. hafta sonu, 11. ev erkeği, 12. ev kadını

12. 2

1. Yeni arabamı beğeniyor musunuz? 2. Latince kitapların nerede? 3. Onun fizik sınavı hangi binada? 4. Eski evimizin sokağını biliyor musun? 5. Çince kursunuz ne zaman başlıyor? 6. Onların spor öğretmeninin adı ne? 7. Ayşe'nin başı mı ağrıyor?

12. 3

1. çocuğun babası, 2. babanın köyü, 3. köyün çeşmesi, 4. çeşmenin suyu, 5. suyun tadı, 6. evin erkeği

12. 4

Bora İstanbul Üniversitesi'nde ne okuyor? Bora'nın annesi, babası ve iki kız kardeşi Edirne'de yaşıyorlar. Bora'nın kız kardeşlerinin adları Ayşe ve Tülin. Bora'nın annesi doktor, babası ise öğretmen. Bora'nın dedesi Ankara'da oturuyor. Bora yaz tatillerinde onu ziyaret ediyor ve onun evinde iki hafta kalıyor. Bora'nın kız kardeşleri ise kış tatillerinde dedelerine gidiyor ve orada bir hafta kalıyorlar. Tülin ve Ayşe'nin çok güzel bir köpekleri var. Onlar köpeklerini her gün parkta gezdiriyor. Ayşe İstanbul'da Boğaziçi Üniversitesi psikoloji bölümünde okumak istiyor. İstanbul Türkiye'nin en büyük kentidir. İstanbul'un tarihi çok eskidir. İstanbul'un surları, camileri, Topkapı Sarayı ve Kapalıçarşı'sı ünlüdür. Tren, Haydarpaşa Garı'ndan kalkıyor. Otobüs durağında seni bekliyoruz. Onur'un teyzesinin küçük oğlu evleniyor. Babamın eski bir iş arkadaşı yarın bizi ziyarete geliyor. Domateslerin bazıları bozuk. Öğrencilerimin çoğunun isimini biliyorum. Orhan Pamuk'un son romanından birkaç cümle okuyalım. Adanın üçte ikisini tanıyoruz. Bizim bale kursumuz salı günü başlıyor. İsviçre'nin kaç kantonu var?

Übersetzung:

Was studiert Bora an der Universität Istanbul? Boras Vater, seine Mutter und seine zwei Schwestern leben in Edirne. Die Namen von Boras Schwestern sind Ayşe und Tülin. Die Mutter von Bora ist Ärztin, sein Vater hingegen Lehrer. Boras Großvater wohnt in Ankara. Bora besucht ihn in den Sommerferien und bleibt zwei Wochen in seinem Haus. Die Schwestern von Bora hingegen fahren in den Winterferien zu ihrem Großvater und bleiben eine Woche dort. Tülin und Ayşe haben einen sehr schönen Hund. Sie führen ihren Hund jeden Tag im Park aus. Ayşe möchte an der Bosporus-Universität in Istanbul Psychologie studieren. Istanbul ist die größte Stadt der Türkei. Die Geschichte von Istanbul ist sehr alt. Die Stadtmauer, die Moscheen, der Topkapıserail und der große überdachte Bazar von Istanbul sind berühmt. Der Zug fährt vom Bahnhof Haydarpaşa ab. Wir warten an der Bushaltestelle auf dich. Der jüngere Sohn von Onurs Tante heiratet. Ein alter Arbeitskollege meines Vaters kommt uns morgen besuchen. Einige Tomaten sind schlecht. Ich kenne die Namen von vielen meiner Studenten. Wir möchten einige Sätze aus dem letzten Roman von Orhan Pamuk lesen. Wir kennen zwei Drittel der Insel. Unser Ballettkurs beginnt am Dienstag. Wie viele Kantone hat die Schweiz?

12. 5

Adınız ne? Bu kitap senin mi? Bugün biraz daha zamanımız var. Dört çocukları var. Çocuklar odalarında oynuyorlar. Burada posta kutusu var mı? Hafta sonu ne yapıyorsun? Annene gidelim mi? Doktorunun annesinin evini biliyor musun? Misafirlerin yarısı Almanca bilmiyor. Anadili ne? Kızımın öğretmeninin güzel bir bahçesi var. Frankfurt havaalanında seni bekliyorum. Öğrencilerimizin yüzde yirmisi burslu. Onun çalışma masası şurada. Ayakkabısı güzel. Mahallemizin göz doktorunun üç çocuğu var. Oturma izni var mı? Pazartesi günleri çalışmıyoruz. Oturma odasının kapısı yeni. Öğretmen her öğrenciye bir kalem hediye ediyor. Almanya'nın kaç eyaleti var?

Lösungen zu Lektion 13

13. 1

1. Ben senin gibi yazıyorum. 2. Kimin için bilet alıyorsun? 3. Siz bizim kadar yorulmuyorsunuz. 4. Bugün seninle sinemaya gidiyoruz. 5. Çocuklar onun gibi şarkı söylüyor. 6. O benimle dans ediyor.

13. 2

1. Ben tiyatroya kadar yürüyorum. 2. Okuldan sonra ne yapıyorsun? 3. O, Ali gibi yüzüyor. 4. Gemi ile İtalya'ya gidiyoruz. 5. Tülay için hediye alıyorsunuz. 6. Onlar öğleden önce yemek pişiriyorlar. 7. Biz iki dönemden beri Türkçe öğreniyoruz. 8. O haksızlığa karşı mücadele ediyor. 9. Hastalıktan dolayı gelmiyorlar. 10. Misafirler akşama doğru gidiyorlar. 11. Bana göre sınav zor değil. 12. Sen ona dair neler biliyorsun? 13. Uykusuzluğa rağmen iyi çalışıyorum. 14. Afrika'ya ilişkin çok şey biliyorlar.

13. 3

Üç yıldan beri burada çalışıyorum. Bu ülkenin soğuğuna rağmen hayatımdan memnunum. Her sabah işten önce ormanda bir saat koşuyorum. Benden başka o saatte orada kimse koşmuyor. Koşudan sonra soğuk bir duş alıyorum ve hemen kahvaltıya oturuyorum. Kahvaltıda peynirden başka bir şey yemiyorum. Sonra otobüsle işe gidiyorum. Otobüs, sabah trafiğinden ötürü hep gecikiyor. Buna rağmen iş yerime zamanında varıyorum. Çünkü evden biraz erken çıkıyorum. Benim gibi çok kişi otobüsle işe gidiyor. Saat sekize doğru büroya varıyorum. Sekreter benden önce işe başlıyor. O, arabayla geliyor. Önce onunla biraz sohbet ediyorum. Sekreter iki aydan beri bizim firmada çalışıyor. Ona dair henüz fazla bir şey bilmiyorum. Bana göre iyi bir kadın. Her sabah bizim için kahve yapıyor. Herkese karşı çok nazik. Saat dokuza doğru posta geliyor. Postacı bazen yağmurdan dolayı gecikiyor. Yarım saat sekreterle birlikte yeni dosyaları inceliyoruz. O saatte bizden başka büroda üç kişi daha oluyor. Saat onda şef geliyor ve o güne ait çalışma raporunu istiyor. Saat on bire kadar günün akışını gözden geçiriyoruz. Büroda yaza oranla kışın fazla iş olmuyor. Saat on ikiden bire kadar yemek molası veriyoruz.

Übersetzung:

Seit drei Jahren arbeite ich hier. Trotz der Kälte dieses Landes bin ich mit meinem Leben hier zufrieden. Jeden Morgen jogge ich vor der Arbeit eine Stunde im Wald. Außer mir joggt dort um diese Zeit niemand. Nach dem Jogging dusche ich kalt und setze mich an den Frühstückstisch. Zum Frühstück esse ich nichts außer Käse. Danach fahre ich mit dem Bus zur Arbeit. Der Bus verspätet sich immer wegen des Morgenverkehrs. Trotzdem komme ich rechtzeitig an meinem Arbeitsplatz an. Ich verlasse nämlich das Haus etwas früher. Viele fahren wie ich mit dem Bus zur Arbeit. Gegen acht Uhr komme ich im Büro an. Die Sekretärin beginnt vor mir mit der Arbeit. Sie fährt mit dem Auto. Zuerst unterhalte ich mich etwas mit ihr. Die Sekretärin arbeitet seit zwei Monaten in unserer Firma. Ich weiß noch nicht viel über sie. Meiner Meinung nach ist sie eine nette Frau. Jeden Morgen kocht sie Kaffee für uns. Sie ist jedem gegenüber sehr höflich. Gegen neun Uhr kommt die Post. Manchmal verspätet sich der Briefträger wegen des Regens. Ich studiere eine halbe Stunde die neuen Akten mit der Sekretärin. Um diese Zeit gibt es außer uns drei weitere Personen im Büro. Um zehn Uhr kommt der Chef und verlangt den Arbeitsbericht des Tages. Bis elf Uhr gehen wir den Tagesablauf durch. Im Gegensatz zum Sommer gibt es im Winter nicht viel Arbeit im Büro. Von zwölf bis ein Uhr machen wir eine Mittagspause.

13. 4

Okula tramvayla gidiyorlar. Bu çiçekler senin için. Beş yıldan beri evliyiz. Senin için kariyer mi aile mi daha önemli? Yaza kadar kitabı bitiriyoruz. Kurstan sonra Selma'yla yemeğe gidiyoruz. Ayşe'ye nazaran ikiz kardeşi Ayşin daha sakin. Sevim gibi başarılı olmak istiyorum. Onarımdan dolayı sokaklar kapalı. Kardeşim Ahmet dışında bizim aileden kimse Türkiye'de yaşamıyor. İstasyona doğru yürüyorum. Evrime ilişkin değişik düşünceler var.

Lösungen zu Lektion 14

14. 1

1. Ayşe annesinin yanında oturmuyor. 2. Kitabı dolabın üstüne bırakıyorum. 3. Yerin altından sular fışkırıyor. 4. Evin arkasında tramvay yolu geçiyor. 5. Salatanın içine başka ne koyuyorsun? 6. Biranın ardından şarap içme! 7. Turistlerin arasında Alman var mı? 8. Şimdi parkın dışına çıkıyoruz. 9. Anaokulunun etrafında oyun yerleri var. 10. Karşımızda bir Fransız oturuyor. 11. Gölün ortasında büyük bir ada var. 12. Masanın yerine koltuğu koyuyoruz. 13. Firmanızın önünde park yerleri var mı? 14. Sağımızda nehir akıyor. 15. Solunda kim duruyor?

14. 2

Firmam istasyonun yanında. Çalışma masasının solunda bir kitaplık duruyor. Kitaplığın üstünde bir yerküre var. Masanın altında bir yazıcı ve dosyalar bulunuyor. Yemekhanenin önünde buluşalım mı? Üniversitenin çevresinde birkaç seyahat acentesi var. Avukatın bürosunun karşısında otobüs durağı yok mu? Ayşe ile Ali'nin arası iyi değil. Sizin aranız nasıl? Rehberin ardından gidelim. Heyecan filmin ortasından itibaren başlıyor. Şehrin dışında sanayi sitesi var. Dolabın içine bak! Otelin etrafında inşaatlar çok. Kütüphanenin sağında park yerleri var. Şu arabanın arkasına park et ! Panjur yerine perde alalım. Üzüm bağlarının arasından geçiyoruz.

Übersetzung:

Meine Firma ist neben dem Bahnhof. Auf der linken Seite des Arbeitstisches befindet sich ein Bücherregal. Auf dem Bücherregal gibt es einen Globus. Unter dem Tisch sind ein Drucker und die Ordner. Wollen wir uns vor der Mensa treffen? Im Umfeld der Universität gibt es einige Reisebüros. Gibt es gegenüber dem Büro des Rechtanwalts keine Bushaltestelle? Das Verhältnis zwischen Ayşe und Ali ist nicht gut. Wie ist euer Verhältnis? Lass uns hinter dem Gästeführer gehen. Die Spannung beginnt in der Mitte des Films. Außerhalb der Stadt ist das Industriegebiet. Schaue in den Schrank! Es gibt viele Baustellen um das Hotel herum. Auf der rechten Seite der Bibliothek gibt es Parkplätze. Parke hinter diesem Auto! Lass uns anstelle der Rolläden Vorhänge kaufen. Wir fahren durch die Weinberge.

14. 3

1. Ali'nin Ankara'daki teyzesi yarın geliyor. 2. Karşımızdaki adamı tanıyor musun? 3. Sağındaki koltukta kim oturuyor? 4. Bugünkü toplantın ne zaman bitiyor? 5. Dünkü filmi hatırlıyor musunuz? 6. Bu sokaktaki dükkânlar çok pahalı. 7. Kütüphanedeki sözlük eski. 8. İşçiler parktaki ağaçları kesiyorlar. 9. Sendeki şemsiye bozuk mu? 10. Öndeki trafik lambasına dikkat et!

14. 4

Bürodaki yazıcım bozuk. Önümüzdeki arabayı görüyor musun? Altımızda bir Türk aile oturuyor. Firmamın karşısında bir futbol sahası var. Yanına oturuyorum. Postane belediyenin arkasındadır. Niçin arkamdan yürüyorsun? Bahçeyle ev arasında bir yol geçiyor. Binanın dışını boyuyorlar. Kız kardeşin abinin yanında mı kalıyor? Ayşe yanımızdaki eczanede çalışıyor. Resimdeki kızı hatırlıyor musun? Ahmet'in sınavı bugün, benimkisi ise yarın. Arkanda Ali'nin kız kardeşi oturuyor. Onun yanındaki kadını tanıyor musun? Bu maçta Kadir'in yerine oynuyorum. Arabanın içi kirli. Evimizin karşısında bir ilkokul var.

Lösungen zu Lektion 15

15. 1

1. Aylin bu dönem Türkçe sınavına girmek istemiyor. 2. Hangi filmi görmek istiyorsunuz? 3. Türkiye'ye uçakla gitmek istiyoruz. 4. Öğreniminden sonra ne yapmak istiyorsun? 5. Bir bilgisayar firmasında çalışmak istiyorum. 6. Niçin bizimle gelmek istemiyorlar?

15. 2

1. O, işe zamanında gelmeli. 2. Muhakkak ikinci bir yabancı dil öğrenmeliyim. 3. Projemiz için yeni bir eleman bulmalıyız. 4. Dersten sonra müdürle görüşmelisin. 5. Bu romanı mutlaka okumalısınız.

15. 3

1. Siz yaz tatilinde nereye gitmek istiyorsunuz? 2. Ben evde sigara içmek istemiyorum. 3. Sen niçin ailenle oturmak istemiyorsun? 4. Ali kitapları postayla mı göndermek istiyor? 5. Merkez Bankası faizleri düşürmek istiyor. 6. Postane buradaki şubesini büyütmek istiyor. 7. Biz yarın hastanede amcamı ziyaret etmek istiyoruz. 8. Semih'in kız kardeşi bu sene okulu bitirmek istiyor. 9. Nokia, Köln'deki fabrikasını kapatmak istiyor. 10. Doktorlar hastayı bugün ameliyat etmek istiyorlar.

15. 4

Nach der Meinung meiner Mutter sollte ein guter Schüler morgens früh aufstehen und rechtzeitig in die Schule gehen. In der Schule sollte er die Regeln beachten und keinen Unfug treiben. Und zu Hause sollte er die Worte der Erwachsenen befolgen und regelmäßig seine Hausaufgaben machen. Nach der Meinung meines Vaters sollte ein guter Schüler vor allem erfolgreich sein. Seine Noten sollten immer überdurchschnittlich sein. Er sollte in die Sportmannschaften der Schule eintreten und über einen guten Freundeskreis verfügen. Ein guter Schüler sollte seiner Meinung nach außerdem nicht rauchen und keine weiteren schlechten Gewohnheiten haben. Für meine ältere Schwester sollte ein guter Schüler nett sein, sich mit jedem vertragen, niemanden beleidigen und seinem Umfeld gegenüber sensibel sein. Nach meinem älteren Bruder sollte ein guter Schüler sein Wort halten, vertrauenswürdig sein und natürlich ein bisschen cool sein. Wie ein guter Schüler meiner Meinung nach sein sollte? Das sollte man zuallererst Sie fragen, Ihre Meinung hören. Wie sollte eigentlich ein guter Schüler sein?

15. 5

Bugün annene bir doğum günü hediyesi almalıyız. Ne istiyorsun? Seninle konuşmak istiyorum. Kimi ziyaret etmek istiyor? Antalya uçağını kaçırmamalıyız. Yemekten önce ellerini yıkamalısın ve yemekten sonra dişlerini fırçalamalısın. Trende bavuluna dikkat etmelisin. Bunu unutmamalısın. Bugün evde yemek yemek istemiyorum. Lokantaya mı gitmek istiyorsun? Ne zaman taşınmak istiyorsunuz?

Lösungen zu Lektion 16

16. 1

1. Üniversitede okuyacağım. 2. Ali'yle görüşmeyecek misin? 3. Bizimle alışverişe gelecek. 4. Annen bu duruma ne diyecek? 5. İstasyonda kimi bekleyeceksiniz? 6. Piyano kursuna gitmeyecekler mi? 7. Bu sene okulda İngilizce dersi olmayacak. 8. Yarın bu saatte nerede olacaksın? 9. Saat kaçta yemek yiyeceksiniz? 10. Müzik dinleyeceğiz.

16. 2

1. Sen akşam konsere gitmeyecek misin? 2. Dersten önce Nil'e uğramayacak mıyız? 3. Onlar bugün seninle buluşmayacaklar mı? 4. Bu evi kiralamayacak mısınız? 5. O yarın bu zaman işte olmayacak mı? 6. Bir daha seni görmeyecek miyim? 7. Ayşe'yi evden almayacak mıyız? 8. Çocuklar arkadaşlarına gitmeyecekler mi?

16. 3

1. Siz cuma günü mü döneceksiniz? 2. Ben yarın arabayla İzmir'e gideceğim. 3. O hafta sonu bana gelecek. 4. Birlikte yemek yiyeceğiz. 5. Okulda uslu duracaksın. 6. Öğrenciler hediyelere çok sevinecekler.

16. 4

Meine Tante und ihre Familie aus Bern werden in diesem Sommer zu uns kommen und etwa eine Woche bei uns bleiben. Danach werden wir alle mit dem Auto in die Türkei fahren. Im Sommer wird meine ältere Schwester in der Türkei heiraten. Deswegen werden meine Mutter und meine Tante zunächst nach Istanbul fahren und dort Hochzeitgeschenke kaufen. Sie werden in Istanbul fünf Tage verbringen. Wir allerdings werden unsere Reise mit dem Auto fortsetzen. Am 15. Juli werden wir in Mersin ankommen. Meine Mutter (und meine Tante) werden von Istanbul nach Adana fliegen und wir werden sie am Flughafen abholen. Die Hochzeit meiner Schwester wird in Mersin sein. Nach der Hochzeit werden meine Schwester und ihr Mann für die Flitterwochen nach Spanien aufbrechen. Wir werden in Mersin noch etwas bleiben und die Verwandten besuchen. Danach werde ich zusammen mit meinem Bruder nach Antalya fahren, um unsere Ferien dort zu verbringen und von dort werden wir nach Zürich zurückkehren.

16. 5

Sonbaharda İstanbul'da bir Türkçe kursuna gideceğim. Arkadaşım birlikte gelecek. Orada Alman konsolosluğunda üç aylık bir staj yapacak. İstanbul'da altı ay kalacağız ve bir öğrenci yurdunda oturacağız. Seni bu konuda haberdar edeceğiz. İlkbaharda nerede olacaksın? Nisandan itibaren SAP'de çalışacağım. Orada bir meslektaşımla birlikte bir proje yöneteceğiz. Nasıl bir proje olacak? Türkiye'deki bilgisayar pazarına ilişkin bir proje olacak.

Lösungen zu Lektion 17

17. 1

1. Roma İtalya'nın en büyük şehridir. 2. Çin dünyanın en kalabalık ülkesidir. 3. İsviçre'nin en yüksek dağı hangisidir? 4. En güçlü hayvan aslan mı? 5. Münih Almanya'nın en büyük kenti değil. 6. Afrika'nın en uzun nehri hangisidir? 7. Van Gölü Türkiye'nin en büyük gölüdür.

17. 2

1. Hanna'nın gözleri yemyeşil. 2. Gökyüzü masmavi. 3. Mara'nın saçları sapsarı. 4. Bebeğin burnu babasınınki gibi upuzun. 5. Dışarısı sopsoğuk, odanın içi ise sımsıcaktır. 6. Onur'un babasının arabası yepyeni.

17. 3

1. Yürümek arabayla gitmekten daha iyi. 2. Güneşin ışıkları ayınkinden çok daha kuvvetli. 3. Köpek kediden daha sadık. 4. Tren uçaktan daha ucuz. 5. Ali, Ahmet'den daha başarılı. 6. Barış'ın İngilizcesi Deniz'inkinden daha kötü. 7. İstanbul'un tarihi Ankara'nınkinden daha eski. 8. Babam annemden iki yaş daha büyük. 9. Almanya Türkiye'den çok daha yağışlı.

17. 4

1. c, 2. d, 3. e, 4. a, 5. b

17. 5

Unser Haus ist ganz nah am Bahnhof. Die diesjährigen Noten Ihres Kindes sind im Vergleich zum letzten Jahr besser. Ayşe ist in ihrem Beruf sehr erfolgreich. Dieser Fall ist hoch interessant. Alis finanzielle Situation ist ganz gut. Nalans größter Wunsch ist es, zu studieren und Ärztin zu werden. Unser Schlafzimmer ist sonniger als unser Wohnzimmer. Wir werden unsere Gäste endlich in einem sauberen Restaurant bewirten lassen. Wir brachen in einer rabenschwarzen Nacht auf. Unser größter Wunsch ist, dass ihr gesund bleibt. Wir schwimmen in einem himmelblauen Meer. Keine Sorge, Ihr Kind ist kerngesund. Ich schenke dir die allerschönsten Blumen. Ist Schweigen besser als Reden? Die Familie meiner Tante hat einen ganz langen Esstisch. Heute ist der kürzeste Tag des Jahres. Der Kellner deckt den Tisch zunächst mit einer ziemlich alten Tischdecke. Dann stellt er ein Bündel ganz hässlicher Kunstblumen darauf. Und schließlich bringt er ein ganz kaltes Essen. Sie essen dann blitzschnell und verlassen den Ort.

Lösungen zu Lektion 18

18. 1

1. Söyledim. 2. Koştun. 3. Atladı. 4. Gördük. 5. Bittiniz. 6. Bildiler.

18. 2

1. Demedim mi? 2. Yazmadın mı? 3. Telefon etmedi mi? 4. Kızmadık mı? 5. Sevmediniz mi? 6. Gülmediler mi?

18. 3

1. Biz dün alışverişe gittik. 2. İki aydan beri hiç sigara içmedi. 3. Rüzgâra rağmen adaya zamanında ulaştık. 4. Tatil için uçak bileti ayırttın mı? 5. Bu filmi henüz izlemediniz mi? 6. Yolcular öğleye doğru kahvaltı yaptılar. 7. Ayşe ne zaman ve nerede doğdu? 8. Baban hangi tarihte vefat etti?

18. 4

1. Çocuklar yemeğe gittiler 2. Köşede bir araba gördün. 3. Annenle nerede buluştuk? 4. Günde en fazla dört saat çalıştım. 5. Ali eve dönmek istemedi mi? 6. Hangi kitapları okudunuz? 7. Burada sigara içmemeliydin.

18. 5

Gestern Abend haben wir uns mit unserem ehemaligen Philosophielehrer (Lehrer) Mahmut in der Stadt getroffen und sind zusammen essen gegangen. Wir waren insgesamt sechs alte Freunde. Nach zwölf Jahren sind wir zum ersten Mal wieder mit dem Lehrer Mahmut zusammengekommen. Gegen acht Uhr kam auch die Ehefrau von ihm. Lehrer Mahmut hat uns mit seiner Frau Tülay bekannt gemacht. Beim Essen hat sich das Gespräch vertieft. Wir haben von unseren alten Schulzeiten erzählt und unsere Erinnerungen aufgefrischt. Lehrer Mahmut und seine Frau haben von ihren Kindern erzählt. Bis zehn Uhr ist Frau Tülay mit uns geblieben. Dann verließ sie uns, um ihre Kinder von ihrer Mutter abzuholen. Wir haben uns entschieden, uns noch einmal zu treffen. Sie haben uns in ihre Wohnung eingeladen. Nach vier Wochen werden wir uns bei ihnen treffen. Wir sind gegen zwölf Uhr in eine Bar gegangen. Dort haben wir noch andere Freunde getroffen. Die Unterhaltung wurde immer länger und wir konnten erst gegen morgen die Bar verlassen. Wir sind noch eine halbe Stunde auf der İstiklal-Straße geschlendert. Danach wurden wir hungrig. In einer Cafeteria haben wir dann gefrühstückt. Nach dem Frühstück sind wir mit Taxen nach Hause zurückgekehrt. Wir haben eine sehr schöne, nostalgische Nacht verbracht.

18. 6

1960'ta Türkiye'de doğdum. 1966 ile 1971 yılları arasında Eskişehir'de ilkokula gittim. Sonra üç yıl ortaokula devam ettim. 1975 yılında Ankara'ya göçtük. Orada liseyi bitirdim. 1980'de babam beni Almanya'ya götürdü. Önce Dortmund'da bir Almanca kursuna gittim. Bir yıl sonra üniversiteye kaydımı yaptırdım. Beş yıl pedagoji okudum. Öğrenimimden sonra evlendim. İki yıl sonra ilk çocuğumuz doğdu.

Lösungen zu Lektion 19

19. 1

1. Öğretmendim. 2. Hastaydın. 3. Ali evdeydi. 4. Neşeliydik. 5. Küçüktünüz. 6. Çocuktular.

19. 2

1. Öğretmen değildim. 2. Hasta değildin. 3. Ali evde değildi. 4. Neşeli değildik. 5. Küçük değildiniz. 6. Çocuk değildiler.

19. 3

1. Sen evli değil miydin? 2. Tatilde değil miydiniz? 3. Teneffüste değil miydik? 4. Susuz değil miydi? 5. Çekingen değil miydim? 6. Çocuklar uslu değiller miydi?

19. 4

1. Zamanın yok muydu? 2. Saat beşte büroda değildim. 3. Hava pek güzel değildi. 4. Tatilde Türkiye'deydim. 5. Mutlu değil miydiniz? 6. Akşam teyzemlerdeydik. 7. Yılbaşı programı güzeldi. 8. Biletlerin fiyatı ne kadardı? 9. Bu işten firmamızın kârı neydi? 10. Saat ikide neredeydiler?

19. 5

Bis ich neun Jahre alt war, lebte ich in der Türkei bei meinen Großeltern. Meine Eltern waren zu der Zeit in Deutschland. Unser Haus in der Türkei befand sich in einem kleinen Dorf. Alle unsere Verwandten waren beisammen. Wir Kinder waren von morgens bis abends draußen. Auf den Straßen gab es keine Autos. Wir waren sehr glücklich. Eine ältere Schwester und ein älterer Bruder von mir waren bei meiner Eltern. Im Alter von neun Jahren hat mich mein Vater nach Deutschland nachgeholt. In Berlin hatten wir eine drei Zimmerwohnung. Die Straßen waren nicht wie in unserem Dorf. Überall waren Autos. In unserer Straße gab es eine kleine Bäckerei. Die Kuchen der Bäckerei waren sehr schön. Tagsüber waren meine Eltern in der Fabrik und wir waren in der Schule. Ich war damals sehr schüchtern. Deswegen war ich anfangs immer ganz allein. Aber mit der Zeit hat meine Schüchternheit und Ängstlichkeit abgenommen. Dann hatte ich in der Schule auch Freunde. Ein Freund von mir hieß Thomas. Er war ein ruhiges Kind mit langen blonden Haaren und dicker Brille. Thomas Familie hatte einen sehr süßen kleinen Hund. Sein Name war Rico. Außer Rico gab es in unserer Straße keine anderen Hunde. Auch diese Jahre meiner Kindheit sind sehr schön vergangen.

19. 6

Geçen tatilde neredeydiniz? Portekiz'deyik. Dün hastanede miydin? Evet, orada bir arkadaşımı ziyaret ettim. Dün akşam zamanınız yok muydu? Dün çok zamanımız vardı. Türkiye'den misafirlerimiz vardı. İlkokulda notlarım çok iyiydi. Bu sabah Nilgün teyzemin yanındaydı. Çok üzgündü. Niçin üzgündü? Sanıyorum ev sahibiyle sorunu vardı. Önce onun yanındaydı. Ama hiç bir şey anlatmadı.

Lösungen zu Lektion 20

20. 1

1. Söylemişim. 2. Koşmuşsun. 3. Atmış. 4. Görmüşüz. 5. Bitmişsiniz. 6. Öğrenmişler.

20. 2

1. Yürümemişim. 2. Çalışmamşsın. 3. Okumamış. 4. Uyanmamışız. 5. Yememişsiniz. 6. İçmemişler.

20. 3

1. Dememiş miyim? 2. Yazmamış mısın? 3. Uğramamış mı? 4. Kızmamış mıyız? 5. Sevmemiş misiniz? 6. Gülmemişler mi?

20. 4

1. Biz Ayşe'ye selam vermemişiz. 2. İki aydan beri Ali'yi görmemiş. 3. Cemil sıcağa rağmen iki saat koşmuş. 4. Sen bugün işe gitmemişsin. 5. Benimle görüşmek istemişsiniz. 6. Yolcular henüz otele varmamış. 7. Patrona saygı göstermemişim. 8. Bu yıl Türkiye'de fazla yağmur yağmamış. 9. Çiğdem havaalanında tam üç saat beklemiş. 10. Nesrin tatilde çantasını kaybetmiş. 11. Sema dün doğum yapmış.

20. 5

1. Çocuklar yemeğe gitmişler. 2. Yolda onlarla karşılaşmışsın. 3. Onlar bizi görmüş, biz onları görmemişiz. 4. Günde en fazla dört saat çalışmışım. 5. Özgür eve dönmek istememiş mi? 6. Ona iyi davranmamışsınız. 7. Ayşe'nin evde işi varmış. 8. Tiyatroda boş yer yokmuş. 9. Burada sigara içmemeliymişim. 10. Saat onda iş yerinde olmalıymışız. 11. Boğaz'da bir vapur alabora olmuş. 12. Firma beş bin kişiyi işten çıkarmış.

20. 6

Nesrin soll letzte Woche einen Unfall gehabt haben. Wie es passiert ist? An jenem Tag sei es neblig und regnerisch gewesen. Das arme Mädchen habe Probleme am Arbeitsplatz gehabt. Deswegen habe sie in jener Nacht nicht gut schlafen können. Am Morgen sei sie etwas später aufgewacht und habe das Haus etwas später als gewöhnlich verlassen. In dieser Hektik sei sie etwas zu schnell gefahren und dann sei es passiert. Sie habe das Auto, das an der Ampel stand, zu spät bemerkt und fuhr von hinten auf. Zum Glück hätten die Bremsen gut funktioniert und aus diesem Grund sei am vorderen Wagen kein großer Schaden entstanden. Sie hätten die Polizei gerufen und einen Unfallbericht machen lassen. Auch Nesrins Auto habe Kratzer und an einigen Stellen sei die Farbe ab. Das arme Mädchen habe dann ihr Auto in eine Werkstatt gebracht und sei mit dem Taxi ins Büro gefahren. Natürlich habe sie sich noch mehr verspätet. Der Chef habe zunächst gemurrt, aber nachdem Nesrin von dem Unfall erzählte, habe er sich beruhigt. Er habe ihr an jenem Tag sogar frei gegeben. Und Nesrin habe sich somit um die Reparatur und Versicherungsangelegenheiten ihres Autos kümmern können.

Lösungen zu Lektion 21

21. 1

1. Acemiymişim. 2. Hastaymışsın. 3. O evdeymiş. 4. Hırslıymışız. 5. Duygusalmışsınız. 6. Sarhoşmuşlar. / Sarhoşlarmış.

21. 2

1. Korkak değilmişim. 2. Dikkatli değilmişsin. 3. İşsiz değilmiş. 4. Rahat değilmişiz. 5. Aktif değilmişsiniz. 6. Kararlı değillermiş. / Kararlı değilmişler.

21. 3

1. Heyecanlı mıymışım? 2. Alıngan mıymışsın? 3. O şoför müymüş? 4. Sinirli miymişsiniz? 5. Suçlu muymuşsunuz? 6. Tembeller miymiş? / Tembel miymişler?

21. 4

1. Başarılı değil miymişim? 2. Sempatik değil miymişsin? 3. Pahalı değil miymiş? 4. Neşeli değil miymişiz? 5. Arap değil miymişsiniz? 6. Güzel değiller miymiş? / Güzel değil miymişler?

21. 5

1. Ercan'ın parası yok muymuş? 2. Ben iyi bir doktor değil miymişim? 3. Fazla duyarlı değilmişsin. 4. Yolcular şu an neredelermiş/neredeymişler? 5. Ayşe yeni işinden memnun değilmiş. 6. Bu köyde tiyatro yokmuş. 7. Biletlerin fiyatı on beş liraymış. 8. Onlar turist değillermiş/değilmişler. 9. Biz bu sabah niçin kahvaltıda değilmişiz. 10. Sizin çok güzel bahçeniz varmış.

21. 6

Unser neuer Direktor sei seit 25 Jahren verheiratet. Er habe drei Kinder: Zwei Söhne und eine Tochter. Der älteste Sohn gehe zur Universität. Die Ehefrau des Direktors sei Krankenschwester. Sie sei fünf Jahre jünger als er. Der Direktor und seine Frau hätten sich in Istanbul in einem Deutschkurs kennen gelernt und hätten zwei Jahre später geheiratet. Der Direktor habe einen Bruder in Paris. Er sei Dozent an der Universität Sorbonne. Er sei mit einer Französin verheiratet. Sie hätten eine Tochter. Ihr Name sei Nil. Sie hätten ihr den Namen seiner Mutter gegeben. Der Direktor und seine Frau seien letzten Sommer nach Frankreich gefahren, um sie zu besuchen. Das Wetter sei dort schön gewesen. Sein Bruder hätte ein Sommerhaus in Südfrankreich. Sie seien drei Wochen dort geblieben und hätten einen schönen Urlaub verbracht. Der Direktor habe das alles vor der Sitzung Serpil erzählt. Und Serpil hat dies nach der Sitzung uns erzählt.

21. 7

Sevim'in annesi geçen hafta evde değilmiş. Heidelberg'de kız kardeşinin yanındaymış. Kız kardeşi hastaymış. Nezle olmuş. Şimdi durumu iyiymiş. Bu hafta kızı yanındaymış. O bir hafta Kıbrıs'ta tatildeymiş. Hava çok güzelmiş. Orada Aysel ve ailesiyle karşılaşmış. Birlikte bir bot turu yapmışlar.

Lösungen zu Lektion 22

22. 1

1. j, 2. f, 3. i, 4. h, 5. c, 6. b, 7. a, 8. d, 9. e, 10. g

22. 2

Mein Name ist Aysun Güler. Ich bin eine 25 jährige Studentin. Ich bin gerade dabei, mein Studium abzuschließen. Momentan schreibe ich an meiner Diplomarbeit. Um eine gute Note zu bekommen, muss ich viel arbeiten. Ich bin verlobt. Mein Verlobter ist vor einem Jahr nach Frankreich gegangen, um dort zu studieren. Jetzt wohnt er in einem Studentenwohnheim. Deswegen habe auch ich angefangen, Französisch zu lernen. Momentan versuche ich, französische Lieder zu singen. Darüber hinaus treibe ich regelmäßig Sport. Ich habe mir vorgenommen, täglich mindestens eine Stunde zu joggen und zweimal in der Woche zu schwimmen. Es ist nicht gesund, an heißen Tagen zu joggen. Deswegen ziehe ich es im Sommer vor, Rad zu fahren. Zurzeit träumen mein Verlobter und ich von unserer Hochzeit. Obwohl wir es uns sehr wünschen, denken wir aber noch nicht daran, Kinder zu bekommen. Kinder großzuziehen ist nicht leicht. Letzte Woche habe ich mich entschieden, nicht mehr zu rauchen. Meine Familie hat es nie akzeptiert, dass ich rauche. Ich habe drei Neffen. Ich will für sie kein schlechtes Vorbild sein. Mein jüngster Neffe hat mit fünf Jahren angefangen zu lesen.

Dass er so früh zu lesen anfing, hat uns sehr glücklich gemacht. Er will, dass ich ihm jeden Abend vorlese. Es ist erholsam, im Bett vorzulesen. Letzte Woche ist der Onkel meiner Freundin Tansu gestorben. Heute habe ich Tansu angerufen, um ihr mein Beileid auszusprechen. Sie sei gerade dabei gewesen, das Haus zu verlassen. Sie hat sich über meinen Anruf sehr gefreut. Wir haben vereinbart, uns heute Abend zu treffen und essen zu gehen.

22. 3

Gülmek sağlıklıdır. Yüzmeye gidiyoruz. Tülay'ı davet etmeni istemiyorum. Onun yanımızda kalmasını istiyoruz. Sağlıklı kalman için çok hareket etmelisin. Çok öğrenmesine rağmen sınavı kazanamadı. Fazla çalışmaktan yorulduk. Ehliyet yapmaya karar verdi. Anne olmayı çok istiyor. İyi Türkçe öğrenmek için çok sabırlı olmalısın. Sana bir şey sormak istiyorum. Seni düşünmekten başka bir şey yapmıyorum. Bugün doktora gitmeni istiyorum. Kendini övmeyi çok seviyor. Aysel'e haber vermeyi unutma! Seninle önemli bir konu hakkında konuşmaya geldik. Annem evlenmemi istiyor. Kızını almak için havaalanına gitti. Okuması için herşey yaptım.

22. 4

1. Ben senin dinlenmeni istiyorum. 2. Ayşe hemen işe başlamamızı öneriyor. 3. Onun burada kalmasını istemiyor musun? 4. Ali'nin gelmesine çok sevindik. 5. Özür dilememizi bekliyorlar. 6. Biz tabii ki takımımızın kazanmasını arzuluyoruz. 7. Burada sigara içmemizi istemiyor musunuz? 8. Firmanın borcunu ödemesini talep ediyoruz.

Lösungen zu Lektion 23

23. 1

1. Senin hemen uyuman lazım. 2. Ayşe'nin alışveriş yapması gerekiyor. 3. Biraz acele etmem lazım. 4. Bizim hemen yeni bir araba bulmamız gerekli. 5. Çocukların bu saatte evde olmaları gerekli. 6. Bu yıl mutlaka tatile çıkmanız lazım. 7. Cuma gününe kadar parayı yatırmam gerekiyor. 8. Bir an önce Ayşe'yle barışman lazım. 9. Tülay'ın annesini ikna etmemiz gerekli. 10. Hastaneden sağlık raporu getirmeniz gerekiyor.

23. 2

1. Senin saat kaçta evde olman lazım? 2. Yolculuk için neler almamız gerekiyor? 3. Bu formu doldurmam gerekli mi? 4. Hastaneye yatması gerekiyor mu? 5. Çocukların bu yıl kuş gribine karşı aşı olmaları lazım mı? 6. Hangi bankada hesap açtırmanız gerekiyor? 7. Yeni adresimizi vergi dairesine bildirmemiz lazım mı?

23. 3

Benim dün gece sabaha kadar çalışmam gerekti. Orhan'ın bu hafta İstanbul'a gitmesi lazım. Evimize mutlaka yeni bir kiracı bulmamız gerekiyor. Çocuklara bir yıl boyunca annemin bakması lazımdı. Bu işlemlerin şimdiye kadar bitmesi gerekliydi. Senin bu mektupları dün göndermen lazımdı. Sizin yabancılar dairesine çoktan başvurmanız lazımdı. Avukatınızın sizi bu konuda bilgilendirmesi gerekliydi. Bursumu bu yılın sonuna kadar geri ödemem gerek.

Übersetzung:

Ich musste gestern Nacht bis in die frühen Morgenstunden arbeiten. Orhan muss diese Woche nach Istanbul fahren. Wir müssen für unsere Wohnung unbedingt einen neuen Mieter finden. Meine Mutter musste sich ein Jahr lang um die Kinder kümmern. Diese Formalitäten müssten bis jetzt erledigt worden sein. Diese Briefe hättest du schon gestern abschicken müssen. Sie hätten sich schon längst bei der Ausländerbehörde melden müssen. Ihr Anwalt hätte Sie darüber informieren müssen. Ich muss mein Stipendium bis Ende dieses Jahres zurückzahlen.

23. 4

1. a. Senin dışarıya çıkman lazım değil. b. Senin dışarıya çıkmaman lazım. 2. a. Tülay'la görüşmem gerekli değil. b. Tülay'la görüşmemem gerekli. 3. a. Kahvaltı yapması gerekmiyor. b. Kahvaltı yapmaması gerekiyor. 4. a. Çocukların bu filmi görmeleri gerekmiyor. b. Çocukların bu filmi görmemeleri gerekiyor. 5. a. Bunları size anlatmamız gerekli değil. b. Bunları size anlatmamamız gerekli.

23. 5

Hedefine ulaşman için çok çalışman lazım. Aylin'in bugün annesine yardım etmesi lazım. Haklarımızın kaybolmaması için ne yapmamız gerekiyor. Bir hafta içinde yabancılar dairesine dilekçeyle başvuruda bulunmanız lazım. Seninle mutlaka konuşmam gerek. Kendinize daha fazla zaman ayırmanız lazım. Neye dikkat etmem lazım? Almanca öğrenmeniz lazım.

Lösungen zu Lektion 24

24. 1

1. Söylerim. 2. Koşarsın. 3. Bilir. 4. Görürüz. 5. Alırsınız. 6. Atarlar.

24. 2

1. Yürümem. 2. Çalışmazsın. 3. Okumaz. 4. Uyumayız. 5. Yemezsiniz. 6. İçmezler.

24. 3

1. Bitirir miyim? 2. Düşünür müsün? 3. Verir mi? 4. Götürür müyüz? 5. Takar mısınız? 6. Çıkarırlar mı?

24. 4

1. Demez miyim? 2. Yazmaz mısın? 3. Uğramaz mı 4. Kızmaz mıyız? 5. Sevmez misiniz? 6. Gülmezler mi?

24. 5

1. Biz her gün alışverişe gideriz. 2. Evde hiç sigara içmez. 3. Haftada beş gün spor yaparım. 4. Yarın kütüphaneye uğrar mısın? 5. Bu akşam bizimle yemeğe gitmek istemez misiniz? 6. Onlar hafta sonları hep öğleye doğru kahvaltı yaparlar. 7. Cuma günü seni havaalanına götürürüm. 8. Bana bir iyilik yapar mısın?

24. 6

1. e, 2. g, 3. f, 4. b, 5. c, 6. a, 7. d

24. 7

Möchten Sie noch einen Tee? In einem langen Sommerurlaub möchte ich gerne nach Argentinien fliegen. Kaum hatte er Französisch gelernt, ging er nach Paris. Jeden Tag lese ich regelmäßig meine Zeitung und mache einen Spaziergang. Er ist Erwachsenen gegenüber immer respektvoll. Werden wir ihn später anrufen? Das werde ich nicht tun. Ich ärgere mich über ihn. Ich hoffe, dass es am Donnerstag nicht regnet. Möchten Sie nicht auch etwas vom Reis nehmen? Ahmet versteht hiervon nichts. Mein Sohn mag keine Süßigkeiten. Meine Mutter verzeiht solche Fehler nicht. Sobald er mich sah, erinnerte er sich an mich. Die Deutschen essen nicht so gerne Oliven zum Frühstück. Bei uns zu Hause hingegen werden sie fast jeden Tag gegessen.

24. 8

Sabahları saat yedide kalkarım. Önce on beş dakika jimnastik yaparım. Sonra duş alırım. Saat sekizde kahvaltıya otururum. Kahvaltıdan sonra parkta bir saat yürürüm. Orada bazen başka yaşlılara da rastlarım. Ve biraz sohbet ederiz. Bazen birlikte kahve içmeye gideriz. Öğlenleri hiç bir şey yemem. Akşamları en geç saat onda yatağa girerim.

Lösungen zu Lektion 25

25. 1

1. a. Bugün ayın on dokuzu. b. Yarın ayın yirmisi. c. Öbür gün ayın yirmi biri.
2. a. Dün ayın on sekiziydi. b. Önceki gün ayın on yedisiydi. c. Üç gün önce ayın on altısıydı.
3. Yarın günlerden ne? Dün günlerden neydi? a. Bugün günlerden perşembe.
   b. Yarın günlerden cuma. c. Dün günlerden çarşambaydı.

25. 2

1. d, 2. k, 3. l, 4. n, 5. g, 6. o, 7. j, 8. c, 9. f, 10. m, 11. e, 12. a, 13. b, 14. i, 15. h

25. 3

1. d, 2. c, 3. a, 4. b

25. 4

Obwohl ich alle Jahreszeiten mag, ist der Frühling mein Favorit. Ich wurde im April geboren, vielleicht deswegen. Ich bin nämlich ein echtes Frühlingskind. Mit dem Erwachen der Natur im Frühling setzt auch in mir eine aus der Tiefe kommende Bewegung und eine Lebendigkeit ein. Die Schwere und die Schwerfälligkeit des Winters verschwinden auf einmal. Ich fühle mich dann leicht wie eine Feder. In meinem Körper und Geist beginnen dann kreative Energien zu zirkulieren. Ich mag auch den Sommer. Es gefällt mir sehr, an kühlen Abenden und vor allem beim Mondschein in der Nacht spazieren zu gehen. Der Herbst hingegen bedeutet für mich Melancholie. Ich assoziiere mit ihm die Trennung. In dieser Jahreszeit spüre ich immer die Entfernung und die Sehnsucht. Der Winter ist die Zeit des Zurückziehens. Nicht nur für die Natur, sondern auch für meine Gefühle. Mit Abwarten vergeht diese Jahreszeit. Alles taucht unter der weißen Decke in einen tiefen Schlaf ein. In manchen Jahren fühle ich die Übergänge der Jahreszeiten aus verschiedenen Gründen sanfter. In anderen Jahren hingegen spiegelt sich der Übergang von einer Jahreszeit zur anderen in seiner ganzen Heftigkeit in meiner Seele wieder und zieht mich in seinen Bann. Manchmal erlangen Jahreszeiten, Monate, Wochen und Tage durch verschiedene Ereignisse eine besondere Bedeutung. Das Jahr 1990 ist beispielsweise von grosser Bedeutung für mein Leben. Im Winter jenes Jahres habe ich mein Studium abgeschlossen und geheiratet, im Frühling begann ich zu arbeiten, im Sommer haben wir unsere jetzige Wohnung gekauft und sind umgezogen und im Herbst ist unser erstes Kind auf die Welt gekommen. Wir haben sozusagen in jeder Jahreszeit eine andere Freude erlebt, etwas anderes genossen.

Lösungen zu Lektion 26

26. 1

1. h, 2. f, 3. i, 4. a, 5. c, 6. b, 7. e, 8. d, 9. g

26. 2

1. On beş elli beşte/Dörde beş kala. 2. On onda/Onu on geçe. 3. On bir on yedide/On biri on yedi geçe. 4. On dört sıfır yedide/İkiyi yedi geçe. 5. On iki otuzda./On iki buçukta./Yarımda. 6. Beş on beşte/Beşi çeyrek geçe. 7. On dokuz yirmi yedide/ Yediyi yirmi yedi geçe. 8. Dört otuz altıda/Beşe yirmi dört kala. 9. Sıfır sekizde/On ikiyi sekiz geçe. 10. Üç kırk birde/Dörde on dokuz kala.

26. 3

1. On iki kırk beş/Bire çeyrek var. 2. Sıfır elli/Bire on (dakika) var. 3. Bir sıfır sekiz/Biri sekiz (dakika) geçiyor. 4. İki yirmi beş/İkiyi yirmi beş (dakika) geçiyor. 5. On iki otuz/On iki buçuk/Yarım. 6. On sekiz otuz yedi/Yediye yirimi üç (dakika) var. 7. On yedi elli beş/Altıya beş (dakika) var. 8. Yirmi sıfır beş/ Sekizi beş (dakika) geçiyor. 9. Sıfır üç/On ikiyi üç (dakika) geçiyor. 10. Dokuz on beş/Dokuzu çeyrek geçiyor. 11. On üç otuz beş/İkiye yirmi beş (dakika) var. 12. Saat sıfır/Saat on iki.

26. 4

1. sekizi çeyrek geçeye 2. sekiz 3. sekiz buçukta 4. dokuza 5. on birde 6. altıyı yirmi geçe 7. yediyi on geçe 8. sekize yirmi kala 9. dokuza on iki kala 10. dokuzda 11. on ikiden.

Übersetzung:

Wir setzen uns im Winter normalerweise um 19 Uhr zum Abendessen. Wir sind in einer halben Stunde, höchstens aber in 45 Minuten mit dem Essen fertig. Nach dem Essen spielen die Kinder bis Viertel nach acht in ihrem Zimmer, wir hingegen schauen uns die Nachrichten um 20 Uhr an. Die Kinder putzen ihre Zähne und sind dann spätestens um halb neun im Bett. Ich lese ihnen jeden Abend eine halbe Stunde vor. Sie schlafen gegen neun Uhr ein. Ich lese abends normalerweise ein Buch oder Zeitung. Mein Mann arbeitet am Computer. Manchmal schauen wir uns zusammen einen Film an. Um elf Uhr gehen wir zu Bett. Morgens um zwanzig nach sechs weckt uns der Wecker. Wir beenden unsere Morgentoilette und setzen uns um zehn nach sieben an den Frühstückstisch. Mein Mann fährt mit dem Zug zur Arbeit. Sein Zug fährt zwanzig vor acht ab. Ich fahre ihn zum Bahnhof. Mit dem Auto dauert es von unserem Haus bis zum Bahnhof sieben Minuten. Ich fahre von dort zur Arbeit. Normalerweise komme ich zwölf Minuten vor neun an meinem Arbeitsplatz an und beginne um neun Uhr mit der Arbeit. Am Vormittag ist mein Arbeitstempo ziemlich hoch. Ich finde keinen einzigen freien Moment. Nach zwölf Uhr nimmt die Arbeit etwas ab und ich kann mich dann ein bisschen ausruhen.

26. 5

Hafta sonları saat kaçta kalkıyorsun? Hafta sonları genellikle saat dokuza çeyrek kalaya kadar uyurum. Saat kaç? Annen saat kaçta arayacak? Öğleden sonra saat üçte arayacak. Cumartesi günü saat dokuzda ne yapıyorsun? Bu cumartesi saat sekizi çeyrek geçeden bire çeyrek kalaya kadar büroda çalışıyorum. Akşama buluşalım mı? Tabii, buluşalım, saat kaçta? Ben saat yediyi yirmi geçe istasyona varıyorum. Beni oradan alabilir misin? Tamam, oradan direkt sinemaya gidelim mi? Film saat kaçta başlıyor? Film saat sekiz buçukta başlıyor.

Lösungen zu Lektion 27

27. 1

1. biliniyor / bilinmiyor, 2. konuşuluyor / konuşulmuyor, 3. söyleniyor / söylenmiyor, 4. bekleniyor / beklenmiyor, 5. alınıyor / alınmıyor, 6. atılıyor / atılmıyor

27. 2

1. yürünür / yürünmez, 2. çalışılır / çalışılmaz, 3. okunur / okunmaz, 4. bulunur / bulunmaz, 5. yenir / yenmez, 6. içilir / içilmez

27. 3

1. Yolcular için kahvaltı hazırlandı mı? 2. Kız, babası tarafından okuldan alındı. 3. Konser için yer ayırtıldı mı? 4. Mektuplar kimin tarafından yazıldı? 5. Ödevler kontrol edildi mi? 6. Bilanço muhasebeciye gönderildi. 7. Büronun camları temizlendi. 8. Son gelişmeler müdüre aktarıldı mı?

27. 4

1. Yemek Ayşe tarafından pişiriliyor. 2. Mektuplar tarafımdan postalanacak. 3. Alışveriş kimin tarafından yapıldı? 4. Bankanın buradaki şubesi kapatılıyor. 5. Ali'nin firması satılacak. 6. Evin çatısı yeni sahibi tarafından yenileniyor. 7. Bu proje üç ayda bitirilir. 8. Kira sözleşmesi kiracı tarafından feshedildi.

27. 5

1. Hayır, imzalanacak. 2. Hayır, çekilecek. 3. Hayır, yatırılacak. 4. Hayır, bildirilecek. 5. Hayır, edilecek.

27. 6

Zunächst wird mit dem Bus in die Stadt gefahren. Dort wird die antike Stadt besichtigt und die Ausgrabungen werden aus nächster Nähe angeschaut. Gegen Mittag geht man in zwei Gruppen zur Festung außerhalb der Stadt. Das Tor der Festung ist um diese Uhrzeit höchstwahrscheinlich geschlossen. In diesem Fall wird der Wächter benachrichtigt, um das Tor öffnen zu lassen. Gegen Abend trifft man sich im Garten der Festung und wartet auf den Bus. Der Treffpunkt wird dem Fahrer telefonisch mitgeteilt und der Weg beschrieben. Danach kehrt man mit dem Bus ins Hotel zurück. Der Fahrer wird über das morgige Programm informiert und um Pünktlichkeit gebeten. Am nächsten Morgen trifft man sich gleich nach dem Frühstück im Konferenzsaal, macht eine kurze Auswertung der Reise und verfasst einen Bericht. Im Bericht sollen Probleme, die aufgetaucht sind, besonders hervorgehoben werden. Danach wird die Rechnung fertig gemacht und zur Firma gefaxt. Die Bezahlung der einheimischen Reiseführer wird dort erledigt. Die anderen Ausgaben werden von der Ausgrabungskommission bestätigt und der Zentrale mitgeteilt. Spätestens um elf Uhr wird der Bus bestiegen und der Flughafen angefahren. Es wird darauf geachtet, dass die Gruppe am Flughafen zusammen bleibt.

Lösungen zu Lektion 28

28. 1

1. Arabalar çarpıştı. 2. Biz gülüştük. 3. Siz bakıştınız 4. Adamlar kaçıştılar. 5. Yolcular itiştiler. 6. Askerler vuruştular.

28. 2

1. f, 2. d, 3. g, 4. b, 5. a, 6. c, 7. e

28. 3

1. Yıkanıyorum. 2. Dayanıyorsun. 3. Kurulanıyoruz. 4. Saklanıyorsunuz.

28. 4

1. e, 2. d, 3. a, 4. f, 5. c, 6. b, 7. g

28. 5

Die Kinder rennen im Schulhof umher. Schubst euch nicht im Treppenhaus. Wir treffen uns jeden Freitag bei Selim. Warum schreien sich diese Männer an? Die Menge strömt in Panik nach rechts und links auseinander. Eine Frau schlägt sich. Die Katze leckt sich in der Sonne. Habt ihr euch diesen Sommer gut erholt? Wir sind etwas umherspaziert, haben uns aber bei niemandem blicken lassen. Die Frau schminkt sich. Es ist kalt, deck dich schnell zu! Esra lässt sich gar nicht blicken. Sie hat sich selbständig gemacht. Ihr Vater sei nicht erfreut darüber gewesen und habe sich mit ihr etwas gestritten. Der Direktor hat uns nichts über sich erzählt. Er ist sehr eingebildet. (Er mag sich selbst sehr gerne). Wir erledigen unsere Arbeit selbst. Wir haben beispielsweise unsere Wohnung selbst gestrichen. Diese Dinge erledigen sich nicht von selbst. Er wollte es selbst so. Liebt ihr euch noch immer so wie früher? In der letzten Zeit verstehen wir einander überhaupt nicht mehr. Deswegen sind wir zur Zeit übereinander verärgert. Verhaltet euch bloß nicht schlecht zueinander! Seid liebevoll zueinander! Lass uns einander folgen und uns nicht aus den Augen verlieren. Beide Schiffe stehen in Verbindung zueinander. Wir besuchen uns nicht gegenseitig.

28. 6

Kendi sağlığımıza dikkat ediyoruz. Bugün yıkanıyor musun? Hayır, bugün dinleneceğim. Çocuklar ağacın arkasına saklanıyorlar. Haftaya taşınıyoruz. Futbolcular soyunuyor. Tanışmıyor musunuz? Bakışıyorlar ve gülüşüyorlar. Çok iyi anlaşıyorlar. Kendinize ne aldınız? Kendimize hiç bir şey almadık. Birbirinizden özür dilemelisiniz. Birbirinizden ne bekliyorsunuz? Kuşlar uçuşuyor. Taraflar anlaştı. Takımlar yenişemediler. Şehirde görüşmediniz mi? Biz mektuplaşıyoruz.

Lösungen zu Lektion 29

29. 1

1. Aysel saçını hangi kuaföre kestiriyor / kestirdi / kestirecek? 2. Pantolonumu şu terziye diktiriyorum / diktirdim / diktireceğim. 3. Müdür sekretere telefon ettiriyor / ettirdi / ettirecek. 4. Arabamızı köşedeki tamirciye yaptırıyoruz / yaptırdık / yaptıracağız. 5. Büronuzu kime temizletiyorsunuz / temizlettiniz / temizleteceksiniz? 6. Ayakkabılarını nerede boyatıyorsun / boyattın / boyatacaksın? 7. Çocuklarını kime baktırıyorlar / baktırdılar / baktıracaklar. 8. Bu akşam eve pizza getirtiyorum / getirttim / getirteceğim. 9. Tansu ev ödevini ablasına yaptırıyor / yaptırdı / yaptıracak. 10. Öğrenciler kirayı ailelerine ödetiyorlar / ödettiler / ödetecekler. 11. Portakalları manava seçtiriyorum / seçtirdim / seçtireceğim.

29. 2

1. g, 2. h, 3. j, 4. b, 5. a, 6. k, 7. f, 8. d, 9. c, 10. e, 11. i

29. 3

1. Biz bahçıvana bahçeyi yaptırıyoruz. 2. Şef işçilere kontratı imzalatıyor. 3. Öğretmen öğrencilere şiir okutuyor. 4. Savcı sanığı tutuklatıyor. 5. Ev sahibi temizlikçiye odayı temizlet(tir)iyor. 6. Müşteri garsona demli bir çay getirtiyor. 7. Sen halılarını nerede yıkatıyorsun?

29. 4

Wir lassen den Garten unseres Ferienhauses vom Nachbargärtner in Ordnung bringen und kleinere Reparaturarbeiten ausführen. Meine Frau lässt in einer Ecke für sich Nelken und Rosen anpflanzen und das Unkraut herauslesen, ich hingegen lasse ihn das Schwimmbad säubern und die langen Zweige stutzen. Als Gegenleistung finanzieren wir die Ausbildung seiner jüngeren Tochter. Wir haben also ihre gesamten Schulkosten übernommen. Darüber hinaus lasse ich auch ihre medizinischen Untersuchungen in meinem Krankenhaus machen und erledige manche Papierarbeit der Familie.

29. 5

Diplomanı Türkiye'de mi çevirttin? Ayşe doğum günü pastasını yarın yaptıracak. Avukatıma bir şikâyet mektubu yazdırıyorum. Paketi kendime göndertiyorum. Şarkıcı Türkiye'de bir villa yaptırıyor.

Lösungen zu Lektion 30

30. 1

1. üzgündümse / üzgündüysem, 2. mutluydunsa / mutluyduysan, 3. açtıysa, 4. kararlıydıksa / kararlıydıysak, 5. memnundunuzsa / memnunduysanız, 6. korkaktılarsa / korkaklardıysa / korkaktıysalar

30. 2

1. hastaysam, 2. evliysen, 3. doktor değilse, 4. susuz değilsek, 5. güçlüyseniz, 6. onlar açlarsa / açsalar

30. 3

1. f, 2. g, 3. j, 4. m, 5. o, 6. n, 7. k, 8. e, 9. l, 10. c, 11. b, 12. i, 13. d., 14. a, 15. h

30. 4

Wenn du heute im Büro bist, komme ich bei dir vorbei. Wenn du viel Arbeit hast, lass mich dir helfen. Sollen wir zusammen etwas machen, falls du Zeit hast? Wenn meine Mutter zu Hause ist, müssen wir leise sein. Wenn Ihr Tee kalt ist, lassen Sie mich ihn aufwärmen. Wenn du müde bist, lass uns ins Hotel zurückkehren. Wenn Ihre Abschlussnote gut ist, finden Sie sicherlich eine Arbeit. Wenn Ihr Blutdruck erhöht ist, lassen Sie Ihre Blutzucker-und Cholesterinwerte von Ihrem Arzt untersuchen. Wenn der Fahrer alkoholisiert ist, nimmt die Polizei ihm den Führerschein weg. Wenn Ihre E-mail voller Spamnachrichten ist, müssen Sie auf folgende Dinge achten. Wieso haben Sie uns nicht Bescheid gegeben, wenn Sie informiert waren? Wenn dieser Tisch frei ist, lass uns dorthin wechseln. Wenn Sie hohes Fieber haben, müssen Sie ein fiebersenkendes Mittel einnehmen. Wenn die Straßen unserer Stadt heute sauber sind, haben wir dies unserem neuen Bürgermeister zu verdanken. Falls der Preis des Hauses zu hoch ist, musst du versuchen, ihn zu drücken. Warum hast du draußen gewartet, wenn das Wetter doch so kalt war? Wenn Ihre Ware qualitativ hochwertig ist, wird sie schnell verkauft werden. Falls Sie Kopfschmerzen haben, sollten Sie auf keinen Fall rauchen.

30. 5

Yorgunsan yatağa git. Çocukların varsa tabii ki çocuk parası alırsın. İş yerinde sorunların varsa niçin bana söylemiyorsun? Kocan sana karşı iyiydiyse niçin onu terkettin? Arabasından memnun değilse hemen satıcıya geri versin. Cep telefonun vardıysa neden beni otobüsten aramadın? Hastaydıysanız niçin çalıştınız? Stresliysen saunaya gitmelisin. Hava güzelse genellikle yürüyüşe çıkarım. Üzgünsem kimseyle konuşmam. Parti sıkıcıydıysa orada niçin o kadar uzun kaldınız? Annen kızgındıysa niçin yatıştırmadın? Biraz şansın varsa bu akşam rejisörle de tanışırsın.

Lösungen zu Lektion 31

31. 1

1. Para kazanmayacaksan niçin çalışıyorsun? 2. Bitirmeyecekse neden üniversiteye gidiyor? 3. Kullanmayacaksanız niçin araba alıyorsunuz? 4. Yemek yemeyeceklerse niçin lokantaya gidiyorlar?

31. 2

1. yapıyorsam / yapmıyorsam, 2. içiyorsan / içmiyorsan, 3. söylüyorsa / söylemiyorsa, 4. diyorsak / demiyorsak, 5. yiyorsanız / yemiyorsanız, 6. çalışıyorlarsa / çalışmıyorlarsa

31. 3

1. Söz verdiysem / verdimse sözümü tutarım. 2. Mektubu bugün gönderdiysen / gönderdinse yarın bize ulaşır. 3. Eve vardıysa bize bildir. 4. Biz davet ettiysek / ettikse o tabii ki gelir. 5. Belgeyi imzaladıysanız / imzladınızsa ben gönderirim. 6. Çocuklar yemek yediyseler / yedilerse dışarı çıkarlar.

31. 4

1. Türkiye'ye gidersem annemde kalırım. 2. Gelirsen seni istasyondan alırım. 3. İşini bitirirse eve gider. 4. Çalışırsak haber veririz. 5. Bu kaseti dinlerseniz beğenirsiniz. 6. Evlenirlerse / evlenirseler mutlu olurlar.

31. 5

1. f, 2. m, 3. j, 4. i, 5. l, 6. a, 7. k, 8. c, 9. d, 10. b, 11. g, 12. e, 13. h

31. 6

Wie sollen wir uns verständigen, wenn er kein Deutsch kann? Wenn Ihnen das Zimmer nicht gefallen hat, verlangen Sie ihr Geld zurück. Warum seid ihr nicht mit dem Busfahrer in die Stadt zurückgefahren, wenn der Reiseführer nicht gekommen war? Wenn ihre Bewerbung angenommen wird, werden Sie innerhalb einer Woche schriftlich benachrichtigt. Falls er die Prüfung bestanden hat, lass uns ihm ein schönes Geschenk kaufen. Falls ich zu meiner Mutter gehe, soll ich dich auch benachrichtigen? Wenn sie schläft, wollen wir sie nicht wecken. Wenn du nicht willst, dann geh nicht. Wenn du Arzt werden willst, musst du die Aufnahmeprüfung für die medizinische Fakultät bestehen. Wenn wir die Wohnung mieten möchten, müssen wir unsere Entscheidung bis zum Abend dem Vermieter mitteilen. Wenn ich diese Prüfung bestehe, wird sich meine Mutter sehr freuen.

Lösungen zu Lektion 32

32. 1

1. j, 2. h, 3. e., 4. f, 5. c, 6. d, 7. i, 8. b, 9. g, 10. a

32. 2

1. Çok para kazansam ev alırım. / Çok para kazansaydım ev alırdım. 2. Araban olmasa işe yürür müsün? / Araban olmasaydı işe yürür müydün? 3. Okula arabayla gitmese arabayı satar. / Okula arabayla gitmeseydi arabayı satardı. 4. Şefimle sorunum olsa işi bırakırım. / Şefimle sorunum olsaydı işi bırakırdım. 5. Evimizden memnun olsak taşınmayız. / Evimizden memnun olsaydık taşınmazdık. 6. Türkçe bilseniz İstanbul'da yaşarsınız. / Türkçe bilseydiniz İstanbul'da yaşardınız. 7. Hasta olmasalar spora giderler mi? / Hasta olmasaydılar spora giderler miydi?

32. 3

1. İlaçlarını almış olsaydın şimdi hastalanmazdın. 2. Ayşe'yle çalışsan ondan çok şey öğrenirsin. 3. Sigara içmiş olsaydı şimdi öksürürdü. 4. Kar yağmasaydı kayak yapamazdık. 5. Bu hafta paramız gelmese kredi çekebiliriz. 6. Okulu bitirseydim bu kötü işte çalışmazdım.

32. 4

1. Türkiye'ye gitsem beni özler misin? 2. Hastalansan işe gider misin? 3. Seni dansa kaldırsa kabul eder misin? 4. Rica etsek bir şarkı söyler misiniz? 5. Çok para kazansanız ne yaparsınız? 6. Evlenseler mutlu olurlar mı?

32. 5

Wird er uns mitteilen, wenn sich sein Zug verspätet? Würdest du mit mir auf eine Weltreise gehen, wenn ich es dir vorschlagen würde? Wenn du auf deinen Vater gehört hättest, hättest du diesen Fehler nun nicht gemacht. Wenn meine Mutter nicht dagegen wäre, würde ich nach Deutschland fahren. Wie wäre es, wenn du heute den Kaffee machen würdest? Würde Ahmet kommen, wenn wir ihn anrufen würden? Es wäre besser, wenn du nicht rauchen würdest. Wenn Sie heute Nacht bei uns blieben würden, würden wir uns darüber sehr freuen. Es wäre schön, wenn ihr manchmal eurem älteren Nachbarn helfen würdet. Wenn du nicht zur Schule gingest, könntest du all das nicht lernen. Auch wenn er arbeitet, kann er kein Geld zur Seite legen. Wenn du früher geschlafen hättest, wärest du jetzt nicht so müde. Wenn er uns gestern angerufen hätte, hätte ich ihn über den letzten Stand der Dinge informieren können.

Lösungen zu Lektion 33

33. 1

1. Karşıdaki binayı görebiliyor musun? 2. Yarın sana gelebilirim. 3. Bu akşamki maçı izleyemeyeceğiz. 4. Bana bir bardak verebilir misin? 5. Ali dünkü yemeğe gidememiş. 6. Bulmacayı nihayet çözebildik. 7. İşe gidemediler.

33. 2

1a. alabilirim / alabiliyorum / alabildim / alabilmişim / alabileceğim
1b. alamam / alamıyorum / alamadım / alamamışım / alamayacağım

2a. okuyabilirsin / okuyabiliyorsun / okuyabildin / okuyabilmişsin / okuyabileceksin
2b. okuyamazsın / okuyamıyorsun / okuyamadın / okuyamamışsın / okuyamayacaksın

3a. görebilir / görebiliyor / görebildi / görebilmiş / görebilecek
3b. göremez / göremiyor / göremedi / görememiş / göremeyecek

4a. yürüyebiliriz / yürüyebiliyoruz / yürüyebildik / yürüyebilmişiz / yürüyebileceğiz
4b. yürüyemeyiz / yürüyemiyoruz / yürüyemedik / yürüyememişiz / yürüyemeyeceğiz

5a. bekleyebilirsiniz / bekleyebiliyorsunuz / bekleyebildiniz / bekleyebilmişsiniz / bekleyebileceksiniz
5b. bekleyemezsiniz / bekleyemiyorsunuz / bekleyemediniz / bekleyememişsiniz / bekleyemeyeceksiniz

6a. satabilirler / satabiliyorlar / satabildiler / satabilmişler / satabilecekler
6b. satamazlar / satamıyorlar / satamadılar / satamamışlar / satamayacaklar

33. 3

1. Evet, okuyabiliyor. / Hayır, okuyamıyor. 2. Evet, uğrayabiliriz. / Hayır, uğrayamayız. 3. Evet, anlayabildiler. / Hayır, anlayamadılar. 4. Evet, edebilirsiniz. / Hayır, edemezsiniz. 5. Evet, çalabilmiş. / Hayır, çalamamış. 6. Evet, bekleyebilirsiniz. / Hayır, bekleyemezsiniz.

33. 4

1. e, 2. g, 3. i, 4. b, 5. h, 6. c, 7. d, 8. a, 9. f

33. 5

Kannst du nachts Auto fahren? Ich kann nicht Auto fahren. Ich hoffe, dass der Kapitän schwimmen kann. Wie viele Meter können Sie in einer Stunde schwimmen? Meine Mutter kann heute nicht kommen. Es kann sein, dass meine Mutter heute nicht kommen kann. Könnten Sie uns zwei Tee bringen? Wie kannst du nur so früh aufstehen? Es ist möglich, dass es in diesem Winter überhaupt nicht schneit. Sie sollen gestern Nacht nicht haben schlafen können. Kannst du Russisch?

Lösungen zu Lektion 34

34. 1

1. Geçen hafta vefat eden adam şefimizdi. 2. Karşıda gülen kadını görüyor musun? 3. Sokakta dilenen çocuğa para vereceğim. 4. Sana kötü not veren öğretmeni şikâyet edecek misin? 5. İstanbul'a taşınan doktorun çocukları var mı? 6. Köyde yaşayan akrabalar ziyarete geldiler. 7. Ormanda

çalışan işçilerle biraz sohbet ettim. 8. Sana çiçek veren adamla niçin evlenmiyorsun? 9. Bu saatte dışarıda oynayan çocuklara çok kızıyorum. 10. Tatilimizi Van'da oturan arkadaşlarımızda geçireceğiz.

34. 2

1. h, 2. d, 3. g, 4. b, 5. i, 6. a, 7. c, 8. f., 9. e

34. 3

1. Doktor olan komşumuzun eşi hasta. / Eşi hasta olan komşumuz doktor. 2. Yeni yapılan evimizin balkonu var. / Balkonu olan evimiz yeni yapıldı. 3. Çalışmayan arkadaşımın parası yok. / Parası olmayan arkadaşım çalışmıyor. 4. Spor notları çok iyi olan kızlar güzel dans ediyor. / Güzel dans eden kızların spor notları çok iyi. 5. Ödül alan yazar kitaplarını imzalıyor. / Kitaplarını imzalayan yazar ödül aldı. 6. Bern'den gelen tren saat altıda istasyona varacak. / Saat altıda istasyona varacak tren Bern'den geliyor. 7. Yarın açılacak (olan) kitap fuarı bir hafta sürecek. / Bir hafta sürecek olan kitap fuarı yarın açılacak. 8. Kayıt yaptıracak öğrenciler dışarda bekliyor. / Dışarda bekleyen öğrenciler kayıt yaptıracak.

34. 4

Die Straße, die gestern wegen einer Lawine zwölf Stunden gesperrt war, wurde heute wieder für den Verkehr freigegeben. Der Vater der jungen Frau, die sich bei unserer Firma beworben hat, hat letzte Woche bei einem furchtbaren Verkehrsunfall sein Leben verloren. Das Schachturnier, das seit drei Tagen andauert, endet am Freitag. Informationen bezüglich unserer Kurse, die im nächsten Monat beginnen, können unter folgender Adresse und Telefonnummer eingeholt werden. Wie bezeichnet man eine Frau, die mit der Erziehung und Pflege eines Kindes beauftragt ist? Den dreißig Jahre andauernden Krieg nennt man den Dreißigjährigen Krieg. „Das schönste Meer, es ist das noch unbefahrene."

34. 5

Sana dün eşlik eden adamın adı ne? Gelecek dönem başlayacak olan kurs size uygun değil. Metni iyi Arapça bilen bir meslektaşıma ilettim. Kursa devam etmek isteyenler adlarını listeye yazsınlar. Yirmi beş yıldan beri okulu yöneten müdür gelecek sene emekli oluyor.

Lösungen zu Lektion 35

35. 1

1. Ali sınavı kazanamadığını söylüyor. 2. Annesi, Ali'nin sınavı kazanamadığını söylüyor. 3. Nil bu hafta çok çalışacağını sanıyor. 4. Ali, Ayşe'nin eve döndüğünü görmüş. 5. Yarın tiyatroya gideceğimizi anneme söyledik. 6. Babası, Sevim'in sigara içtiğini biliyor. 7. Şoföre kızdığına Aysel tanık olmuş. 8. Eşi, Bora'nın bu gece çalışacağını tahmin ediyor. 9. Polis sanığın anlattığı olaya inanmıyor. 10. Selma hastalandığımızı duymuş. 11. İstasyonda bekleyeceğinizden babamın haberi var. 12. Yüzme bilmediğimi Nedim biliyor mu? 13. Ayşe yüzme bilmediğimi Nedim'e söyledi. 14. Dün sinemaya gittiğinizi Neşe'ye bildirdik. 15. Nil, onların (kendisine) selam vermediğini iddia ediyor. 16. Ayşe'yle barıştığını Ali bana anlattı. 17. Nermin'in şefle tartıştığını Oktay sekretere söylemiş. 18. Şefle tartıştığını Cemil sekretere söylemiş.

35. 2

1. Ali'nin kızının hasta olduğunu duymadın mı? 2. Yasemin'in arabasının olmadığını Ayşe söyledi. 3. Şefin evli olmadığını Aylin biliyor. 4. Ali, onun yeni bir kız arkadaşının olduğunu tahmin ediyor. 5. Necdet'in yarın evde olacağını eşi söyledi. 6. Ben, Aslı'nın babasının çok zengin olduğuna inanmıyorum. 7. Nermin dün üzgün olduğunuzu hissetmiş.

35. 3

1. Yarın maça gideceğinizi Ali söyledi. 2. Dün kaza geçirdiğınizi gazetede okuduk. 3. Anneme uslu duracağımıza söz verdik. 4. Balayılarını nasıl geçireceklerini merak ediyorum. 5. Aylin İtalyanca bildiğini söylüyor. 6. Bundan sonra sigara içmeyeceğinizi söylemişsiniz.

35. 4

Da Necdet Ingenieurwissenschaften studiert hat, kennt er sich mit technischen Details gut aus. Ich habe Angst, einen Fehler zu machen. Da Orhan nicht nach Hause gehen wird, kann er mit uns ins Kino gehen. So lange wie in Deutschland habe ich in der Türkei nicht gearbeitet. Ich bin froh, dass ich ihn nie wieder treffen werde. Da sie bis jetzt noch nicht da sind, muss etwas passiert sein. Ich nehme an, dass er diese Prüfung bestehen wird. Da der Kunde, mit dem du telefoniert hast, heute nicht kommt, kann der Übersetzer nach Hause gehen. Wie ich gehört habe, sucht man am Arbeitsplatz von Sevgi eine Sekretärin. Wie ich verstanden habe, wird diese Sache noch lange dauern. Ali sagte, dass er die Abwesenheit Selims bei der morgigen Sitzung Tülin telefonisch mitgeteilt habe. (oder: Ali sagte, dass Selim seine Abwesenheit bei der morgigen Sitzung Tülin telefonisch mitgeteilt habe). Die Sekretärin allerdings sagt, dass sie nicht wisse, ob es Ali oder Selim mitgeteilt hat.

Lösungen zu Lektion 36

36. 1

1. Ali okuduğu romanı kendisi yazmış. 2. Ali'nin okuduğu romanı öğretmeni vermiş. 3. Yeni aldığım araba hemen bozuldu. 4. Aylin'in yazdığı şiirlerin ana konusu sevgi. 5. Pazardan aldığınız karpuz kelek çıktı. 6. Ayşe gittiği arkadaşını çok seviyor. 7. Ayşe'nin gittiği arkadaşı onu çok seviyor. 8. Ali'nin çalışacağı otel deniz kıyısında. 9. Çocukların izleyeceği film bir çizgi filmdir. 10. Kaya, Ayşe'nin çalıştığı büroyu biliyor. 11. Ayşe çalıştığı büroyu hiç sevmiyor.

36. 2

1. Eve vardıktan sonra telefon ettik. 2. Öğrenimimi bitirdiğimden beri çalışıyorum. 3. İşe gittiğine göre ağır hasta değilsin. 4. Haberi duyduğunuz halde niçin bize söylemediniz. 5. Sonuçları öğrendiği zaman şoke oldu. 6. Okula gelmedikleri taktirde uyarı cezası alacaklar.

36. 3

1. e, 2. d, 3. a, 4. b, 5. c

36. 4

Sevim hat an diesem Wochenende so viel Arbeit übernommen, die sie nicht bewältigen kann. Hat dir das Haus, das der Immobilienhändler gezeigt hat, gefallen? Ich kann nicht glauben, was Ali gesagt hat. Lass uns für die Kranken, die wir besuchen werden, Geschenke kaufen. Verspreche nichts, was du nicht halten kannst. Weißt du, dass der Mann, den du in wenigen Minuten kennenlernen wirst, der bekannteste Violinist der Stadt ist? Seitdem ich diese Medikamente einnehme, hat sich mein Gesundheitszustand erheblich verbessert. Wenn du Ungerechtigkeit siehst, musst du eingreifen. Was er beginnt, führt er stets zu Ende. Als ich dich zum ersten Mal sah, warst du noch ein Kind. Obwohl es uns versprochen wurde, wurden unsere Straßenlaternen noch nicht instandgesetzt. Anstatt Tee habe ich Kaffee gekocht. Anstatt zu schweigen, spricht er und anstatt zu sprechen, schweigt er. Obwohl er viel arbeitet, hat er nicht viel Geld. Bist du sicher, nichts darüber erfahren zu wollen, was ich gedacht habe, als ich erfuhr, dass mein Sohn, kurz nachdem er seine Universitätsausbildung beendet hatte, das Mädchen, mit dem er seit 5 Jahren zusammen war, heiraten wollte?

36. 5

Bugün buluşacağın arkadaşın Alman mı? Alacakları araba hangi renk? Doğum günü partisini kutlayacağınız lokantanın adresini verebilir misin? Dün tanıştığım resam burada oturuyor. Spor yaptığından beri sağlığı iyi. Hasta olduğumuzdan dolayı gelemedik. Çok uyuduğum halde kendimi yine de yorgun hissediyorum.

Lösungen zu Lektion 37

37. 1

1. Eve döndüğümde yağmur yağıyordu. 2. Seninle tanıştığım zaman bir muhasebe bürosunda çalışıyordun. 3. On yıl önce ahşap bir evde oturuyorduk. 4. O geldiğinde gazete okuyordum. 5. İstasyona vardığımda beni bekliyorlardı.

37. 2

1. En son üç yıl önce tatil yapmıştım. 2. En son geçen kış gitmiştik. 3. En son ne zaman oynamıştın? 4. En son dört ay önce buluşmuştu. 5. En son iki yıl önce yağmıştı. 6. En son ne zaman yat turu yapmıştınız?

37. 3

1. Eskiden her hafta giderdik. 2. Eskiden iki paket içerdim. 3. Eskiden hiç yemezdik. 4. Eskiden çok spor yapardı. 5. Eskiden her cumartesi günü alırdın. 6. Eskiden hiç yalnız yatmazlardı. 7. Eskiden hiç okumazdınız.

37. 4

1a. Siz yazın izine gitmemiş miydiniz? 1b. Gidecektik ama arabamız bozuldu. 2a. Sen geçen dönem Fransızca kursunu yapmamış mıydın? 2b. Yapacaktım ama kurs ertelendi. 3a. Ayşe dün şefle görüşmemiş miydi? 3b. Görüşecekti ama şef gelmedi. 4a. Çocuklar dün top oynamamışlar mıydı? 4b. Oynayacaklardı ama top kayboldu. 5a. Ben dün anahtarı sana vermemiş miydim? 5b. Verecektin ama sonra unuttun. 6a. Biz bu filme daha önce bakmamış mıydık? 6b. Bakacaktık ama kaset kopmuştu.

37. 5

Als wir klein waren, erzählte uns mein Großvater jeden Abend Märchen. Ich habe Ali getroffen, er war auf dem Weg zu seiner Mutter. Diese Kette hatte meine Mutter mir zu unserem Hochzeitstag geschenkt. Gestern kam Ayşe vorbei und hat dir Grüße ausgerichtet. Wolltest du diese Bücher nicht Uğur schicken? Einen Teil davon hatte ich geschickt, diese aber habe ich wohl vergessen. Haben Sie schon einmal in diesem Krankenhaus gelegen? Turgut trank früher nie Alkohol. Was taten die Kinder, als du ankamst? Hatte ich dir dieses nicht schon früher erzählt? Würden Sie nicht heute Nacht bei uns übernachten wollen? Möchten Sie noch einen Tee? Könnten Sie bitte einen Blick in diese Akten werfen?

Lösungen zu Lektion 38

38. 1

1. Yazar konuşmasına fıkra anlatarak başaldı. 2. Mağdur ağlayarak sözlerini bitirdi. 3. Biz işaret vererek taksiyi durdurduk. 4. Tepkisini susarak gösterdi. 5. Sanık koşarak olay yerinden uzaklaştı. 6. Gece gündüz çalışarak bu seviyeye yükseldi.

38. 2

1. Koşa koşa eve geldim. 2. Annem söylene söylene gitti. 3. Aylin çekine çekine sordu. 4. Onlar didine didine hedefe vardılar. 5. Konuşa konuşa sabahladık. 6. Komşular şarkı söyleye söyleye yeni yıla girdiler.

38. 3

1. Şef işi bugün bitiremedik diye çok sinirlendi. 2. Evli değiliz diye otelde tek oda vermediler. 3. Almanca biliyorum diye tüm çevri işini bana verdiler. 4. Güldük diye mi kızdın? 5. Kızıma tatil yapsın diye para verdim. 6. Üşümeyesin diye sana yeni bir manto aldık. 7. Sana çay getirsin diye garsona işaret ettim. 8. Uyuyabileyim diye akşamları ılık süt içiyorum. 9. Unutmayayım diye buraya yazdım.

38. 4

1. Eve gidince yemek yiyip televizyon izliyoruz. 2. Sevgi gelince konuşup dertleşiyoruz. 3. Annem arayınca durumu anlatıp fikrini soracağım. 4. Uyuyunca dinlenip kendine geliyorsun. 5. Ahmet'i görünce çığlık atıp boynuna sarıldı. 6. İşi bırakınca bir çiflik satın alıp tarımcılığa başlayacağım. 7. Müziği duyunca piste fırlayıp dans etti. 8. Oktay gelmeyince biraz daha bekleyip eve döndüm. 9. Ayşe gecikince telefon edip nedenini sordum.

38. 5

1. d, 2. g, 3. e, 4. a, 5. c, 6. f, 7. b

Lösungen zu Lektion 39

39. 1

1. Doktoranı yaparken geçimini nasıl temin ediyordun? 2. İşlerimiz tam iyi yürürken borsanın düşmesi kötü oldu. 3. Toplantıda herkes düşüncesini açıkça ifade ederken sen niçin sustun? 4. Gün ağarırken gökyüzünün manzarasına doyum olmuyor. 5. Gemi karaya yanaşırken yolcular arasında itişmeler başladı. 6. Yeni anayasa taslağı mecliste görüşülürken hareretli dakikalar yaşandı. 7. Son nefesini verirken bile gülümsüyormuş. 8. Anlaşma metni imzalanırken taraflar sevincini gizleyemiyordu. 9. Savaş tüm yoğunluğuyla sürerken Irak'a gitmeni bir türlü anlayamıyorum. 10. Annesini uğurlarken gözyaşlarına hakim olamadı.

39. 2

1. e, 2. c, 3. f, 4. i, 5. j, 6. d, 7. h, 8. b, 9. a, 10. g

39. 3

Seit er krank ist, hat er nichts gegessen. Seit ich ihn nicht mehr gesehen habe, hat er sich sehr verändert. Seit ich mich erinnern kann, wohnen wir in diesem Haus. Seitdem ich kein Fleisch mehr esse, habe ich abgenommen. Seit er studiert, liest er viel. Bevor er heiratete, wohnte er mit seiner Mutter zusammen. Bevor es anfängt zu regnen, müssen wir uns auf den Weg machen. Bevor die Schlange noch länger wird, lass uns lieber zum Essen gehen. Sie haben sich getrennt, ohne sich zu ruinieren. Bevor der Schnee geschmolzen ist, begannen die Blumen zu blühen. Wenn sie traurig ist, will sie niemanden sehen. Als Hanna noch klein war, waren ihre Haare strohblond. Als ich gestern mit dir telefonierte, hat der Postbote die Bücher gebracht. Beim Tennisspiel hat er sein Fußgelenk verstaucht. Als wir in Paris lebten, besuchten wir oft den Louvre. Wenn die Rolläden offen sind, kann ich überhaupt nicht schlafen. Beim Kochen lasse ich die Tür der Küche immer geschlossen. So oft ich Zeit finde, mache ich Fahrradtouren. Mit dem Alter ist er empfindlicher geworden. Je näher die Urlaubszeit gerückt ist, desto nervöser wurde sie. Je älter das Mädchen wird, desto schöner wird sie. Je mehr ich Deutsch lernte, desto mehr begann ich, Deutschland zu lieben. Anstatt zu studieren, zieht er es vor, zu arbeiten. Anstatt zu heiraten und sich mit Kindern zu beschäftigen, lebe ich lieber allein, sagt Ayşe.

39. 4

Küçükken her hafta sonu ninemle dedemi ziyaret ederdik. Annemle babam bahçede piknik yaparken biz sokakta futbol oynardık. Annesi gideli çocuk çok üzgün. Oktay bana gelince koltukta uyuyor. Rahat uyuyabilsin diye geçen hafta yeni bir yatak satın aldık. Nilgün hemşire olarak çalışıyor. İşini severek yapıyor. Karar vermeden önce şefine sorar.

Tabellarische Übersicht über die Deklination und Konjugation

A. Die Deklination

	Konsonanten-auslaut	Vokal-auslaut	veränderliche Substantive			
Nom.	okul	anne	kitap	sokak	ağaç	yurt
Lok.	okulda	annede	kitapta	sokakta	ağaçta	yurtta
Abl.	okuldan	anneden	kitaptan	sokaktan	ağaçtan	yurttan
Dat.	okula	anneye	kitaba	sokağa	ağaca	yurda
Akk.	okulu	anneyi	kitabı	sokağı	ağacı	yurdu
Gen.	okulun	annenin	kitabın	sokağın	ağacın	yurdun

A.1 Die Deklination mit Possessivsuffix

	1. P. Sg.	2. P. Sg.	3. P. Sg.	1. P. Pl.	2. P. Pl.	3. P. Pl.
Nom.	okulum	okulun	okulu	okulumuz	okulunuz	okulları
Lok.	okulumda	okulunda	okulunda	okulumuzda	okulunuzda	okullarında
Abl.	okulumdan	okulundan	okulundan	okulumuzdan	okulunuzdan	okullarından
Dat.	okuluma	okuluna	okuluna	okulumuza	okulunuza	okullarına
Akk.	okulumu	okulunu	okulunu	okulumuzu	okulunuzu	okullarını
Gen.	okulumun	okulunun	okulunun	okulumuzun	okulunuzun	okullarının

A.2 Die Personalpronomina

	1.P. Sg.	2. P. Sg.	3. P. Sg.	1. P. Pl.	2. P. Pl.	3. P. Pl.
Nom.	ben	sen	o	biz	siz	onlar
Lok.	bende	sende	onda	bizde	sizde	onlarda
Abl.	benden	senden	ondan	bizden	sizden	onlardan
Dat.	bana	sana	ona	bize	size	onlara
Akk.	beni	seni	onu	bizi	sizi	onları
Gen.	benim	senin	onun	bizim	sizin	onların

A.3 Die Demonstrativpronomina

	Singular			Plural		
Nom.	bu	şu	o	bunlar	şunlar	onlar
Lok.	bunda	şunda	onda	bunlarda	şunlarda	onlarda
Abl.	bundan	şundan	ondan	bunlardan	şunlardan	onlardan
Dat.	buna	şuna	ona	bunlara	şunlara	onlara
Akk.	bunu	şunu	onu	bunları	şunları	onları
Gen.	bunun	şunun	onun	bunların	şunların	onların

B. Die Konjugation

B.1 Das Hilfsverb *sein*

B.1.a Das Hilfsverb *sein* im Präsens

	positiv	verneint	Frageform	verneinte Frageform
Präsens	güzelim güzelsin güzel güzeliz güzelsiniz güzeller	güzel değilim güzel değilsin güzel değil güzel değiliz güzel değilsiniz güzel değiller	güzel miyim güzel misin güzel mi güzel miyiz güzel misiniz güzeller mi	güzel değil miyim güzel değil misin güzel değil mi güzel değil miyiz güzel değil misiniz güzel değiller mi

B.1.b Das Hilfsverb *sein* im Perfekt

	positiv	verneint	Frageform	verneinte Frageform
Perfekt	güzeldim güzeldin güzeldi güzeldik güzeldiniz güzeldiler/ güzellerdi	güzel değildim güzel değildin güzel değildi güzel değildik güzel değildiniz güzel değildiler/ güzel değillerdi	güzel miydim güzel miydin güzel miydi güzel miydik güzel miydiniz güzel miydiler/ güzeller miydi	güzel değil miydim güzel değil miydin güzel değil miydi güzel değil miydik güzel değil miydiniz güzel değil miydiler/ güzel değiller miydi

B.1.c Das Hilfsverb *sein* mit *-mİş*

	positiv	verneint	Frageform	verneinte Frageform
mit -mİş	güzelmişim güzelmişsin güzelmiş güzelmişiz güzelmişsiniz güzelmişler/ güzellermiş	güzel değilmişim güzel değilmişsin güzel değilmiş güzel değilmişiz güzel değilmişsiniz güzel değilmişler/ güzel değillermiş	güzel miymişim güzel miymişsin güzel miymiş güzel miymişiz güzel miymişsiniz güzel miymişler/ güzeller miymiş	güzel değil miymişim güzel değil miymişsin güzel değil miymiş güzel değil miymişiz güzel değil miymişsiniz güzel değil miymişler/ güzel değiller miymiş

B.2 Vollverben

B.2.a Einfache Tempora

	positiv	verneint	Frageform	verneinte Frageform
Präsens	okuyorum okuyorsun okuyor okuyoruz okuyorsunuz okuyorlar	okumuyorum okumuyorsun okumuyor okumuyoruz okumuyorsunuz okumuyorlar	okuyor muyum okuyor musun okuyor mu okuyor muyuz okuyor musunuz okuyorlar mı	okumuyor muyum okumuyor musun okumuyor mu okumuyor muyuz okumuyor musunuz okumuyorlar mı
Futur	okuyacağım okuyacaksın okuyacak okuyacağız okuyacaksınız okuyacaklar	okumayacağım okumayacaksın okumayacak okumayacağız okumayacaksınız okumayacaklar	okuyacak mıyım okuyacak mısın okuyacak mı okuyacak mıyız okuyacak mısınız okuyacaklar mı	okumayacak mıyım okumayacak mısın okumayacak mı okumayacak mıyız okumayacak mısınız okumayacaklar mı
Perfekt	okudum okudun okudu okuduk okudunuz okudular	okumadım okumadın okumadı okumadık okumadınız okumadılar	okudum mu okudun mu okudu mu okuduk mu okudunuz mu okudular mı	okumadım mı okumadın mı okumadı mı okumadık mı okumadınız mı okumadılar mı
unbestimmte Vergangenheit	okumuşum okumuşsun okumuş okumuşuz okumuşsunuz okumuşlar	okumamışım okumamışsın okumamış okumamışız okumamışsınız okumamışlar	okumuş muyum okumuş musun okumuş mu okumuş muyuz okumuş musunuz okumuşlar mı	okumamış mıyım okumamış mısın okumamış mı okumamış mıyız okumamış mısınız okumamışlar mı
Aorist	okurum okursun okur okuruz okursunuz okurlar	okumam okumazsın okumaz okumayız okumazsınız okumazlar	okur muyum okur musun okur mu okur muyuz okur musunuz okurlar mı	okumaz mıyım okumaz mısın okumaz mı okumaz mıyız okumaz mısınız okumazlar mı

B.2.b Mit *-Dİ* zusammengesetzte Tempora

	positiv	verneint	Frageform	verneinte Frageform
Präsens + -Dİ	okuyordum okuyordun okuyordu okuyorduk okuyordunuz okuyordular/ okuyorlardı	okumuyordum okumuyordun okumuyordu okumuyorduk okumuyordunuz okumuyordular/ okumuyorlardı	okuyor muydum okuyor muydun okuyor muydu okuyor muyduk okuyor muydunuz okuyor muydular/ okuyorlar mıydı	okumuyor muydum okumuyor muydun okumuyor muydu okumuyor muyduk okumuyor muydunuz okumuyor muydular/ okumuyorlar mıydı
Futur + -Dİ	okuyacaktım okuyacaktın okuyacaktı okuyacaktık okuyacaktınız okuyacaktılar/ okuyacaklardı	okumayacaktım okumayacaktın okumayacaktı okumayacaktık okumayacaktınız okumayacaktılar/ okumayacaklardı	okuyacak mıydım okuyacak mıydın okuyacak mıydı okuyacak mıydık okuyacak mıydınız okuyacak mıydılar/ okuyacaklar mıydı	okumayacak mıydım okumayacak mıydın okumayacak mıydı okumayacak mıydık okumayacak mıydınız okumayacak mıydılar okumayacaklar mıydı
Plusquamperfekt	okuduydum okuduydun okuduydu okuduyduk okuduydunuz okuduydular	okumadıydım okumadıydın okumadıydı okumadıydık okumadıydınız okumadıydılar	okudu muydum okudu muydun okudu muydu okudu muyduk okudu muydunuz okudu muydular	okumadı mıydım okumadı mıydın okumadı mıydı okumadı mıydık okumadı mıydınız okumadı mıydılar
Plusquamperfekt	okumuştum okumuştun okumuştu okumuştuk okumuştunuz okumuştular/ okumuşlardı	okumamıştım okumamıştın okumamıştı okumamıştık okumamıştınız okumamıştılar/ okumamışlardı	okumuş muydum okumuş muydun okumuş muydu okumuş muyduk okumuş muydunuz okumuş muydular/ okumuşlar mıydı	okumamış mıydım okumamış mıydın okumamış mıydı okumamış mıydık okumamış mıydınız okumamış mıydılar/ okumamışlar mıydı
Aorist + -Dİ	okurdum okurdun okurdu okurduk okurdunuz okurdular/ okurlardı	okumazdım okumazdın okumazdı okumazdık okumazdınız okumazdılar/ okumazlardı	okur muydum okur muydun okur muydu okur muyduk okur muydunuz okur muydular/ okurlar mıydı	okumaz mıydım okumaz mıydın okumaz mıydı okumaz mıydık okumaz mıydınız okumaz mıydılar/ okumazlar mıydı

B.2.c Mit *-mİş* zusammengesetzte Tempora

	positiv	verneint	Frageform	verneinte Frageform
Präsens + **-mİş**	okuyormuşum okuyormuşsun okuyormuş okuyormuşuz okuyormuşsunuz okuyormuşlar/ okuyorlarmış	okumuyormuşum okumuyormuşsun okumuyormuş okumuyormuşuz okumuyormuşsunuz okumuyormuşlar/ okumuyorlarmış	okuyor muymuşum okuyor muymuşsun okuyor muymuş okuyor muymuşuz okuyor muymuşsunuz okuyor muymuşlar/ okuyorlar mıymış	okumuyor muymuşum okumuyor muymuşsun okumuyor muymuş okumuyor muymuşuz okumuyor muymuşsunz okumuyor muymuşlar/ okumuyorlar mıymış
Futur + **-mİş**	okuyacakmışım okuyacakmışsın okuyacakmış okuyacakmışız okuyacakmışsınız okuyacakmışlar/ okuyacaklarmış	okumayacakmışım okumayacakmışsın okumayacakmış okumayacakmışız okumayacakmışsınız okumayacakmışlar/ okumayacaklarmış	okuyacak mıymışım okuyacak mıymışsın okuyacak mıymış okuyacak mıymışız okuyacak mıymışsınız okuyacak mıymışlar/ okuyacaklar mıymış	okumayacak mıymışım okumayacak mıymışsın okumayacak mıymış okumayacak mıymışız okumayacak mıymışsınız okumayacak mıymışlar/ okumayacaklar mıymış
unbestimmte Vergangenheit + **-mİş**	okumuşmuşum okumuşmuşsun okumuşmuş okumuşmuşuz okumuşmuşsunuz okumuşmuşlar/ okumuşlarmış	okumamışmışım okumamışmışsın okumamışmış okumamışmışız okumamışmışsınız okumamışmışlar/ okumamışlarmış	okumuş muymuşum okumuş muymuşsun okumuş muymuş okumuş muymuşuz okumuş muymuşsunuz okumuş muymuşlar/ okumuşlar mıymış	okumamış mıymışım okumamış mıymışsın okumamış mıymış okumamış mıymışız okumamış mıymışsınız okumamış mıymışlar/ okumamışlar mıymış
Aorist +**-mİş**	okurmuşum okurmuşsun okurmuş okurmuşuz okurmuşsunuz okurmuşlar/ okurlarmış	okumazmışım okumazmışın okumazmış okumazmışız okumazmışsınız okumazmışlar/ okumazlarmış	okur muymuşum okur muymuşsun okur muymuş okur muymuşuz okur muymuşsunuz okur muymuşlar/ okurlar mıymış	okumaz mıymışım okumaz mıymışsın okumaz mıymış okumaz mıymışız okumaz mıymışsınız okumaz mıymışlar/ okumazlar mıymış

B.3 Der Konditional

B.3.a Der potentiale Konditional und der irreale Konditional

Potentialis		Irrealis	
positiv	verneint	positiv	verneint
okusam okusan okusa okusak okusanız okusalar	okumasam okumasan okumasa okumasak okumasanız okumasalar	okusaydım okusaydın okusaydı okusaydık okusaydınız okusaydılar/ okusalardı	okumasaydım okumasaydın okumasaydı okumasaydık okumasaydınız okumasaydılar okumasalardı

B.3.b Der reale Konditional

B.3.b.i Das Hilfsverb *sein* im realen Konditional

	positiv	verneint
Präsens	güzelsem güzelsen güzelse güzelsek güzelseniz güzelseler/ güzellerse	güzel değilsem güzel değilsen güzel değilse güzel değilsek güzel değilseniz güzel değilseler/ güzel değillerse
mit **-mİş**	güzelmişsem güzelmişsen güzelmişse güzelmişsek güzelmişseniz güzelmişseler/ güzellermişse	güzel değilmişsem güzel değilmişsen güzel değilmişse güzel değilmişsek güzel değilmişseniz güzel değilmişseler/ güzel değillermişse
Perfekt (1)	güzeldiysem güzeldiysen güzeldiyse güzeldiysek güzeldiyseniz güzeldiyseler/ güzellerdiyse	güzel değildiysem güzel değildiysen güzel değildiyse güzel değildiysek güzel değildiyseniz güzel değildiyseler/ güzel değillerdiyse
Perfekt (2)	güzeldimse güzeldinse güzeldiyse güzeldikse güzeldinizse güzeldilerse/ güzellerdiyse	güzel değildimse güzel değildinse güzel değildiyse güzel değildikse güzel değildinizse güzel değildilerse/ güzel değillerdiyse

B.3.b.ii Die Vollverben im realen Konditional

	positiv	verneint
Präsens	okuyorsam okuyorsan okuyorsa okuyorsak okuyorsanız okuyorsalar/ okuyorlarsa	okumuyorsam okumuyorsan okumuyorsa okumuyorsak okumuyorsanız okumuyorsalar/ okumuyorlarsa
Aorist	okursam okursan okursa okursak okursanız okursalar/ okurlarsa	okumazsam okumazsan okumazsa okumazsak okumazsanız okumazsalar/ okumazlarsa
Futur	okuyacaksam okuyacaksan okuyacaksa okuyacaksak okuyacaksanız okuyacaksalar/ okuyacaklarsa	okumayacaksam okumayacaksan okumayacaksa okumayacaksak okumayacaksanız okumayacaksalar/ okumayacaklarsa
Perfekt (1)	okuduysam okuduysan okuduysa okuduysak okuduysanız okuduysalar	okumadıysam okumadıysan okumadıysa okumadıysak okumadıysanız okumadıysalar
Perfekt (2)	okudumsa okudunsa okuduysa okuduksa okudunuzsa okudularsa	okumadımsa okumadınsa okumadıysa okumadıksa okumadınızsa okumadılarsa
mit **-mİş**	okumuşsam okumuşsan okumuşsa okumuşsak okumuşsanız okumuşsalar/ okumuşlarsa	okumamışsam okumamışsan okumamışsa okumamışsak okumamışsanız okumamışsalar/ okumamışlarsa

Sachregister

Kurdisches Lesebuch

Kurmancî-Texte des 20. Jahrhunderts mit Glossar

Von Hüseyin Ağuiçenoğlu

2005. 8°. 120 S., kart.,
(978-3-89500-464-3)

Die Forschung über die Kurdische Sprache befindet sich noch im Anfangsstadium. Die Gründe dafür liegen vor allem in der über Jahrzehnten betriebenen staatliche Assimilationspolitik und im Fehlen eines wissenschaftlichen Zentrums für kurdische Studien. Im Zuge der Aufhebung des Sprachverbotsgesetzes und der Einführung liberaler Reformen in der Türkei ist es zu einem wahren Publikationsboom über die kurdische Sprache gekommen, und es besteht inzwischen so großes Interesse an der kurdischen Kultur, Sprache und Literatur, dass von einer „kurdischen Renaissance" gesprochen wird. Innerhalb kürzester Zeit sind nicht nur neue Tagezeitungen, Zeitschriften, Radio- und Fernsehsender entstanden, es erschienen auch zahlreiche Kinderbücher, Romane und Wörterbücher auf Kurdisch. Die in diesem Band versammelten Texte erstrecken sich über einen Zeitraum von über 100 Jahren. Bei der Auswahl wurden also sowohl die am Anfang der Schriftsprache stehendenden „klassischen" als auch die neuesten Texte berücksichtigt. Es sind nicht nur didaktische Überlegungen zugrunde gelegt, ebenso wurde darauf geachtet, dass die Texte möglichst unterschiedliche inhaltliche Aspekte des kurdischen kulturellen Lebens widerspiegeln. Um darüberhinaus die Verschiedenartigkeit des Sprachgebrauchs in den einzelnen Regionen aufzuzeigen, sind Texte aus verschiedenen kurdischen Regionen der Türkei, aber auch Syriens oder der ehemaligen Sowjetrepubliken enthalten. Die Texte sind dem Schwierigkeitsgrad nach progressiv angeordnet und alle Kapitel gleich aufgebaut: Jedes Kapitel enthält einen Haupttext, einen journalistischen Nachrichtenteil, einen satirischen Text, einen Poesieteil, einen Sprichwortteil und einen Vokabelteil. Abgerundet wird der Band durch ein alphabetisches Glossar, das die Benutzung zusätzlicher lexikalischer Hilfsmittel für die im Buch enthaltenen Texte weitgehend erübrigt. Das Buch kann sowohl in Anfänger- wie auch in Fortgeschrittenenkursen eingesetzt werden und eignet sich auch gut, bereits vorhandene Kurdischkenntnisse im Selbststudium zu vertiefen.

Übungsbuch Nebensätze Türkisch

Objektsätze, Subjektsätze, Relativsätze

Von Rosemarie Neumann
und Zühre Sahin-Schmidt

2014. 8°. 432 S., kart.,
(978-3-89500-990-7)

Das „Übungsbuch Nebensätze Türkisch" ist ein Lehrbuch, das eine gründliche, mit umfangreichem Übungsmaterial versehene Einführung in die Nebensätze des Türkischen (Objektsätze, Subjektsätze und Relativsätze) bietet.
Die beiden Autorinnen verfügen über langjährige Erfahrungen im Unterrichten des Türkischen in verschiedenen Institutionen für verschiedene Zielgruppen und in der Erstellung von Lehr- und Lernmaterialien.
Die Art, wie Nebensätze im Türkischen gebildet werden, unterscheidet sich massiv von der Art, wie sie im Deutschen gebildet werden. Lerner des Türkischen benötigen daher gerade im Bereich Nebensätze umfangreiches Übungsmaterial, um sich diese Konstruktionen anzueignen. Dabei geht es sowohl um die Fähigkeit, Texte zu verstehen als auch um die Fähigkeit, die entsprechenden Konstruktionen selbstständig zu verwenden. Kann man im aktiven Sprachgebrauch Nebensätze eventuell (zum Teil) noch vermeiden, wird man kaum auf Texte stoßen, die keine Nebensätze enthalten. Ohne die Fähigkeit, komplexe Satzkonstruktionen zu verstehen und auflösen zu können, ist der Zugang zu Texten weitgehend versperrt – und damit u.a. zu einer wichtigen Möglichkeit, die eigene Kompetenz auszuweiten.
In den vorhandenen Lehrwerken und Lerngrammatiken des Türkischen wird das Thema Nebensätze durchweg nicht oder nicht ausreichend gründlich behandelt. Das „Übungsbuch Nebensätze Türkisch" ist damit eine wichtige Ergänzung zu vorhandenen Materialien. Es richtet sich an Lerner, die bereits über Grundkennnisse im Türkischen verfügen, ist aber schon bei einem relativ geringen Kenntnisstand nutzbar. Das Übungsbuch ist sowohl für den Einsatz in Kursen als auch für Autodidakten geeignet. Für Kursleiter bieten sie wertvolle Hintergrundinformationen. Der Lösungsschlüssel macht es auch Autodidakten möglich, mit dem Buch zu arbeiten. Die Übungen enthalten eine Progression vom Leichteren zum Schwereren. Unter jeder Übung sind schwierigere Vokabeln aufgeführt, so dass lästiges Nachschlagen entfällt.

Günaydın

Einführung in die moderne
türkische Sprache

Von Alev Tekinay unter Mitwirkung
von Osman Tekinay

Günaydın, Teil 1:
2002. 8°. 2., überarb. Auflage, 496 Seiten,
221 s/w- und 31 fabrige Abb., kartoniert,
(978-3-89500-275-5)

Begleitmaterial zu Band 1:
4 CDs. Texte und Übungen,
(978-3-89500-278-6)

Schlüssel zu Teil 1
2002. 8°. 2., überarb. Auflage, 136 Seiten,
kartoniert, (978-3-89500-276-2)

Paket zu Teil 1:
Lehrbuch, Schlüssel + 4 CDs
(978-3-89500-009-6)

Günaydin. Teil 2. Türkisch für Fortgeschrittene
Einführung in die moderne türkische Sprache.
2. Auflage
2005. 8°. 452 S., kartoniert,
(978-3-89500-445-2)

Schlüssel zu Teil 2
2. Auflage.
2005. 8°. 96 S., kartoniert,
(978-3-89500-446-9)

Günaydin. Teil 3
Türkische Texte. Lese- und Arbeitsbuch
8°. 218 S., geb.,
(978-3-88226-852-2)